Tobi Thomsen

Wohnhäuser der Promis

In Erinnerung an Politiker, Musiker, Sänger, Sportler, Schauspieler, Künstler

Wo Persönlichkeiten ihren Wohnsitz hatten

Bibliografische Information der Deutschen Nationalbibliothek:
Die Deutsche Nationalbibliothek verzeichnet diese Publikation mit dem Titel „Wohnhäuser der Promis – In Erinnerung an Politiker, Musiker, Sänger, Sportler, Schauspieler, Künstler" in der Deutschen Nationalbibliothek; detaillierte bibliografische Daten sind im Internet über http://dnb.d-nb.de abrufbar.

Wohnhäuser der Promis

In Erinnerung an Politiker, Musiker, Sänger, Sportler, Schauspieler, Künstler

Wo Persönlichkeiten ihren Wohnsitz hatten

In ganz Deutschland und Österreich kostet ein verlagsneues Buch jeweils überall dasselbe. Damit die kulturelle Vielfalt erhalten und für die Leser vorallem bezahlbar bleibt, gibt es die gesetzliche Buchpreisbindung. Sie bekommen deshalb die verlagsneuen Bücher gleichermaßen im Internet, in einer Großbuchhandlung oder einem lokalen Buchhändler zu einem einheitlichen Preis. Ausführliche Informationen zu dem Thema finden Sie im Internet unter www.boersenverein.de/preisbindung.
Dieser Titel ist auch als E-Book erschienen.

©opyright by Tobi Thomsen, Hamburg (Oktober 2018)
Umschlaggestaltung: Tobi Thomsen
Herausgeber und Verantwortlicher: Matthias Röhe, FoTe Press, Hamburg
Fotos: © FoTe Press (Sie finden FoTe Press im Internet: www.FoTe-Press.de)
Herstellung und Verlag: BoD – Books on Demand, Norderstedt (www.bod.de)
Gedruckt in Deutschland / Printed in Germany
ISBN-13: 978-3-7481-3043-7

Inhalt

Vorwort

Ackermann, Dorothea   Seite 124
Ackermann, Konrad   Seite 141
Adenauer, Konrad   Seite 99
Albers, Hans   Seite 25
Alexandra   Seite 10
Andersen, Lale   Seite 216
Apel, Hans   Seite 158
Arnie, Ralf   Seite 203
Arndt, Claus   Seite 193
Ballin, Albert   Seite 129
Barlach, Ernst   Seite 28
Barschel, Uwe   Seite 89
Bauer, Eva-Maria   Seite 18
Beil, Peter   Seite 173
Brahms, Johannes   Seite 71
Brand, Willy   Seite 41
Brinckmann, Justus   Seite 160
Brunnstein, Klaus   Seite 212
Berg, Wolf-Dietrich   Seite 88
Berthold, Grit   Seite 24
Bessen, Edgar   Seite 9
Bleibtreu, Monica   Seite 74
Blohm, Walther   Seite 144
Bohnsack, Rolf   Seite 118
Borchert, Wolfgang   Seite 59
Borsody, Hans von   Seite 64
Brauer, Max   Seite 125
Bucerius, Gerd   Seite 146
Carrell. Rudi   Seite 11
Carrière, Mareike   Seite 114
Chrysander, Friedrich   Seite 211
Cicero, Roger   Seite 36
Cora, Sexy   Seite 185
Darboven, Hanne   Seite 213
Dehmel, Ida   Seite 121
Dehmel, Richard   Seite 123
Dittmeyer, Rolf   Seite 16
Dönhoff, Marion   Seite 122
Deutscher, Drafi   Seite 202
Diercks, Carsten   Seite 166
Diercks-Norden, Helga   Seite 168
Dincklage, Wilken F.   Seite 205

Distel, Hermann   Seite 195
Edelmann, Hanno   Seite 197
Ehre, Ida   Seite 136
Erhardt, Heinz   Seite 58
Ernst, Otto   Seite 112
Evers, Larry   Seite 95
Feddersen, Helga   Seite 43
Fichte, Hubert   Seite 147
Fock, Gorch   Seite 130
Frank, Horst   Seite 29
Frankenfeld, Peter   Seite 97
Freitas, Chantal de   Seite 39
Frese, Hildburg   Seite 128
Freundt, Hans   Seite 175
Fricke, Willem   Seite 127
Friedrichsen, Uwe   Seite 67
Friesicke, Karen   Seite 66
Fritsch, Jens-Werner   Seite 178
Fritsch, Willy   Seite 177
Fuchsberger, Joachim   Seite 45
Genscher, Hans-Dietrich   Seite 208
George, Götz   Seite 22
Gildo, Rex   Seite 21
Glowna, Vadim   Seite 35
Gmelin, Gerda   Seite 33
Gmelin, Hellmuth   Seite 142
Goebel, Elisabeth   Seite 152
Grabbe, Ernst   Seite 174
Greger, Max   Seite 107
Gruner, Wolfgang   Seite 27
Gründgens, Gustaf   Seite 131
Hacker, Uwe   Seite 187
Hackmann, Werner   Seite 194
Hamann, Evelyn   Seite 80
Hancke, Edith   Seite 38
Hartz, Hans   Seite 96
Hasse, Johann Adolf   Seite 65
Hassel, Karl-Heinz von   Seite 8
Hauptmann, Ivo   Seite 153
Hause, Alfred   Seite 109
Hemshorn, Lothar   Seite 134
Herz, Ingeburg   Seite 189
Herz, Max   Seite 217
Hetzel, Peter Martin   Seite 24
Hoff, Hein ten   Seite 214
Höger, Fritz   Seite 148

Jacobsen, Frank	Seite 53		**Leip**, Hans	Seite 116
Jahnn, Hans Henny	Seite 154		**Lichtenfeld**, Herbert	Seite 56
Jahr, John	Seite 200		**Liebermann**, Rolf	Seite 155
Jary, Michael	Seite 165		**Lohfing**, Max	Seite 163
Juhnke, Harald	Seite 82		**Lonzo**	Seite 199
Jürgens, Curd	Seite 196		**Lüthje**, Otto	Seite 184
Kabel, Heidi	Seite 50		**Lüdke**, Günter	Seite 106
Kaempfert, Bert	Seite 44		**Mahler**, Gustav	Seite 161
Karasek, Hellmuth	Seite 77		**Mahler**, Hans	Seite 52
Kaufeld, Heini	Seite 201		**Maue**, Karl-Otto	Seite 188
Kellner, Lonny	Seite 111		**Mertens**, Hanne	Seite 192
Kieling, Wolfgang	Seite 186		**Messtorff**, Hermann-Friedr.	Seite 190
Klabunde, Erich	Seite 179		**Meyen**, Harry	Seite 167
Klein, Fritz	Seite 73		**Meysel**, Inge	Seite 23
Klipstein, Ernst von	Seite 170		**Millowitsch**, Willy	Seite 91
Kobler, Julius	Seite183		**Mira**, Brigitte	Seite 30
Koch, Lotte	Seite 215		**Mönter**, Friedhelm	Seite 54
Köpcke, Karl-Heinz	Seite 75		**Molzen**, Gerty	Seite 47
Körber, Kurt Adolf	Seite 191		**Monk**, Egon	Seite 113
Kraushaar, Karina	Seite 78		**Moshammer**, Rudolph	Seite 55
Krekel, Hildegard	Seite 60		**Mues**, Dietmar	Seite 153
Krebs, Diether	Seite 17		**Neutze**, Horst Michael	Seite 206
Last, James	Seite 42		**Niehoff**, Domenica	Seite 132
Lause, Hermann	Seite 83		**Nolde**, Emil	Seite 105
Lenz, Siegfried	Seite 46		**Olden**, John	Seite 62
Liliencron, Detlef von	Seite 63		**Oskar**	Seite 150
			Ossietzky, Carl von	Seite 164

Pfaff, Dieter	Seite 15	**Schnabel**, Hermann	Seite 198
Pfitzmann, Günter	Seite 20	**Schnittke**, Alfred	Seite 117
Pietsch, Rosamunde	Seite 80	**Schreiner**, Ottmar	Seite 126
Pleva, Jörg	Seite 40	**Schröder**, Gerhard	Seite 69
Pohl, Witta	Seite 14	**Schulz**, Peter	Seite 159
Pooch, Jürgen	Seite 143	**Schumacher**, Fritz	Seite 139
Quadflieg, Will	Seite 85	**Sheridan**, Tony	Seite 94
Ree, Anita	Seite 181	**Sieks**, Hilde	Seite 151
Reemtsma, Philipp F.	Seite 149	**Siems**, Christa	Seite 104
Richert, Joachim	Seite 32	**Sieveking**, Kurt	Seite 137
Riepel, Werner	Seite 135	**Springer**, Axel	Seite 19
Rockmann, Hermann	Seite 176	**Steffen**, Manfred	Seite 57
Roland, Jürgen	Seite 86	**Thälmann**, Ernst	Seite 138
Ronny	Seite 100	**Trebitsch**, Gyala	Seite 34
Rosenthal, Hans	Seite 49	**Trowe**, Gisela	Seite 79
Rowohlt, Ernst	Seite 119	**Tügel**, Hans	Seite 204
Rowohlt, Harry	Seite 92	**Uhse**, Beate	Seite 90
Rühmkorff, Eva	Seite 171	**Vahl**, Henry	Seite 51
Rühmkorf, Peter	Seite 156	**Veigel**, Werner	Seite 48
Sander, Otto	Seite 37	**Voght**, Casper	Seite 133
Seeler, Erwin	Seite 61	**Voscherau**, Henning	Seite 169
Schadieck, Annemarie	Seite 120	**Wald**, Hubertus	Seite 172
Scheiblich, Jens	Seite 140	**Weichmann**, Elsbeth	Seite 210
Schlüter, Henning	Seite 108	**Weichmann**, Herbert	Seite 207
Schmeling, Max	Seite 115	**Weiss**, Heinz	Seite 98
Schmidt, Arno	Seite 209	**Weizäcker**, Richard von	Seite 68
Schmidt, Hannelore	Seite 81	**Werner**, Ilse	Seite 31
Schmidt, Helmut	Seite 103	**Werup**, Mick	Seite 12
		Westerwelle, Guido	Seite 7
		Wichern, Johann Hinrich	Seite 162
		Willemsen, Roger	Seite 157
		Willumeit, Günter	Seite 93
		Wolff, Joachim	Seite 72
		Wulff, Hilde	Seite 180
		Wussow, Klausjürgen	Seite 70
		Zahn, Peter von	Seite 84
		Ziegel, Erich	Seite 182

Ortsregister	Seite 220
Personenregister	Seite 223
Bildnachweis	Seite 226
Literatur / Quellenangaben	Seite 228
Schlusswort	Seite 229
Weitere Bücher des Herausgebers	Seite 230

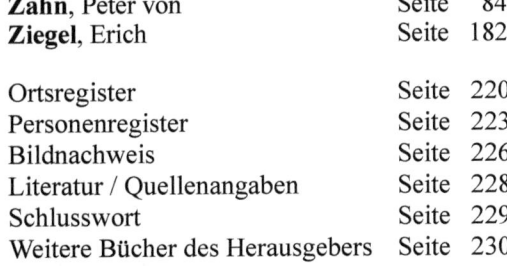

Vorwort

In Deutschland wohnen etwa 82 Millionen Menschen, darunter etwa 10.000 prominente Persönlichkeiten. Einige sorgen als TV-Moderator für gute Laune, verkünden als Sprecher Nachrichten, moderieren Radiosendungen, holen Titel in verschiedenen Sportarten nach Deutschland oder prägen beispielsweise als Architekten die Stadtbilder. Nicht zu vergessen Politiker, die in Deutschland die politische Richtung vorgeben und das Land regieren. Mit seinen 16 Bundesländern und 295 Landkreisen bietet Deutschland wunderschöne Plätze, sich häuslich niederzulassen.

In einer Auswahl von 206 Kurzbiografien werden in dem Buch „Wohnhäuser der Promis – In Erinnerung an Politiker, Musiker, Sänger, Sportler, Schauspieler, Künstler" interessante Persönlichkeiten vorgestellt, die in Deutschland ihre einstigen Wohn- und Wirkungsstätten hatten. Von Schauspieler Hans Albers über Witta Pohl, Evelyn Hamann, Roger Willemsen, Götz George, Helmut Schmidt, Willy Brandt bis zu Hörfunk- und TV-Journalist Peter von Zahn. Das Buch führt den Leser kreuz und quer durch Städte Deutschlands: von Glücksburg im Norden bis Grünwald im Süden, sowie Berlin im Osten und Köln im Westen des Landes. Das Buch soll an die 206 ausgewählten Persönlichkeiten erinnern. Sie haben etwas für Deutschland getan – direkt und indirekt – mit diesem Buch soll ihnen etwas postum zurückgegeben werden. In Berlin gibt es 3.093 Gedenktafeln, die an Persönlichkeiten erinnern. Sie haben herausragende Leistungen für oder in Berlin erbracht. Bertolt Brecht, Marlene Dietrich, Rio Reiser, Konrad Adenauer oder beispielsweise Hans Rosenthal zählen zu den Personen, an die mit der Berliner Gedenktafel erinnert wird.

Die etwa 40 mal 60 Zentimeter großen porzellanfarbenen Tafeln hängen zumeist an den ehemaligen Wohn- oder Geburtshäusern der Protagonisten. In anderen Städten Deutschlands sind es nur wenige Hinweisschilder beziehungsweise Gedenktafeln. In Hamburg beispielsweise hängt an dem Geburtshaus von Hans Albers ein Schild, genauso wie an dem Geburtshaus von Wolfgang Borchert. Andernorts hingegen gibt es keine oder nur wenige Gedenktafeln. Dabei hinterlassen die Menschen auf ihrer Odyssee durch die Jahrtausende eine Vielzahl von Spuren, die an das eigene Leben und Wirken erinnern sollen. Zum Beispiel an alltägliche oder außerordentliche Ereignisse, aber auch an herausragende Persönlichkeiten aus Unterhaltung, Sport, Politik oder Wirtschaft.

In langer Tradition stehen Gedenken und Erinnern und werden bis heute in verschiedenen Formen dargestellt: Ob als Höhlen- und Felsmalerei, als Pyramide, auf Friedhöfen als Gedenkstein oder -stätte, als Skulptur oder Plastik, als Denkmal oder Mausoleum. Nach Berliner Vorbild könnten in naher Zukunft vielleicht auch in Hamburg, München, Köln, Frankfurt oder in welcher Stadt auch immer mehr von solchen Gedenktafeln aufgestellt werden. Natürlich nur, wenn der Hauseigentümer damit einverstanden ist. Aber Argumente und Gründe gibt es sicher viele: In Erinnerung an großartige Persönlichkeiten, die sich in Deutschland durch hervorragende Leistungen in verschiedenen Bereichen hervorgehoben haben. 206 von ihnen werden auf den folgenden Seiten vorgestellt. Erfahren Sie auf den folgenden Seiten in Form von Kurzbiografien, warum genau diese Protagonisten zu den Persönlichkeiten gehören und womit sie sich verdient gemacht haben.

Guido Westerwelle war ein deutscher Politiker: von 1983 bis 1988 war er Vorsitzender der Jungen Liberalen, wurde mit nur 32 Jahren 1994 FDP-Generalsekretär (bis 2001) und war 2001 bis 2011 Bundesvorsitzender der Freien Demokratischen Partei (FDP). Guido Westerwelle war zudem 2006 bis 2009 Vorsitzender der FDP-Bundestagsfraktion und Oppositionsführer im Deutschen Bundestag. In den Jahren 2009 bis 2013 war er Bundesaußenminister. In den ersten beiden Jahren der schwarz-gelben Koalition, bis zu seinem Rücktritt vom Amt des FDP-Chefs, war er auch Vizekanzler (Stellvertreter der Bundeskanzlerin). Im Bundestagswahlkampf 2002 reiste der gelernte Rechtsanwalt mit einem knallgelben „Guidomobil" durch die Lande. Sogar in der damals viel diskutierten Fernsehshow „Big Brother" (RTL) trat er auf. Dass etablierte Kreise ihn

zum Spaßpolitiker stempelten, scherte Guido Westerwelle damals nicht. Der Politiker hatte das Ziel, für die FDP 18 Prozent der Wählerstimmen zu erreichen – diese Ziel erreichte er nicht. Westerwelle kämpfte jahrelang gegen Leukämie – am 18. März hat er den Kampf gegen die Krankheit unerwartet verloren. „Wir haben gekämpft. Wir hatten das Ziel vor Augen. Wir sind dankbar für eine unglaublich tolle gemeinsame Zeit. Die Liebe bleibt", wird sein Mann Michael Mronz auf der Homepage der Westerwelle Foundation, eine Stiftung die er 2013 gründete, zitiert. Darunter wurde ein Selfie von dem glücklichen Paar veröffentlicht.

Die Grabstätte von Guido Westerwelle auf dem Friedhof Melaten in Köln.

Privat lebte Guido Westerwelle in einer Wohnung am Rande des Stadtwalds von Köln. Auf dem Klingelschild waren seine Initialien G.W. zu lesen.

In diesem Mehrfamilienhaus in der Fürst-Prückler-Straße 16 in Köln hatte Guido Westerwelle (Foto rechts) seine Wohnung. Er hatte einen schönen Ausblick auf den Stadtwald Kölns.

Karl-Heinz von Hassel wurde am 8. Februar 1939 in Hamburg geboren und absolvierte zunächst eine Kaufmannsausbildung. Parallel nahm er Schauspielunterricht. Sein Mentor erkannte das Talent von Karl-Heinz von Hassel, es folgten ab 1960 zahlreiche Engagements an verschiedenen Theatern (Düsseldorf, Hannover, Essen). Ab 1966 war er regelmäßig im Fernsehen zu sehen („Old Shaky", „Die fünfte Kolonne", „Mord in Frankfurt", „Marinemeuterei 1917", „Das Wunder von Lengede"). Dem Fernsehpublikum wurde Karl-Heinz von Hassel als beharrlich und eher unspektakulär ermittelnder Kommissar Edgar Brinkmann in den Tatort-Filmen des Hessischen Rundfunks bekannt. Stets korrekt gekleidet, als Markenzeichen trug er eine Fliege. Er ermittelte von 1984 bis 2001 in insgesamt 28 Folgen – nachdem er bereits zuvor in den 1970er Jahren als Täter, Opfer oder Assistent in der ARD-Reihe „Tatort" mitgewirkt hatte.

Er verkörperte einen eher klassischen Verhörspezialisten und Schreibtischarbeiter – im Gegensatz zu aktionsorientierten Ermittlern wie Götz George oder Klaus J. Behrendt. In den letzten Jahren als Kommissar wurde die steife Körperhaltung von Hassels mit starken Rückenschmerzen begründet, an denen Brinkmann litt.

Generell verkörperte von Hassel als Rollentypus immer wieder Offiziere, fand sich aber auch oft in der Rolle des Industriearbeiters besetzt.

Karl-Heinz von Hassel starb in der Nacht zum 19. April 2016 im Alter von 77 Jahren nach kurzer schwerer Krankheit in Hamburg. Er lebte bis zu seinem Tod im Stadtteil Ottensen in Hamburg, unweit vom Donnerspark und der Elbe entfernt.

In diesem Mehrfamilienhaus in der Großen Brunnenstraße 7 in Hamburg hatte Karl-Heinz von Hassel seine Wohnung.

Sein Tod hat nicht nur viele Hamburger, sondern Fernsehzuschauer aus ganz Deutschland betroffen gemacht: Edgar Bessen. Der stets menschlich gebliebene Charakterdarsteller war seit den 1970er Jahren in zahlreichen TV-Serien und Fernsehfilmen zu sehen. Ob im „Hafenkrankenhaus", „Großstadtrevier", dem Sozialdrama „Wilhelmsburger Freitag", „Dem Täter auf der Spur", „Tatort", „St. Pauli Landungsbrücken", „Achtung Zoll" oder der Krimireihe „Schwarz Rot Gold" – Bessen verkörperte Haupt- und Nebenfiguren als Charakterdarsteller.

In zwölf Folgen spielte Edgar Bessen von 1985 und 1987 den Kommissar Glockner in der Kinder-Fernsehserie „Ein Fall für TKKG". Sein „Zweites Zuhause" allerdings war das Ohnsorg-Theater, dem Bessen knapp 20 Jahre lang angehörte. Dort stand der sympathische Schauspieler mit Heidi Kabel (Seite 50) und Henry Vahl (Seite 51) auf der Bühne, spielte sich als Bauernknecht, Liebhaber, Komiker oder fleißiger Mensch in die Herzen der Zuschauer. In einer Presseerklärung anlässlich seines Todes teilte das Ohnsorg-Theater mit: „Es gab kein Rollenfach, in dem sich Edgar Bessen nicht zu Hause fühlte." Edgar Bessen liebte die Hansestadt Hamburg und betonte stets, dass er als Sohn der Küste das flache Land und die Nähe zum Wasser bräuchte, um sich wohlzufühlen. Mehr als 30 Jahre lang wohnte er mit seiner Frau Heidi in einer Villa im Stadtteil Poppenbüttel in Hamburg. „Grotenbleken" ist eine schöne, ruhige Wohngegend, unweit der Villa von Freddy Quinn und dem Alstertal, sowie dem großen Alsterdorfer Einkaufszentrum entfernt. An spielfreien Abenden gingen Edgar und Heidi Bessen öfter am Alstertal spazieren oder machten einen Abstecher nach Wellingsbüttel zum historischen Torhaus, in dem Edgar Bessen bereits mit zahlreichen Lesungen aufgetreten ist.

Seine letzte Ruhestätte fand er auf dem Friedhof Ohlsdorf in Hamburg.

In dieser Stadtvilla wohnte Edgar Bessen bis zu seinem Tod im Jahr 2012.
Der beliebte Schauspieler wurde auf dem Friedhof Ohlsdorf beigesetzt. Das Foto links zeigt seine Grabstätte.

Edgar Bessen.

„Accordéon", „Mein Freund, der Baum", „Zigeunerjunge" oder „Zwei Gitarren" – mit diesen Liedern verzauberte Alexandra bis Ende der 1960er Jahre Millionen von Deutsche. Im damals zum Deutschen Reich gehörenden Memelland wurde sie geboren. Alexandra hatte entscheidende Jahre ihres Lebens im Stadtteil Rothenburgsort im Osten Hamburgs verbracht. Auf einem damaligen Schrottplatz auf der gegenüber liegenden Straßenseite campierten damals Zigeuner, die sie zu dem Titel „Zigeunerjunge" inspirierte. Dort entstanden auch erste Fotoaufnahmen der Sängerin Alexandra, die mit bürgerlichem Namen Alexandra Doris Nefedov hieß. Sie begann ihre Ausbildung und arbeitete fleißig, jobbte und kellnerte, um ihren Lebenstraum, Sängerin und Schauspielerin zu werden, zu verwirklichen. In dem Hochhaus am Rothenburgsorter Marktplatz 5 lebte die erfolgreiche Sängerin. 1963 brachte sie ihren Sohn Alexander in Hamburg zur Welt. Erst drei Jahre später gelang ihr der Durchbruch zu einer steilen Karriere. Mehrfach trat Alexandra im Fernsehen auf („Hitparade", „Musik aus Studio B" oder beispielsweise „Die Aktuelle Schaubude"). Gewohnt hat Alexandra bis 1960 in einem Mehrfamilienhaus im Knooper Weg 163 in Kiel, danach zog sie nach Hamburg. Im Herbst 1968 kaufte sie eine Eigentumswohnung in der Baldurstraße 73 im Bezirk Nymphenburg in München – ihre Hamburger Wohnung behielt sie aber als Zufluchtsort in den Norden bis zu ihrem Tode. Am 31. Juli 1969 dann das traurige Ende einer beispielhaften Karriere: sie verunglückte tödlich bei einem Verkehrsunfall in der Nähe von Albersdorf und Tellingstedt (Kreis Dithmarschen) in Schleswig-Holstein. Sie wurde unter ihrem Künstlernamen Alexandra auf dem Westfriedhof in München beigesetzt.

Foto rechts: Gedenkstein an der Unfallstelle in Tellingstedt.

In diesem Mehrfamilienhaus im Stadtteil Rothenburgsort in Hamburg lebte Sängerin Alexandra (Foto rechts).

„Lass dich überraschen" oder „Am laufenden Band" – mit diesen zwei Sendungen verbinden die meisten vorwiegend älteren Fernsehzuschauer Rudi Carrell. Vierzig Jahre lang hat der gebürtige Holländer deutsche Fernsehgeschichte. Vieles, was heute im Flimmerkasten zu sehen ist, wäre ohne ihn undenkbar. Viele aktuelle Fernseh-Formate gäbe es ohne ihn nicht. Er moderierte „Die Rudi Carrell Show", „Herzblatt", „Rudis Tagesshow", „Rudis Urlaubsshow" oder auch „Rudis Hundeshow". Noch heute werden zahlreiche Ausschnitte in Wiederholungen gezeigt. Ein Beleg dafür, dass seine Ideen, Gags und Einfälle zeitlosen Charakter haben. Zu seinen größten Erfolgen zählte auch die satirische Talkshow „7 Tage, 7 Köpfe" (mit Jochen Busse als Moderator), in der Rudi Carrell von 1996 bis 2002 als festes Ensemble-Mitglied auftrat. Danach trat er gelegentlich in der Sendung auf. „Das ist einfach Wahnsinn und wieder einer der größten Erfolge meines Lebens. Wir haben mehr Zuschauer als Harald Schmidt in einer Woche", sagt Carrell in einem Interview. Rudi Carrell legte bereits bei seiner ersten Show im Fernsehen großen Wert auf optische Gags. Diesen Grundsatz hielt er bis zu seinem Lebensende bei. So bestand er in „7 Tage, 7 Köpfe" darauf, dass in jeder Ausgabe mindestens ein solcher Gag vorkommen sollte.

Rudi Carrell trat auch als Schlagersänger in Erscheinung. Sein bekanntestes Werk wurde „Wann wird's mal wieder richtig Sommer?" – eine Coverversion des Liedes „City of New Orleans", welches 1975 erschien. In diesem Jahr kaufte sich Rudi Carrell das Rittergut Wachendorf, ein zwölf Hektar großes Grundstück mit altem Baumbestand und Bauernhof in Syke, Stadtteil Wachendorf, das etwa 500.000 Deutsche Mark kostete. Dort lebte er bis zu seinem Tod zurückgezogen. Er starb am 7. Juli 2006 gegen Mittag im Alter von 71 Jahren im Klinikum Bremen-Ost. Am 9. Juli 2006 fand im engsten Familienkreis eine Trauerfeier statt. Carrell wurde auf dem Friedhof im niedersächsischen Heiligenfelde (Syke) beigesetzt. Das Urgestein des deutschen Fernsehens trat damit für immer von der Show- und Lebensbühne ab.

Das Anwesen von Rudi Carrell. Hier lebte der Showmaster von 1975 bis 2006.

Die Grabstätte von Rudi Carrell.

Durch die Familienserie „Diese Drombuschs" wurde Mick Werup, der mit bürgerlichem Namen Jürgen Marvin hieß, zum Fernsehstar. Nach seiner Schauspielausbildung, die er 1981 erfolgreich in Hamburg absolvierte, erhielt er mehrere Fernseh- und Theaterengagements. Ob „TKKG", „Der Alte" oder „Der Fahnder" – er verkörperte verschiedene Charaktere. Den bekanntesten Charakter setzte Mick Werup allerdings von 1983 bis 1992 in 31 Folgen als Polizist Chris Drombusch in „Diese Drombuschs" um. Im Jahr 1992 schied Werup auf eigenen Wunsch aus der Serie aus. Die von ihm gespielte Figur starb den Serientod. Bereits Mitte der 1990er Jahre fasste Mick Werup den Entschluss, sich nach und nach aus dem Fernsehgeschäft zurück zu ziehen. Es folgten zwar vereinzelnd Gastauftritte in „Ein Fall für Zwei" mit Rainer Hunold und Claus Theo Gärtner (1996) oder zum Beispiel „Felix – Ein Freund fürs Leben" (1997), aber 1998 hatte er seinen letzten Fernsehauftritt in „Der Fahnder" (1998). Werup soll für einige Jahre nach Indien ausgewandert sein, kehrte aber in seine Heimatstadt Hamburg zurück. Dort lebte er in einem Mehrfamilienhaus in der Amandastraße 44 in Eimsbüttel. An der Türklingel stand sein bürgerlicher Name Marvin. Am 7. Januar 2011 wurde er auf dem Dachboden des Mehrfamilienhauses tot aufgefunden. Er beging Selbstmord. Mick Werup wurde auf dem Friedwald in der Lüneburger Heide (bei Bispingen) beigesetzt.

In diesem Mehrfamilienhaus in der Amandastraße 44 im Stadtteil Eimsbüttel in Hamburg lebte Schauspieler Mick Werup in den letzten Jahren seines Lebens zurückgezogen.

Evelyn Hamann, 6. August 1942 bis 28. Oktober 2007 (Schauspielerin)

Als Fernsehschauspielerin und Charakterdarstellerin war Evelyn Hamann vielen Zuschauern bekannt: Sie spielte unter anderem die Haushälterin Carsta Michaelis der Familie Brinckmann in der „Schwarzwaldklinik", die Klatschtante Thea Knoll in „Der Landarzt" und verkörperte eine überaus eifrige Sekretärin eines Hauptkommissars in „Adelheid und ihre Mörder". Zudem spielte Hamann auch Theater, produzierte Hörbuch-Reihen und gab Lesungen. Unvergessen auch die zahlreichen Sketche an der Seite des begnadeten Humoristen Loriot.

Am 6. August 1942 wurde Evelyn Hamann in Hamburg geboren, wuchs in einer Musikerfamilie auf. Ihr Vater war Konzertmeister des NDR Sinfonieorchesters, ihre Mutter war Sängerin und Musikpädagogin. Ihr Großvater war in Berlin als Konzertmeister tätig. Auch ihr Bruder verdiente sein Geld mit Musik: er war als Professor tätig. Die beliebte Schauspielerin hielt es privat hanseatisch diskret. Interviews mit Journalisten gab sie höchst selten, über rote Teppiche flanierte sie kaum und über ihr Privatleben gab sie nach außen nur wenig bekannt. Evelyn Hamann lebte zurückgezogen in ihrer Dachgeschosswohnung im Nonnenstieg 26 in Harvestehude in Hamburg, kaufte in benachbarten Geschäften am Eppendorfer Baum öfter ein. Aber selbst ihre Nachbarn bekamen die Schauspielerin eher selten zu sehen. Oftmals wurde sie zu Dreharbeiten per Fahrdienst abgeholt. Nach kurzer schwerer Krankheit starb sie für die Öffentlichkeit unerwartet am 28. Oktober 2007 im Alter von 65 Jahren im Kreis ihrer Angehörigen. Sie wurde auf dem Alten Friedhof in Hamburg-Niendorf beigesetzt.

In dieser Dachgeschosswohnung im Nonnenstieg 26 in Hamburg lebte Evelyn Hamann.

Das Grab von Evelyn Hamann (Foto oben).

Als „Mutter Drombusch" hat sie sich in die Herzen von Millionen Fernsehzuschauern gespielt: Witta Pohl. In ihrer langen Schauspielkarriere ist sie in viele Rollen geschlüpft. Aber für die Mehrheit der Fernsehzuschauer ist sie bis zu ihrem Tod am 4. April 2011 in Hamburg die „Mutter Drombusch" geblieben. In der populären ZDF-Serie „Diese Drombuschs" gab sie in den 1980er Jahren die resolute Ehefrau an der Seite von Siegfried „Sigi" Drombusch (gespielt von Hans-Peter Korff). Eine Rolle, die ihr wie auf den Leib geschrieben war.

Beliebtheit erlangte Witta Pohl aber auch mit Gastrollen in der Krimireihe „Schwarz Rot Gold" (darin spielte sie die Ehefrau des Zollfahnders Zaluskowski), „Der Alte", „Tatort" und weiteren Fernsehserien. Eine großartige Hauptrolle besetzte Witta Pohl in der Serie „Happy Birthday". Dort verkörperte sie die verwitwete Marie Linnebrink. Für diese Familienserie hatte Witta Pohl übrigens auch die Idee. Aus ihrem Privatleben ist bekannt, dass Witta Pohl in erster Ehe mit Karl Maldeck verheiratet war. Es folgte eine zweite Ehe mit dem Schauspieler Charles Brauer, aus der zwei Kinder hervor gegangen sind. Mit Brauer stand sie im Jahr 1966 in dem Fernsehfilm „Geibelstraße 27" auch gemeinsam vor der Kamera. Für ihre Hilfsaktionen für Menschen in Osteuropa, Afrika und Sri Lanka erhielt Witta Pohl 2005 das Verdienstkreuz am Bande der Bundesrepublik Deutschland. 1993 wurde sie mit der Goldenen Kamera für ihren beispielhaften Einsatz für Kinder in Not ausgezeichnet. Sie wohnte jahrelang in der Brabandstraße 63a in Alsterdorf. Im Alter von 73 Jahren hat die Hamburgerin im April 2011 ihren schwersten Kampf verloren: Sie erlag einer Leukämieerkrankung. Sie wurde auf dem Friedhof Ohlsdorf in Hamburg in der Nähe der Kapelle 8 beigesetzt. Ihr kleines Haus in der Brabandstraße 63a wurde 2013 abgerissen. In dem Haus 59a hatte ihr Verein „Kinderluftbrücke" seinen Sitz.

In dem Haus 59a hatte der Verein „Kinderluftbrücke" von Witta Pohl seinen Sitz.

Dieter Pfaff, 2. Oktober 1947 bis 5. März 2013 (Schauspieler)

Eine traurige Nachricht wurde am 6. März 2013 verkündet: Der beliebte Schauspieler Dieter Pfaff ist tot. Er starb im Kreise seiner Familie an den Folgen einer Lungenkrebserkrankung am Morgen des 5. März in seinem Haus in Hamburg. Der aus vielen TV-Serien wie „Der Fahnder", „Der Dicke" und „Bloch" bekannte Charakterdarsteller litt seit längerem an Lungenkrebs. Lutz Marmor, ARD-Vorsitzender und Intendant des NDR: „Wahrhaftig, beharrlich, einfühlsam und von einzigartiger Präsenz: So war Dieter Pfaff als Schauspieler. Diese Eigenschaften machten ihn unverwechselbar. Dieter Pfaff war der ARD und dem NDR eng verbunden. Mit seinem Tod verliert das deutsche Fernsehen eine wichtige Persönlichkeit", hieß es in einer Presseerklärung. Dieter Pfaff blieb bei allem Erfolg menschlich, gesellte sich in der Mittagspause vorbildlich zu den Komparsen an einen Tisch. Wenige Wochen vor seinem Tod hieß es in einer Pressemitteilung, dass Dieter Pfaff bald wieder als Anwalt Gregor Ehrenberg in der Serie „Der Dicke" in Hamburg vor der Kamera stehen werde. Gerne hätte der Autor dieses Buches darüber berichtet...Dieter Pfaff lebte jahrelang in der Lessingstraße im Stadtteil Uhlenhorst in Hamburg, später zog er mit seiner Familie in ein Mehrgenerationenhaus im Hohenzollernring in den Hamburger Stadtteil Ottensen. In seiner Freizeit und auf dem Filmset sang Dieter Pfaff und begleitete sich dabei oftmals auf einer Gitarre. In der Unterhaltungssendung „Inas Nacht" (NDR Fernsehen) interpretierte Pfaff im Jahr 2010 die Titel „All Along the Watchtower" und „Ring of Fire". Er engagierte sich mehrere Jahre als UNICEF-Sonderbotschafter gegen den weltweiten Einsatz von Kindersoldaten und übernahm die Patenschaft für mehrere Kinder.

Schauspieler Dieter Pfaff als Gast in der NDR Talkshow.

Am 5. März 2013 schloss der beliebte Schauspieler für immer seine Augen. Damit hat Deutschland einen hervorragenden Menschen verloren, der sich wegen seines Gewichtes immer wieder selbst auf die Schippe nahm.

In diesem Haus lebte Schauspieler Dieter Pfaff.

Rolf Dittmeyer war ein deutscher Unternehmer im Bereich Früchte und Fruchtsäfte und Gründer der Getränkemarken „Valensina" und „Punica". In den 1950er Jahren baute Rolf Dittmeyer gemeinsam mit dem Unternehmen „Edeka" eine Einkaufsorganisation für den deutschen Lebensmittelhandel auf und stellte ab 1960 verschiedene Zitrussäfte in Marokko und Südafrika her. 1966 gründete Dittmeyer die Marke „Valensina" und hob 1978 den Fruchtnektar „Punica" aus der Taufe. Als Firmeninhaber wirkte Rolf Dittmeyer auch als Werbegesicht in verschiedenen Spots mit und wurde schließlich als "Onkel Dittmeyer" in der Fernsehwerbung bekannt. „Onkel Dittmeyer" zählte zu den größten Getränkeherstellern Deutschlands, der jahrelang der Fernsehnation die Vorteile seiner sonnengereiften Apfelsinen näher brachte. Mit seinen Fruchtsäften war Rolf Dittmeyer von 1972 bis 1984 Exklusivlieferant der Olympischen Spiele. Ab 1979 begann Dittmeyer, an der spanischen Atlantikküste die größte Orangenplantage Europas aufzubauen. Rolf Dittmeyer hatte eine Villa in Andalusien, in Hamburg hatte er ein Anwesen im Tristanweg 7 im Stadtteil Rissen. In einer reetgedeckten Villa lebte er sehr zurück gezogen hinter hohen Gartenhecken. Er starb am 17. Mai 2009.

Die Grabstätte des Unternehmers Rolf Dittmeyer auf dem Friedhof Nienstedten in Hamburg.

In diesem reetgedeckten Haus im Tristanweg 7 im Hamburger Stadtteil Rissen lebte Unternehmer Rolf Dittmeyer.

Er spielte Tunten, Kotzbrocken und Spießer, schenkte vielen Menschen ein kräftiges Lachen: Diether Krebs. Bereits als Jugendlicher interessierte er sich fürs Theater, schlüpfte in Schultheatergruppen in verschiedene Rollen. Diether Krebs brach das Gymnasium ab und lernte stattdessen die Schauspielkunst von der Pike auf. Es folgten Engagements an verschiedenen Theatern. Der junge, schlaksige Schauspieler machte sich als sehr begabt und professionell in der Theaterszene schnell einen Namen. Nach zahlreichen Theater- und Fernsehrollen schaffte er seinen Durchbruch: Er spielte in der Kultserie „Ein Herz und eine Seele" (WDR) den Ehemann der Tochter Tetzlaff, avancierte auf diese Weise zum „Schwiegersohn der Nation". Vielen Fernsehzuschauern war Diether Krebs aus Rudi Carrells „Tagesshow" und „Sketchup" bekannt. Und er machte sich einen Namen als Sänger. Mit seinen beiden Erfolgstiteln „Ich bin der Martin, ne" und „Santamarghua-ritanobiledimontepulciano – Du kleines Fischerdorf" stürmte er 1991 die Charts. Acht Jahre später bewies Diether Krebs in der Kult-Kinokomödie „Bang Boom Bang" noch einmal seine einzigartige Wandlungsfähigkeit. Mit raspelkurzen Haaren und typischer Zigarette im Mundwinkel verkörperte Krebs lebensecht einen hinterhältigen Speditionskaufmann aus dem Ruhrpott. In dieser Zeit war der beliebte Schauspieler bereits unheilbar an Lungenkrebs erkrankt, hat dies allerdings dem Zuschauer bis zuletzt verborgen. Es war seine letzte Rolle. Jeweils einen Gastauftritt hatte Krebs in „Das Amt" und „Alphateam – Die Lebensretter im OP" noch im Jahr 1999, bevor er am 5. Januar 2000 zu Hause in seiner Villa in der Lessingstraße 16 im Stadtteil Uhlenhorst in Hamburg im Kreis seiner Familie starb.

Seine letzte Ruhestätte fand er auf dem Ostfriedhof in Essen. Damit wurden ihm zwei letzte Wünsche erfüllt: Krebs wollte auf dem Ostfriedhof seiner Geburtsstadt begraben werden – mit einem außergewöhnlichen Stein.

In dieser Villa in der Lessingstraße in Hamburg wohnte Diether Krebs.

Grabstein von Diether Krebs auf dem Ostfriedhof Essen.

In der Arztserie „Schwarzwaldklinik" gelang ihr der Durchbruch, schließlich sorgte sie stets mit großer Portion Arroganz, Spitzmündigkeit und leicht beleidigender Art für Begeisterung bei den Zuschauern: Eva Maria Bauer. Sie spielte in der Kultserie die Oberschwester Hildegard – die Rolle der resoluten Oberschwester war ihr Markenzeichen. Eva Maria Bauer begann nach dem Abitur ein BWL-Studium, wechselte aber in den vierziger Jahren ins Schauspielfach. Es folgten Arrangements am Hamburger Ernst-Deutsch-Theater, an den Hamburger Kammerspielen und am Thalia-Theater, wo sie lange zum Ensemble gehörte. Nach ihrem Erfolg in der „Schwarzwaldklinik" (sie war bereits über 60) trat sie in mehreren Fernsehserien und -reihen auf: „Derrick", „Die Wicherts von nebenan", „Großstadtrevier", „Der Alte", „Das Traumschiff" oder „Unser Charly". Aber auch dem Ärztemilieu blieb sie treu: In der Serie „St. Angela" trat sie ebenso auf wie in „Hallo, Onkel Doc!" und „Für alle Fälle Stefanie". Sympathiepunkte sammelte sie aber auch in „Der Landarzt". Dort verkörperte sie die Klatschtante Charlotte Sellmann in dem fiktiven Ort „Deekelsen". Im wirklichen Leben galt sie als vorkommende, hilfsbereite Kollegin. „Eva Maria Bauer war immer großzügig und warmherzig. Sie gehört zu den sympathischsten Menschen, die ich in meinem Leben kennen gelernt habe", sagte Schauspielkollege Walter Plathe nach ihrem Tod. Am 17. Mai 2006 starb die krebskranke Schauspielerin mit 82 Jahren im Wandsbeker Krankenhaus in Hamburg. Sie wurde anonym auf dem Friedhof Ohlsdorf bestattet.

Das kleine, weiße Haus in der Rantzaustraße 28 im Hamburger Stadtteil Wandsbek war das Zuhause von Eva Maria Bauer. Das Grundstück impliziert einen großzügigen Garten und ist in der Nähe vom Wandsbeker Markt.

Axel Cäsar Springer, 2. Mai 1912 bis 22. September 1985 (Verleger)

Er war der Gründer eines der größten Medienunternehmen Europas und war zugleich eine der umstrittensten Persönlichkeiten seiner Zeit: Axel Cäsar Springer. Mit der Boulevard-Zeitschrift „Hörzu" kam er 1946 ganz groß raus, 1948 brachte er das Hamburger Abendblatt heraus. 1952 gelang ihm ein weiterer verlegerischer Coup mit der ersten Ausgabe der „Bild"-Zeitung, die er nach dem Vorbild der britischen Boulevardpresse gestaltete. Im Folgejahr kaufte er von den Briten die Tageszeitung „Die Welt" und avancierte mit seinem Gespür für die interessante Themen zum erfolgreichen Zeitungsmacher in Deutschland. Sein Berufswunsch war ursprünglich Opernsänger zu werden. Doch der Sohn einer Altonaer Verlegerfamilie trat letztendlich doch noch in die Fußstapfen seines Vaters (stieg zunächst ins Familienunternehmen „Hammerich & Lesser" ein) und machte Zeitungen, „die von den Menschen gelesen werden, anständige, moderne, von der gewohnten deutschen Norm etwas abweichende Zeitungen", wie Springer selbst in einem Interview sagte. In den 60er Jahren weitete er sein Imperium durch die Übernahme sowie Neugründungen mehrerer Zeitungen und Magazine weiter aus. Im Jahr 1966 lies er ein neues Verlagshaus in Berlin (in der Nähe der Berliner Mauer) bauen. Es war seine Kampfansage gegen den Kommunismus sowie das System der DDR. Zu seinen Wohnhäusern zählen das heutige Puppenmuseum im Grotiusweg 77-79 („Villa Michaelsen") sowie ein benachbartes Backsteinhaus aus den 1950er Jahren ebenfalls im Grotiusweg in Hamburg. Zudem hatte er eine Villa in der Bernadottestraße 7 in Berlin-Grunewald. Am 22. September 1985 verstarb Axel Cäsar Springer in West-Berlin. Er wurde auf dem Evangelischen Kirchhof Berlin-Nikolassee beerdigt.

In diesem Bauwerk in Hamburg-Blankenese lebte der Zeitungsverleger. Heute befindet sich in dem Gebäude ein Puppenmuseum.

Einer der populärsten Schauspieler ist am 30. Mai 2003 in Berlin gestorben: Günter Pfitzmann. Zu seinen langjährigen Partnern auf diversen Theaterbühnen und auf dem Fernsehbildschirm gehörten Brigitte Mira, Wolfgang Gruner und Harald Juhnke.

Mit Schlagfertigkeit, ungebremster Arbeitslust, typischer Berliner Schnauze und bär-beißigem Charme spielte sich Günter Pfitzmann in die Herzen des Publikums. Nach den 1960er-Jahren trat Pfitzmann fast nur noch in Fernsehverfilmungen auf. So hatte er Gastauftritte in der Serie „Das Kriminalmuseum" (1968), in „Die Unverbesserlichen" (mit Inge Meysel), im „Tatort Feuerzauber" (1977), in der Serie „Ein Mann will nach oben" (1978) , sowie in „Klinik unter Palmen" (1996) und im „Traumschiff" (2000).

Einem breiten Publikum ist Pfitzmann aus der Serie aus der Serie „Drei Damen vom Grill" (1977–1985) bekannt, in der er den Otto Krüger spielte. Es folgten Hauptrollen in „Praxis Bülowbogen" (1987–1996) und „Der Havelkaiser" (1994–2000).

Als Synchronsprecher lieh Pfitzmann fürs Kino seine Stimme unter anderem Kirk Dou-glas. In der Titelrolle der Fernseh-Krimi-Serie „Gestatten, mein Name ist Cox" ent-deckte Pfitzmann 1958 das Medium, dem er dann später seine größten Erfolge verdankt. Pfitze", wie seine engsten Freunde/Kollegen ihn nannten, steht noch heute für Berlin. Über sich selbst sagte Pfitzmann mal in einem Interview: „Ich bin seit Jahrzehnten sozusagen ein Aushängeschild Berlins." Der Volksschauspieler lebte jahrelang am Reif-trägerweg 30 in einer Villa mit großzügig gestaltetem Anwesen. Günter Pfitzmann, der Berlin immer treu blieb, war für viele einfach nur noch Dr. Brockmann aus der „Praxis Bülowbogen". So kannten sie ihn, so liebten sie ihn: den unvergessenen Günter Pfitz-mann mit der typischen Berliner Schnauze...

In dieser Villa im Reifträgerweg 30 im Stadtteil Schlachten-see wohnte Günter Pfitzmann zusammen mit seiner Frau Lilo.

Das Foto unten zeigt seine Grabstätte auf dem Waldfriedhof Zehlendorf in Berlin.

Rex Gildo (bürgerlich Ludwig Franz Hirtreiter) war ein Schauspieler („Mit 17 weint man nicht", 1960) und Schlagersänger und begann 1960 mit dem Lied „Sieben Wochen nach Bombay" seine Karriere. In den Folgejahren avancierte Gildo zu einem der beliebtesten deutschen Schlagerstars. Mit Erfolgstiteln wie „Fiesta Mexicana" oder „Marie, der letzte Tanz" stürmte er regelmäßig die Hitparaden. Insgesamt verkaufte Rex Gildo (lebte zeitweise mit seiner Frau in einem Haus bei Rosenheim) über 25 Millionen Platten. Mit seiner dänischen Kollegin Gitte Haenning bildete er zeitweise das Traumpaar des deutschen Schlagers. Viermal bekam Rex Gildo die Goldene Stimmgabel verliehen. 1972 veröffentlichte er mit „Fiesta Mexicana" sein wohl bekanntestes Lied. Am 23. Oktober 1999 stürzte Gildo aus einem Fenster seiner Münchner Wohnung, drei Tage später verstarb er. Rex Gildo wurde auf dem Münchner Ostfriedhof an der Seite seines ehemaligen Managers und früheren Lebensgefährten Fred Miekley († 1988) bestattet.

Das Grab von Rex Gildo (Foto unten) auf dem Münchner Ostfriedhof. L F Hirtreiter und F W Miekley steht auf dem Grabstein.

In diesem Mehrfamilienhaus in der Ottostraße 19 in München hatte Rex Gildo seine Wohnung. Rex Gildo sprang aus dem Toilettenfenster und schlug auf dem Rasen im Innenhof auf.

Rex Gildo war auch als Schauspieler in mehreren Filmen zu sehen: „Maskenball bei Scotland Yard" (1963), „Jetzt dreht die Welt sich nur um dich" (1964), „Tausend Takte Übermut" (1965), „Otto ist auf Frauen scharf" (1968), „Was ist denn bloß mit Willi los?" (1970) oder beispielsweise „Die Blume von Hawaii" (1971).

Götz George wurde am 23. Juli 1938 in Berlin in eine Schauspielerfamilie geboren. Sein Vater Heinrich George war ein berühmter Film- und Theaterstar seiner Zeit, seine Mutter Berta Drews war ebenfalls eine bekannte Schauspielerin. Auch Götz George selbst trat in die Fußstapfen seiner Eltern und wurde Schauspieler in Theater und Film. Große Popularität erlangte George in Deutschland in der Rolle als Duisburger Kommissar Horst Schimanski in der Krimireihe „Tatort", zu deren beliebtestem Kommissar er in einer Emnid-Umfrage 2008 gewählt wurde. Als „Schimanski" schrieb er TV-Geschichte: den schnodderigen Polizisten aus dem Ruhrgebiet verkörperte er binnen 32 Jahren insgesamt 48 Mal. Doch George war weit mehr als TV-Kommissar Schimanski. Eine seiner berühmtesten Kinorollen hatte der gebürtige Berliner als homosexueller Massenmörder Fritz Haarmann in „Der Totmacher" (1995). Bereits als junger Schauspieler erreichte er durch Karl-May-Verfilmungen Ruhm und gelangte in den 1960er Jahren als Jugendidol auf den Titel der Jugendzeitschrift „Bravo". Später wurde er als Charakterschauspieler in ernsten und satirischen Rollen geschätzt und mehrfach ausgezeichnet. Götz George war seit 1997 mit der Hamburger Journalistin Marika Ullrich liiert und wohnte auch in der Hansestadt Hamburg. 2014 wurde Götz George mit dem Bundesverdienstkreuz ausgezeichnet. Am 19. Juni, kurz vor seinem 78. Geburtstag starb Götz George unerwartet nach kurzer schwerer Krankheit. Er wurde in seiner Geburtsstadt auf dem Friedhof Zehlendorf beigesetzt.

In diesem Haus in der Straße Koppel im Stadtteil St. Georg hatte Götz George eine Wohnung.

Schauspieler Götz George.

Für viele Menschen war Inge Meysel die „Mutter der Nation", eine großartige Schauspielerin. Woher der Titel stammte, weiß niemand so richtig. Kam der Name durch ihre Rolle als Portierfrau in „Das Fenster zum Flur" oder bekam sie ihn von ihrer Rolle als lautstarke Käthe Scholz in „Die Unverbesserlichen"? Fakt ist, dass sie zu den beliebtesten und bekanntesten deutschen Schauspielerinnen gehörte.

Geboren wurde Inge Meysel am 30. Mai 1910 in Berlin als Tochter des jüdischen Kaufmanns Julius Meysel und seiner Frau Margarete Hansen. Bereits im Alter von drei Jahren spielte sie einen Engel in der Oper „Hänsel und Gretel". Ab dem vierten Lebensjahr erhielt sie Ballettunterricht und gab Ihr Debüt im Alter von 20 im Jahr 1930 in Zwickau in der Erstaufführung von Penzoldts „Etienne und Luise". Inge Meysel war aber auch von Anfang an politisch engagiert. Bereits im Alter von 15 hielt sie bei den Jungdemokraten eine Rede und kämpfte gegen die Todesstrafe. Sie ging Jahre später gegen den Abtreibungsparagraphen auf die Straße und machte auf die Krankheit Aids aufmerksam. Als Inge Meysel ihre Theaterkarriere begonnen hatte, kam relativ schnell das Auftrittsverbot. Denn: sie galt als „Halbjüdin" und durfte nicht mehr öffentlich auftreten. Als die Schreckensherrschaft zuende war, kam Meysel zum Thalia Theater nach Hamburg. Es folgten unzählige Theaterauftritte und Fernseh-Engagements. In den „Heimatgeschichten" spielte sie an der Seite von Heinz Reincke – die Serie erlangte hohe Einschaltquoten. Ab 2003 machte Inge Meysel ihre einsetzende Altersdemenz immer mehr zu schaffen, sie blieb vorwiegend Zuhause.

Im Jahr 2004 gab sie sich noch einmal einen kräftigen Ruck und machte ein letztes Mal in der Fernsehserie „Polizeiruf 110" mit. 2004 starb sie schließlich an einem Herzinfarkt im Alter von 94 Jahren in ihrem Wohnort Seevetal.

In diesem Haus in Bullenhausen starb Inge Meysel am Morgen des 10. Juli 2004. Gut vier Jahrzehnte lebte die beliebte Schauspielerin hier unweit der Elbe. Das kleine Foto zeigt ihre Grabstätte auf dem Friedhof Ohlsdorf in Hamburg, wo sie ihre letzte Ruhe fand.

Sie war Buchautorin und die älteste Tochter von Komiker Heinz Erhardt (Seite 58): Grit „Gigi" Berthold (geborene Erhardt). Gegenüber Pressevertretern stand Grit Berthold stets Rede und Antwort, besuchte zahlreiche Ausstellungen über ihren berühmten Vater. Zudem gab sie Ratschläge zum Stück „Heinz Erhardt – Was bin ich wieder für ein Schelm" auf dem Theaterschiff in Lübeck, reiste zuletzt im Juni 2015 (wie auch ihre Geschwister samt Familien) zu einer größeren Heinz-Erhardt-Ausstellung ins Theatermuseum nach Hannover.

Im Jahr 2000 schrieb Grit Berthold zusammen mit ihren Geschwistern das Buch „Heinz Erhardt – privat" (von Grit Berthold, Verena Haacker, Marita Malicke) im Stil eines biographischen Albums über Heinz Erhardt. In dem Buch enthalten sind zahlreiche s/w-Photos, Presseausschnitte und Dokumente. Immerhin hatte Heinz Erhardt jede Menge Alben an die Erbengemeinschaft, darunter auch Tochter Grit, hinterlassen. Dicke – in Leder gebundene – Wälzer, in denen er jeden Zeitungsartikel, jedes Foto, jede Ehrenurkunde fein säuberlich eingeklebt wurde. In einem Interview sagte Grit Berthold: „Mein Vater sammelte jede Kritik, um sich zu verbessern. Das war ganz bestimmt ein Grund für seinen Erfolg."

Grit Berthold wohnte nur wenige Häuser von ihrem damaligen Elternhaus im Stadtteil Wellingsbüttel entfernt. Auf der Familiengrabstätte von Heinz und Gilda Erhardt auf dem Friedhof Ohlsdorf in Hamburg trohnt nun ein neuer Grabstein mit der Innenschrift „Grit „Gigi" Berthold geborene Erhardt 1936 - 2016".

Am Brief-
k a s t e n
stand der
Name der
Autorin:
Grit Bert-
hold.

In diesem Haus im Jägerstieg 22 im Ham-
burger Stadtteil Wellingsbüttel wohnte
Buchautorin Grit Berthold. Es liegt nur we-
nige Hundert Meter vom ehemaligen Wohn-
haus von Heinz Erhardt entfernt.

Die Grabstätte von Grit Berthold auf
dem Friedhof Ohlsdorf in Hamburg.

Hans Albers, 22. September 1891 bis 24. Juli 1960 (Schauspieler)

Von einer Karriere als Schauspieler war zunächst keine Rede: Als Sohn des Schlachter-meisters Philipp Albers und dessen Frau Johanna wurde Hans Albers in der Langen Rei-he 71 in St. Georg als jüngstes von sechs Kindern geboren. Sein Debüt als Filmschau-spieler gab Hans Albers bereits 1915 mit einer kleinen Rolle im Stück „Jahreszeiten des Lebens" von Franz Hofer.

Zu Beginn seiner Kinokarriere war Hans Albers größtenteils in Nebenrollen zu sehen: er spielte Hochstapler, Schurken, Zuhälter, Ehebrecher, Liebhaber und einfach den Mann von Welt. 1930 spielte Albers in dem frühen Tonfilm „Der blaue Engel" einen Artisten an der Seite von Marlene Dietrich. Dreimal agierte Hans Albers in einer Hauptrolle an der Seite von Heinz Rühmann, der popolärste Film kam 1954 in die Kinos: „Auf der Reeperbahn nachts um halb eins". Am 23. Juni 1960, einen Monat vor seinem Tod, erhielt Hans Albers das große Bundesverdienstkreuz der Bundesrepublik Deutschland. Gelebt hatte Albers in Berlin und in einer Villa am Starnberger See. Albers kam zu Dreharbeiten nach Hamburg – übernachtet hatte er im Atlantik-Hotel. Im Alter von 68 Jahren brach Hans Albers während einer Theateraufführung zusammen, er starb drei Monate später in Kempfenhausen am Starnberger See.

Seine Urne wurde auf dem Ohlsdorfer Friedhof auf einem Familiengrab in Hamburg beigesetzt.

Der Grabstein von Hans Albers.

In dem Gründerzeithaus (links) wurde Hans Albers (kleines Foto) geboren. Eine Gedenktafel neben dem Eingang erinnert an den Schauspieler.

Peter Martin Hetzel war ein deutscher Literaturkritiker, Journalist und Autor. Nach einer Ausbildung zum Verlagsbuchhändler arbeitete er als Lektor im Rowohlt Taschenbuchverlag im schleswig-holsteinischen Reinbek und redigierte Kriminalromane. In seiner beruflichen Funktion wurde er im November 1987 in eine Sendung des Sat.1-Frühstücksfernsehens eingeladen. Daraufhin schlug ihm der Sender einen Wechsel in den Fernsehjournalismus vor – es folgte eine Mitarbeit in der Frühsendung. Peter Martin Hetzel verfasste Fernseh- und Buchrezensionen und führte Interviews mit unter anderem mit Mario Simmel, Günter Grass, Martin Walser, Maximilian Schell, Mario Adorf, Frederick Forsyth, Michael Crichton, Umberto Eco und Peter Ustinov. Am 22. Dezember 2012 stellte Hetzel das 4.200ste Buch im Sat.1 Frühstücksfernsehen vor. Nach hunderten Fernsehkritiken und unendlich vielen Rezensionen begann er dann, selbst Bücher zu schreiben. „Schweinerei" (Landkrimi), „Die coolen Haie" (Jugendbuch-Serie) oder beispielsweise „Ernten und Sterben" (Landkrimi) zählen zu seinen Werken.

Peter Martin Hetzel war Vater von zwei Kindern und restaurierte einen englischen Oldtimer, wie es in seiner Biografie auf der offiziellen Homepage des Privatsenders unter www.sat1.de/personen/peter-hetzel heißt.

Privat lebte der Journalist und Autor in einer Wohnung in der Hegebergstraße 22 a in Geesthacht. Peter Hetzel ist am 29. Juni 2014 nach schwerer Krankheit im Alter von 53 Jahren gestorben.

In diesem Haus in der Hegebergstraße 22 a wohnte Buchautor Peter Martin Hetzel. Der Eingang zu seiner Wohung befand sich im rückwärtigen Teil dieses Hauses.

Der Postkasten von Peter M. Hetzel an seinem Wohnhaus in Geesthacht.

Wolfgang Gruner, 20. September 1926 bis 16. März 2002 (Schauspieler)

„Das wird nicht billig" – mit diesem Satz nahm Polizeiobermeister Hund („Hund, Hund wie Katze") in fast jeder Folge der Kinderserie „Hals über Kopf" eine Verhaftung vor. Verkörpert wurde der Polizist Hund von Wolfgang Gruner. Das Berliner Urgestein gehörte zu den bekanntesten Kabarettisten der Nachkriegszeit (in Berlin). Sein Name ist noch heute mit dem Begriff des „quasselnden Berliners" mit „Kodderschnauze" verbunden. Wolfgang Gruner nahm Schauspielunterricht bei Marliese Ludwig, bei der auch Edith Hancke, Günter Pfitzmann und Harald Juhnke ihr Handwerk lernten. Nach der Ausbildung ging er zum neu gegründeten Kabarett „Die Stachelschweine", dem er mit Partnern wie Jo Herbst und Achim Strietzel jahrzehntelang seinen Stempel aufdrückte. Gruner war neben seiner Tätigkeit als Kabarettist immer auch Theater- Film- und Fernsehschauspieler und brillierte in unzähligen Rollen.
Er erlag am 16. März 2002 in Berlin im Alter von 75 Jahren einem Krebsleiden. "Er war einer von uns. Und deshalb wird er uns so fehlen", sagte Klaus Wowereit, Berlins damaliger Regierender Bürgermeister bei der Trauerfeier in der Gedächtniskirche. Er wurde auf dem Friedhof Heerstraße an der Trakehner Allee in Berlin bestattet, seit November 2010 ist es ein Ehrengrab des Landes Berlin. Ihm zu Ehren wurde am 10. November 2011 eine Berliner Gedenktafel enthüllt an seinem Wohnhaus, Westendallee 57 in Berlin-Westend.

In diesem Mehr-famil-ienhaus in der Westen-dallee 57 in Berlin lebte Schau-spieler Wolfgang Gruner zuletzt.

Wolfgang Gruner.

Das Grab auf dem Friedhof Heerstraße in Berlin.

Gedenktafel an seinem ehemaligen Wohnhaus.

Ernst Barlach wurde als Sohn eines Landarztes 1870 in Wedel geboren und war ein deutscher Bildhauer, Schriftsteller und Zeichner. Barlach ist besonders bekannt für seine Holzplastiken und Bronzen. Außerdem hinterließ er ein vielgestaltiges druckgraphisches, zeichnerisches und literarisches Werk.

Seine künstlerische Handschrift, sowohl in der bildnerischen als auch in der literarischen Arbeit, ist zwischen Realismus und Expressionismus angesiedelt. Sein Werk wird unter anderem von der 1946 gegründeten Ernst Barlach Gesellschaft in Hamburg erforscht, betreut und international ausgestellt.

Sein Elternhaus in der Mühlenstraße in Wedel (Schleswig-Holstein) war damals von großen Bäumen und jeder Menge Grün umgeben – heute führt eine stark befahrene Bundesstraße am Haus vorbei. Bereits in früher Kindheit wurde Barlachs Begabung für sprachliche und bildnerische Gestaltung gefördert.

Nach einem Kunststudium an der Kunstgewerbeschule Hamburg von 1888 bis 1891 schloss sich ein Studium an der Kunstakademie in Dresden bis 1895 als Meisterschüler an.

Ab dem Jahr 1897 arbeitete Ernst Barlach als freischaffender Künstler. Er zählte zu den bedeutendsten figürlichen Bildhauern des 20. Jahrhunderts in Deutschland. Einen Namen machte sich Barlach aber auch als Schriftsteller; er schrieb Erzählungen und Dramen. Einige wurden als Theaterstück aufgeführt. Bereits Barlachs frühe Arbeiten setzen sich mit dem Menschen, seinen Lebensbedingungen und seinen Haltungen zum Leben auseinander.

Sein Geburtshaus in Wedel beheimatet heute das Barlach-Museum und besitzt zahlreiche Grafiken, Briefe und Manuskripte des Künstlers. Barlach starb am 24. Oktober 1938 in Rostock an einem Herzinfakt. Er wurde in Ratzeburg begraben, wo er zuletzt lebte. Auf dem Grabmal von Barlach, das sich auf dem Vorstadtfriedhof befindet, steht „Der singende Klosterschüler." Der Künstler Ernst Barlach fand auf diesem Friedhof seine letzte Ruhestätte.

Der Bildhauer, Schriftsteller und Zeichner Ernst Barlach in jungen Jahren.

In dem klassizistischen – jetzt mit gelber Fassade – Bürgerhaus in der Mühlenstraße 1 in Wedel (Schleswig-Holstein) wurde Ernst Barlach am 2. Januar 1870 geboren.

Dem großen Publikum ist Horst Frank vor allem durch mehr als 500 Film- und Fernsehrollen bekannt geworden. Meist verkörperte er in denen Gangster, Ganoven und schwierige Charaktere. Bereits in seinem Filmdebut „Der Stern von Afrika" im Jahr 1957 wurde er auf den Typ des zynischen Antihelden festgelegt.

Er wirkte in verschiedenen Krimiserien mit und festigte in „Der Kommissar", „Derrick", „Adelheid und ihre Mörder" und „Der Alte" seine Fernsehkarriere. Beliebtheit erlangte Horst Frank als Baron de Lefouet in dem Mehrteiler „Timm Thaler" (1979) nach dem Kinderbuch von James Krüss.

Auftritte in „Das Traumschiff", „Elbflorenz", „Großstadtrevier" sowie zahlreiche Gastrollen in fast allen deutschen Kriminalserien wie „SOKO 5113", „Polizeiruf 110", „Der Fahnder" oder zum Beispiel dem „Tatort" runden seine Fernsehkarriere ab. Er hatte stets eine enge Verbundenheit zu Hamburg, liebte seinen Stadtteil Uhlenhorst. Die Internet Movie Database, eine Filmdatenbank im Internet, verzeichnet seine Mitwirkung in über 140 verschiedenen Filmen und TV-Serien. Zudem agierte er für zahlreiche ausländische Filme mit seiner markanten, rauchigen Stimme, als Synchronsprecher. Horst Frank lebte mehrere Jahre in Frankreich und Italien. Von 1961 bis 1963 lebte er in Tanganjika auf seiner eigenen Farm. Seinen festen Wohnsitz seiner letzten Jahre hatte der Schauspieler in einer Altbauwohnung im Hofweg 13 in Hamburg. Horst Frank starb am 25. Mai 1999 und wurde auf dem Friedhof Ohlsdorf in Hamburg beigesetzt.

Horst Frank wurde auf dem Friedhof Ohlsdorf – unweit von Hans Albers – beerdigt. Das Foto zeigt seine Grabstätte.

Horst Frank bei Dreharbeiten für die TV-Serie „Der Landarzt" auf dem Marktplatz im schleswig-holsteinischen Kappeln.

In diesem Mehrfamilienhaus im Hofweg 13 in Hamburg lebte Schauspieler Horst Frank. Medienberichten zufolge hatte sich Frank in Heidelberg von einer strapaziösen Theater-Tournee erholen wollen. Dort soll er durch Herzversagen zusammengebrochen und in die Intensivstation der Uniklinik verlegt worden sein. Dort starb er am Dienstagabend (25. Mai 1999) gegen 21 Uhr – nur wenige Tage vor seinem 70. Geburtstag.

Brigitte Mira wurde am 20. April 1910 in Hamburg geboren und war eine deutsche Volksschauspielerin, Kabarettistin und Chanson-Sängerin. Sie war eine der letzten großen Volksschauspielerinnen, die in den 1930er-Jahren als Soubrette begann und seitdem auf eine langjährige Karriere auf Bühne, Leinwand und im Fernsehen zurückblicken konnte. 1941 landete sie in Berlin im Theater am Schiffbauerdamm. Dort entdeckte Willi Schaeffers ihr überaus komisches Talent und holte sie an sein legendäres „Kabarett der Komiker". Der Durchbruch gelang ihr durch ihre TV-Auftritte an der Seite von Günter Pfitzmann und Harald Juhnke. Als eine der drei „Damen vom Grill" wurde Brigitte Mira den meisten Fernsehzuschauern als Ur-Berlinerin bekannt. Trotz des großen Serienerfolgs war sie aber auch in mehreren Filmproduktionen vertreten: zum Beispiel in „Sigi, der Straßenfeger" (1984), „Im Schatten der Angst" (1988) und in „Der Showmaster" (1993). Sie nahm kein Blatt vor den Mund und verlor bis zuletzt nicht ihren Humor. 1989 wurde Brigitte Mira für ihr langjähriges und hervorragendes Wirken im deutschen Film mit dem Filmband in Gold geehrt. Brigitte Mira starb am 8. März 2005 im Alter von 94 Jahren in einem Krankenhaus in Berlin.
Sie wurde auf dem Luisenfriedhof III am Fürstenbrunner Weg in Berlin-Westend beigesetzt, dort erinnert ein großer Grabstein an die Schauspielerin.

In diesem Mehrfamilienhaus in der Koenigsallee 83 in Berlin lebte die beliebte Schauspielerin Brigitte Mira.

Die Grabstätte von Brigitte Mira.

Eine Gedenktafel erinnert an ihrem einstigen Wohnhaus an die großartige Schauspielerin.

Ilse Werner war nicht nur eine beliebte Schauspielerin der 1940er Jahre, sondern sie konnte auch pfeifen – das machte sie noch populärer. Während des Zweiten Weltkriegs unterhielt sie das Publikum in Filmen wie "Bel Ami" (1939), "Die schwedische Nachtigall" (1940), „Hochzeit auf Bärenhof" (1942), "Wir machen Musik" (1942) oder „Große Freiheit Nr. 7" (1944). Mit Carl Raddatz stand sie in dem nationalsozialistischen Propagandafilm "Wunschkonzert" vor der Kamera. Ilse Werner galt als Markenzeichen für heitere, niveauvolle Unterhaltung.

Nach dem Krieg bekam die Schauspielerin vorübergehend Berufsverbot. Im Kino der 1950er und 60er Jahre konnte sie dann nicht mehr richtig Fuß fassen. Im Fernsehen oder auf Bädertouren fand sie allerdings immer noch ihr Publikum. Die letzten Lebensjahre verbrachte Ilse Werner zurückgezogen und verarmt in einem Lübecker Seniorenheim. Sie wurde von prominenten Freunden – unter anderem Karl Dall und Wolfgang Völz – unterstützt. Sie starb 2005 im Alter von 84 Jahren an einer Lungenentzündung. Auf eigenen Wunsch wurde sie als ehemaliger Ufa-Star in Potsdam-Babelsberg bestattet; am 24. August 2005 auf dem „Goethefriedhof".

Das Wohnhaus von Ilse Werner (Foto links) in Berlin. Zuletzt lebte sie in einem Altenheim in Lübeck, dort starb sie 2005. Sie wurde auf eigenen Wunsch auf dem Goethefriedhof in Potsdam-Babelsberg beigesetzt.

Das Foto links zeigt Ilse Werner im Jahr 1961.

Rechts ist die „Hanse Residenz" in der Eschenburg-straße in Lübeck zu sehen. Hier lebte Ilse Werner in den letzten Jahren ihres Lebens.

Joachim Richert, erfolgreicher Schauspieler und Synchronsprecher, feierte sein Debüt im westdeutschen Fernsehen im Jahr 1966 mit einer kleinen Nebenrolle in Egon Monks (Seite 113) „Preis der Freiheit", dem ein Jahr später mit Rolf Olsens „Wenn es Nacht wird auf der Reeperbahn" sein Einstand im Kino folgte. Richert war die folgenden vier Jahrzehnte regelmäßig im deutschen Fernsehen und vereinzelt in Kinoproduktionen zu sehen, aber hauptsächlich auf Nebenrollen abonniert. Zu sehen war er unter anderem in „Hafenpolizei", „Der Landarzt", „Großstadtrevier", „Das Millionenspiel" und „Adelheid und ihre Mörder".

In der Krimireihe „Tatort" agierte er zwischen 1971 und 1982 in insgesamt elf Episoden als Kriminalmeister Laumen neben dem populären Tatort-Kommissar Trimmel (Walter Richter).

Neben seiner Arbeit beim Film und Fernsehen war Joachim Richert vor allem langjähriger Sprecher bei einem Hörspielunternehmen. Seine Stimme lieh Richert so bekannten Hörspielreihen wie „TKKG", „Fünf Freunde", „Masters of the Universe" oder „Die drei Fragezeichen". Als Synchronsprecher war er unter anderem für Nick Tate („Mondbasis Alpha

1") und Larry Manetti (Orville Wilbour Rick Wright III. in „Magnum") die deutsche Stimme. 30 Jahre lang war er eine feste Größe in verschiedenen Hörspielproduktionen.

Joachim Richert starb am 20. März 2007 nach langer und schwerer Krankheit in Hamburg. Im Stadtteil Eimsbüttel lebte Richert die letzten Jahre seines Lebens eher zurückgezogen.

Das Wohnhaus von Schauspieler Joachim Richert in der Sillemstraße 86 in Hamburg.

Gerda Gmelin, 23. Juni 1919 bis 14. April 2003 (Schauspielerin)

Als Tochter des Schauspielers und Theatergründers Helmuth Gmelin (Seite 142) wurde Gerda Gmelin am 23. Juni 1919 in Braunschweig geboren. Von 1937 bis 1939 besuchte sie die Schauspielschule im Hamburger Schauspielhaus. Aber bereits als Schülerin stand sie mit 15 Jahren auf einer Theaterbühne und schnupperte Theaterluft. 1959 über-nahm Gerda Gmelin (nach dem Tod ihres Vaters) die Leitung und führte das „Theater im Zimmer" 40 Jahre lang, bis sie die Bühne im Jahre 1999 wegen sinkender Zuschau-erzahlen schließen musste. Einem breiten Publikum wurde die markante Künstlerin ab Ende der 1950er Jahre: Meist verkörperte sie in vielen Fernsehserien und -filmen eine schroffe, schnodderige und oft respektlose, aber humorvolle Frau. Ob in „Die Bertinis", in einigen Folgen der Krimireihe „Tatort" und von 1987 bis 2003 in der Arztserie „Der Landarzt". Dort spielte sie als Berta Rogalla an der Seite von Landarzt Dr. Karsten Mattiesen (Christian Quadflieg), den Klatschtanten Thea (Evelyn Hamann) und Hilde Sellmann (Eva Maria Bauer), sowie später von Landarzt Dr. Ulrich Teschner (Walter Plathe). Gerda Gmelin, die in ihren letzten Lebensjahren nahezu erblindet war, starb am 14. April 2003 nach schwerer Krankheit 83-jährig im Israelitischen Krankenhaus in Hamburg. Sie wurde im so genannten „Garten der Frauen" auf dem Ohlsdorfer Friedhof in Hamburg beigesetzt. Dort erinnert eine weiße Stele an die Schauspielerin.

Der letzte Wohnsitz von Gerda Gmelin (Foto links): Das Theater im Zimmer. Der Eingang zur Wohnung ist in einer Seitenstraße zu finden.

Grabstele von Gerda Gmelin.

Als Sohn eines Beamten wurde Gyula Trebitsch am 3. November 1914 in Budapest geboren. Er besuchte bis 1932 die Handelsakademie in Budapest und begann noch im gleichen Jahr als Volontär in der Budapester Ufa-Niederlassung zu arbeiten. Trebitsch war dort schwerpunktmäßig im Produktionsbereich und im Verleihgeschäft tätig. Er lernte das Filmhandwerk bei der Ufa von der Pike auf: als Platzanweiser, Aufnahme- und Theaterleiter. Im Juli 1937 machte er seinen Abschluss als „Königlich-Ungarischer Kinovorführer". Mit der Idee, für den heimischen Markt Filme mit ungarischen Stoffen zu produzieren, begann Gyula Trebitsch, bei der Budapester Ufa-Dependance selbst-ständig zu arbeiten.

1947 baute Gyula Trebitsch zusammen mit seinem Partner Walter Koppel die „Real Film GmbH" auf. Zudem legte er den Grundstock für das „Studio Hamburg" in Hamburg-Tonndorf – das größte Dienstleistungszentrum für Film und Fernsehen in Norddeutschland und eines der größten Medienzentren Europas.

Nach dem Krieg produzierte Trebitsch zahlreiche Erfolgsfilme wie „Keine Angst vor großen Tieren" (1953, mit Heinz Rühmann) oder „Des Teufels General" (1955, mit Curd Jürgens). In der Jenfelder Allee 80 produzierte er vor allem Talkshows, Musiksendungen und Fernsehreihen und -serien, bis sich Gyula Trebitsch 1980 aus der Geschäftsführung zurück zog. Zwar realisierte er als unabhängiger Produzent danach unter anderem „Die Bertinis" (1989) oder „Bella Block" (seit 1994, mit Hannelore Hoger), aber Gyula Trebitsch selbst zog sich immer mehr in seine Villa zurück, die in Hamburgs vornehmsten Stadtteil zu finden war: in der Straße Rondeel in Winterhude. Am 12. Dezember 2005 starb Trebitsch, es gab für ihn eine Seebestattung.

Der letzte Wohnsitz von Gyula Trebitsch: die Nobelvilla am Rondeelteich in Hamburg. Foto rechts: Gyula Trebitsch.

Vadim Glowna, 26. September 1941 bis 24. Januar 2012 (Schauspieler)

Vadim Glowna war Schauspieler, Regisseur, Drehbuchautor und Filmproduzent. Markenzeichen war seine markante Nase, die er sich als Junge bei einer Schlägerei gebrochen hatte und seine erkennbar heisere, kehlige Stimme. Der gebürtige Schleswig-Holsteiner (Eutin) spielte seit Mitte der sechziger Jahre in mehr als 160 Kino- und Fernsehfilmen mit.

Für sein Regiedebüt „Desperado City" im Jahr 1981 wurde Vadim Glowna in Cannes ausgezeichnet. Er drehte unter anderem mit Claude Chabrol, Romy Schneider und Klaus Kinski. Der aus ärmsten Verhältnissen stammende Schauspieler stand für Regisseure wie Gustaf Gründgens und Peter Zadek auf der Bühne. Sein Filmdebüt gab Glowna 1964 in „Im Schatten der Großstadt". Glowna war ein gefragter Charakterdarsteller von Außenseitern. Im September 2006 veröffentlichte der Ullstein Verlag unter dem Titel „Der Geschichtenerzähler – Erinnerungen" Glownas Memoiren. Einen seiner letzten Auftritte hatte Vadim Glowna in der Serie „Bloch: Der Fremde". Diese Folge wurde am 20. Juni 2012 in der ARD ausgestrahlt. Vadim Glowna starb am 24. Januar 2012 in einem Berliner Krankenhaus nach kurzer, schwerer Krankheit und wurde auf dem Friedhof Heerstraße in Berlin-Westend beigesetzt.

Ein Mehrfamilienhaus mit weißer Fassade – hier lebte Vadim Glowna in den letzten Jahren seines Lebens.

Die Grabstätte von Vadim Glowna auf dem Friedhof Heerstraße in Berlin-Westend.

Roger Cicero war ein erfolgreicher Pop- und Jazzmusiker, dessen Nachricht über seinen Tod für einen tief sitzenden Schock in der Musikbranche und seinen Fans sorgte. Der Musiker starb im Alter von 45 Jahren an einem Hirninfarkt in Hamburg, wie sein Management mitteilte.

Roger Cicero hatte für Deutschland im Jahr 2007 beim Eurovision Song Contest (ESC) gesungen und mit „Frauen regier'n die Welt" den 19. Platz belegt. Im selben Jahr gewann er den Musikpreis „Echo". Cicero, dem die Musik andererseits auch Inspiration war, andere Kulturgenres auszuprobieren, spielte 2009 in dem Film „Hilde" mit, gab im selben Jahr die Synchronstimme für den Prinzen Naveen in dem Film „Küss den Frosch" und war mit einer Gastrolle in der „Sesamstraße" zu sehen, in der er eine Gesangseinlage mit Ernie und Bert zum Besten gab. Seine letzten großen Projekte waren „Cicero Sings Sinatra" und „The Roger Cicero Jazz Experience" – mit beiden wurde Roger Cicero erneut für den „Echo" 2016 nominiert. „Er hatte sich unglaublich auf seine ausverkaufte Tournee im April gefreut", hieß es in einer Mitteilung seines Managements. Der Sohn des Jazz-Pianisten Eugen Cicero hatte seinen Durchbruch mit einer Mischung aus Pop, Jazz und Swing – mit frischen, frechen und amüsanten Texten – geschafft. Elegant mit Hut und Lackschuhen gekleidet kam er mit seinen Big-Band-Musikern im Stil der großen Swing-Künstler auf die Bühne. Zu seinen Markenzeichen gehörte der obligatorische Hut. Der Musiker und Sänger Cicero wohnte über zehn Jahre in Hamburg-Winterhude, unter anderem in einem Mehrfamilienhaus in der Körnerstraße 5. Er starb am 24. März 2016 – nach einem Schlaganfall. Roger Cicero wurde anonym im Ruhewald des Ohlsdorfer Friedhofs in seiner Heimatstadt beigesetzt.

Ein kleines Namensschild erinnert an den großen Künstler Roger Cicero. Er wurde anonym auf dem Friedhof Ohlsdorf beigesetzt.

In diesem Mehrfamilienhaus in der Körnerstraße 5 in Hamburg-Winterhude wohnte Roger Cicero einige Zeit.

Otto Sander, 30. Juni 1941 bis 12. September 2013 (Schauspieler)

Von einem großen Charakterdarsteller mussten sich TV- und Theaterzuschauer verabschieden: Otto Sander. Er starb am 12. September 2013 im Alter von 72 Jahren in Berlin. Bundespräsident Joachim Gauck würdigte ihn als einen der „glaubwürdigsten und populärsten Schauspieler unserer Zeit". Bekannt wurde Otto Sander als Schauspieler, nicht als Sprecher. In „Die Marquise von O." und „Die Blechtrommel" wirkte er mit, 1981 wurde er durch „Das Boot" einem größeren Publikum bekannt. Seinen Fans wird Otto Sander unvergessen in Wim Wenders „Der Himmel über Berlin" bleiben, in dem er den Engel Cassiel spielte.

Sander hatte 1964 in der Rolle eines Bauernsohns in Roland Klicks Kurzfilm „Ludwig" sein Filmdebüt. Der beliebte Schauspieler war der Schaubühne (Lehniner Platz, Berlin) von 1971 bis 1995 eng verbunden. Ob als Mitglied des Ensembles oder Gast in vielen Inszenierungen. Otto Sander hat in dieser Zeit unter anderem mit Peter Stein („Peer Gynt", „Prinz Friedrich von Homburg", „Shakespeare´s Memory"), Klaus Michael Grüber („Geschichten aus dem Wienerwald") und Robert Wilson („Death, Destruction & Detroit") gearbeitet. „Otto Sander war ein leidenschaftlicher Schauspieler und ein wunderbarer Mensch", steht auf der Homepage der Schaubühne. Sander starb nach schwerer Krankheit und wurde auf dem Dorotheenstädtischen Friedhof in Berlin beigesetzt.

Das Foto oben zeigt den Eingangsbereich des Hauses, an dem Anwohner am Todestag Blumen abgelegt haben.

Schauspieler Otto Sander bei Dreharbeiten in Hamburg.

Das Mehrfamilienhaus mit weißer Fassade in der Jenaer Straße in Berlin, in dem Otto Sander zuletzt wohnte.

Die Grabstätte Otto Sanders auf dem Dorotheenstädtischen Friedhof in Berlin.

Edith Hancke, 14. Oktober 1928 bis 4. Juni 2015 (Schauspielerin)

Sie war eine Berliner Ikone, stand mehr als sechs Jahrzehnte auf den Bühnen von Berlin und galt als „Königin des Boulevard-Theaters": Schauspielerin Edith Hancke. Mehrfach erhielt sie den „Goldenen Vorhang", die Auszeichnung für die beliebteste Berliner Schauspielerin. Auch trat Edith Hancke zwei Jahre lang als Mitglied des Kabaretts „Die Stachelschweine" auf. Sie machte sich auch als Synchronsprecherin einen Namen: Hanckes Stimme war beispielsweise von 1991 bis 1994 in der US-amerikanischen Serie „Die Dinos" als Baby Sinclair zu hören. Bekanntheit erlangte Edith Hancke auch durch zahlreiche Filme wie „Unser Willi ist der Beste" (1971 mit Heinz Erhardt), „Café Wernicke" (1978), „Berliner Weiße mit Schuß" (1984) oder „Zwei Männer und ein Baby" (2004). Edith Hancke starb am 4. Juni 2015 im Alter von 86 Jahren in ihrer Heimatstadt Berlin nach schwerer Krankheit. Am 16. Juni 2015 fand auf dem Waldfriedhof Zehlendorf die Trauerfeier statt. Dort fand die beliebte Schauspielerin ihre letzte Ruhe.

Gut versteckt: in diesem Haus in Berlin lebte Edith Hancke (Foto oben). Sie war über 40 Jahre lang mit Schauspielkollege Klaus Sonnenschein verheiratet.

Die Grabstätte von Edith Hancke. Der Schriftzug „Edith Hancke-Sonnenschein" ist zu lesen.

Die ehemalige Haustürklingel von Edith Hancke.

Im Juli 2013 ging die Nachricht durch die Medien: Chantal de Freitas ist tot. Über genaue Umstände und Zeitpunkt drangen keine Angaben an die Öffentlichkeit – selbst Berichterstattung, die die Persönlichkeitsrechte tangieren, wurde von einem Berliner Rechtsanwaltsbüro untersagt. Laut Erklärung des Anwalts der Familie war sie „plötzlich und unerwartet" gestorben. Bekannt wurde de Freitas aus TV-Krimis („Polizeiruf 110", „Tatort"). Zudem war die Schauspielerin auf Theaterbühnen in Stücken wie „Ein Sommernachtstraum" und „Die Räuber" zu sehen.

In den vergangenen Jahren widmete sie sich verstärkt ihrer Karriere als Sängerin: 2007 gründete sie das Label „Pussy Empire Records", 2010 veröffentlichte sie ihr Debüt-Album „Independence". Ihre große Liebe, Schauspieler Kai Wiesinger, soll sie 1992 bei gemeinsamen Dreharbeiten zu „Der Leihmann" kennengelernt haben. 1998 heiratete das Paar, bekam später zwei gemeinsame Töchter. 2012 gaben beide ihre Trennung bekannt. Bis zu ihrem Tod hat Chantal de Freitas in dieser Stadtvilla in Hamburg-Bergedorf gewohnt. Am 2. Juli 2013 bestätigte die Agentur von Chantal de Freitas auf Nachfrage ihren Tod ohne Angaben zum Todeszeitpunkt, Ort oder den näheren Begleitumständen.

Der Anwalt der Familie von Chantal de Freitas gab am 2. Juli 2013 auf Anfrage der Deutschen Presseagentur (dpa) bekannt, dass die Sängerin und Schauspielerin plötzlich und unerwartet verstorben sei. Weder zur Todesursache noch zum Todeszeitpunkt gab es Angaben. De Freitas, die 2010 ihr erstes Album „Independence" veröffentlicht hatte, soll gerade an einer neuen CD gearbeitet haben.

Da keine Angaben bestätigt wurden, hat sich der Autor dieses Buches entschieden, weder Geburtstdatum noch den Todestag zu veröffentlichen. In diesem Haus (Foto links) in der Ambergstraße 4 in der Villen-Gegend von Hamburg-Bergedorf wohnte die Sängerin und Schauspielerin Chantal de Freitas (Foto rechts) bis zu ihrem Tode. An der Klingel standen am Aufnahmetag der Name „Bolt de Freitas" und „Wiesinger".

Fernsehzuschauer kannten sein Gesicht aus etlichen TV-Rollen: Schauspieler Jörg Pleva verstarb ebenfalls 2013. Er spielte in Serien wie der „Schwarzwaldklinik" und dem „Tatort", prägte in Nebenrollen zahlreiche Fernsehspiele. Seine bekannteste Rolle war die des Showkandidaten Bernhard Lotz in Wolfgang Menges visionärem Drama „Das Millionenspiel". Pleva hatte aber auch zahlreiche Auftritte als Nebendarsteller in „Drei Damen vom Grill", „Großstadtrevier", „S.Y. Arche Noah" oder „Unsere Hagenbecks". Insgesamt stand Pleva nach Angaben auf seiner Homepage in etwa 140 Film- und Fernsehproduktionen vor der Kamera. Der am 23. Juni 1942 in Stuttgart geborene Jörg Pleva war auch als Synchronsprecher gefragt. Er gab gleich drei Figuren aus Filmen des Regisseurs Stanley Kubrick seine Stimme, arbeitete zudem als Theaterregisseur und stand auch selbst in zahlreichen Stücken auf der Bühne. Der Schauspieler starb mit 71 Jahren in seiner Heimatstadt Hamburg. Er lebte im Stadtteil Barmbek-Süd, unweit eines kleinen Parks an dem Fluss Wandse. Er wurde auf dem Friedhof Ohlsdorf in Hamburg beigesetzt. Ein kleiner Stein erinnert dort an einen großartigen Schauspieler und Menschen.

In diesem Mehrfamilienhaus im Holsteiner Kamp 108 in Hamburg lebte Jörg Pleva zuletzt. Das Foto links zeigt die Grabstätte auf dem Friedhof Ohlsdorf.

Willy Brandt, 18. Dezember 1913 bis 8. Oktober 1992 (Politiker)

Ein großer Politiker hat am 8.10.1992 für immer seine Augen geschlossen: Willy Brandt. Er hat die deutsche und europäische Nachkriegsgeschichte und die Geschichte Europas zunächst als Regierender Bürgermeister Westberlins, als Außenminister einer Großen Koalition, als Bundeskanzler der „Bonner Republik" und schließlich als langjähriger SPD-Vorsitzender mit großem internationalem Renommé entscheidend mitgestaltet. Nach seinem Rücktritt als Bundeskanzler mischt Willy Brandt weiter in der Weltpolitik mit. Im Jahr 1976 wird Brandt Vorsitzender der Sozialistischen Internationale (bis 1992), einem internationalen Zusammenschluss der Arbeiterbewegung. Von 1977 bis 1980 ist er Vorsitzender der Nord-Süd-Kommission, einer Unabhängigen Kommission für internationale Entwicklungsfragen.

Außerdem war Willy Brandt Friedensnobelpreis-Träger (1971), er bekam den Nobelpreis für seine Ostpolitik.

Willy Brandt lebte von 1955 bis 1964 in einem Haus im Marinesteig 14 in Berlin, unweit des Schlachtensees entfernt. Zuletzt wohnte Brandt in der Stadt Unkel, Auf dem Rheinbüchel 60. Er starb am 8. Oktober 1992. Am 17. Oktober 1992 gedachte der Bundestag seiner in einem Staatsakt. Das Ehrengrab Willy Brandts befindet sich auf dem Waldfriedhof Zehlendorf in Berlin neben dem Ehrengrab von Ernst Reuter, Vorgänger Brandts als Regierender Bürgermeister von Berlin in den Jahren 1948 bis 1953.

Ein Portrait von Willy Brandt aus dem Jahr 1980.

Das Wohnhaus Willy Brandts von 1955 bis 1964 in Berlin. Willy Brandt lebte dort mit seiner Familie in der linken Doppelhaushälfte am Marinesteig 14. Seit 2003 erinnert dort eine Gedenktafel an den Regierenden Bürgermeister und späteren Bundeskanzler. Enthüllt wurde die Tafel anlässlich Brandts 90. Geburtstages.

Das Foto rechts zeigt die Grabstätte (Ehrengrab), die auf dem Waldfriedhof in Berlin-Zehlendorf zu finden ist.

„Bitte sag Hansi zu mir" – mit diesem Satz begrüßte James Last, der bürgerlich Hans Last hieß, den Autoren Tobi Thomsen zu einem Interview in Flensburg. Er war ein Vollblut-musiker, aber auch Mensch. James Last machte sich einen Namen als Bandleader, Kom-ponist, Arrangeur und Musikproduzent. Zu den sehr bekannten Eigenkompositionen Lasts gehören die Serienmelodien „Der Landarzt", „Das Traumschiff" und „Zwei Münchner in Hamburg". James Last prägte mit seinem 40-köpfigen Orchester den zur Stilrichtung des Easy Listening gehörenden „Happy Sound", mit dem er ab 1965 etwa zwei Jahrzehnte lang einen großen Erfolg hatte. Trotz des Erfolges blieb er stets auf dem Boden. Er zog von seinem Reihenhaus im Holitzberg 71 in Hamburg-Langenhorn zum Holitzberg 61, in ein freistehendes Haus mit Swimmingpool (so dass die zahlreich erscheinenden Fans nicht so einfach in den Garten schauen konnten). Zuletzt wohnte James Last in einem Reihenhaus im Stadtteil Poppenbüttel in Hamburg und in einem Haus in West Palm Beach (Florida, Vereinigte Staaten). In den USA verstarb er am 9. Juni 2015 nach schwerer Krankheit. Er wurde auf dem Friedhof Ohlsdorf in Hamburg in der Nähe der Kapelle 11 beigesetzt.

In diesem Reihenhaus im Holitzberg 71 in Hamburg wohnte James Last zu Be-ginn seiner Karriere.

Links: James Last in einer TV-Sendung. Rechts: Die Grabstätte auf dem Friedhof Ohlsdorf.

Helga Feddersen erlitt 1955 bei einer Tumoroperation an der Ohrspeicheldrüse eine irreparable Gesichtsverletzung. Aber sie war stark und machte aus der Not eine Tugend: Sie wurde sie zur „Ulknudel der Nation", spielte an der Seite von Ekel Alfred in „Ein Herz und eine Seele" und landete mit dem Blödel-Song „Die Wanne ist voll" mit Dieter „Didi" Hallervorden bundesweite Berühmtheit. Nach dem Studium an der Schauspielschule Hamburg kam Helga Feddersen über Engagements an den Hamburger Kammerspielen und am Musiktheater Gelsenkirchen zum NDR, für den sie verschiedene Radio-, Film- und Fernsehrollen übernahm. Gerne trat Helga Feddersen in der satirischen Sendung „Abramakabra" auf, stand mit Urgestein der Comedy Frank Zander in der „Plattenküche" vor der Kamera und spielte die zweite Ehefrau von „Ekel Alfred" (Tetzlaf). Sie schrieb selbst auch Drehbücher für Fernsehfilme wie beispielsweise „Spaaks in Neugrönland", „Kapitän Harmsen" oder „Helga und die Nordlichter". Im Jahr 1983 gründete Helga Feddersen mit Olli Meier, ihrem Lebensgefährten, das Theater am Holstenwall. 1989 musste das Theater wieder geschlossen werden. Grund: Die Bühne lebte von ihrer Hauptdarstellerin Helga Feddersen, die aufgrund ihrer Krankheit pausieren musste. Daraufhin blieb das Publikum aus. Helga Feddersen erlag in der Nacht vom 24. zum 25. November 1990 ihrem Krebsleiden. Die Künstlerin lebte bis zu ihrem Tod im zweiten Stock des historischen Bürgerhauses in der Deichstraße 39, dessen Fassade noch heute die originale Blumen- und Früchtegirlande schmückt. Zeitweise lebte die bekannte Ulknudel in Bad Cannstatt – zusammen mit ihrem Lebensgefährten Olli Maier. Ihr Grab befindet sich auf dem Familiengrab von Olli Maier (Künstlername: Reinhard Prinz von Sachsen) auf dem Steigfriedhof in Stuttgart-Bad Cannstadt.

In diesem Haus (oben) in der Deichstraße 39 lebte Helga Feddersen. Sie konnte aus ihrem Wohnzimmer (Rückseite des Wohnhauses) auf den Nikolaifleet schauen. Das Foto rechts zeigt ihre Grabstätte in Stuttgart-Bad Cannstadt.

Bert Kaempfert, 16. Oktober 1923 bis 21. Juni 1980 (Musikproduzent)

Bert Kaempfert wurde 1923 als Berthold Heinrich Kämpfert in Hamburg geboren und war Orchesterleiter, Musikproduzent, Arrangeur und Komponist. Über 150 Millionen Platten wurden mit seiner Musik verkauft, Weltstars wie Frank Sinatra, Freddy Quinn und Elvis Presley hatte Kaempfert zu Erfolgen geführt und die Beatles entdeckt, noch bevor sie die Beatles waren. Nach seinem Tod hinterließ er ein Songbook mit etwa 700 Arrangements und 400 Eigenkompositionen. Seine Hits sind offenbar zeitlos – noch heute gehören sie zu den meistgecoverten Songs der Musikgeschichte.

Mit dem Song „Wonderland by Night" wurde Kaempfert 1961 der erste Deutsche, der in den USA zur Nummer eins in der Hitparade aufstieg. Seine Kompositionen „Strangers in the Night", gesungen von Frank Sinatra und „Spanish Eyes", interpretiert von Al Martino, wurden zu Welterfolgen und Evergreens. Aus Anlass seines 85. Geburtstages wurde im Oktober 2008 im Hamburger Stadtteil Barmbek-Nord, in dem Kaempfert zur Welt gekommen war und seine Kindheit verbracht hatte, der Platz vor dem Museum der Arbeit in „Bert-Kaempfert-Platz" benannt. Kaempfert lebte zuletzt in der Schweiz, er verstarb am 21. Juni 1980 auf Mallorca an einem Schlaganfall.

In der Adlerstraße 12 lebte Bert Kaempfert zusammen mit seinen Eltern. Es war ein ähnliches Blockhaus wie hier zu sehen. Das Wohnhaus stand damals dort, wo jetzt ein Parkplatz ist. Zuletzt wohnte Kaempfert in der Schweiz.

Musikproduzent Bert Kaempfert in den 1960er Jahren.

Joachim Fuchsberger, 11. März 1927 bis 11. September 2014 (Schauspieler)

Über Jahrzehnte war er eine feste Größe im deutschen Fernsehen: Joachim Fuchsberger. Fuchsberger drehte mehr als 60 Filme. Zunächst in unbedeutenden Nebenrollen begann 1954 Fuchsbergers Filmkarriere als Hauptdarsteller in dem Dreiteiler „08/15". Seine Darstellung des schlauen Gefreiten Asch, der es schließlich bis zum Leutnant der Wehrmacht bringt, machte ihn über Nacht populär. Mehrfach war er zu sehen in der Rolle des jugendlichen Liebhabers. In den beliebten Edgar-Wallace-Filmen „Der Hexer" und „Der schwarze Abt" spielte Fuchsberger den Kriminalbeamten, 2007 kehrte er in einer Nebenrolle noch einmal zurück – in der Edgar-Wallace-Parodie „Neues vom Wixxer" (mit Oliver Kalkofe). Bei den Olympischen Spielen 1972 in München war Fuchsberger während der Eröffnungs- und Abschlusszeremonie im Olympiastadion Stadionsprecher.

Fuchsberger moderierte mehrere Fernsehshows („Auf Los geht's los") und die ARD-Talkshow „Heut' Abend". Joachim Fuchsberger starb 87-jährig in seinem Haus in Grünwald, wie seine Frau Gundula der Nachrichtenagentur dpa mitteilte. Sein letzter großer Wunsch, gemeinsam mit seiner Frau im Dezember 2014 die Diamantene Hochzeit zu erleben, ging damit nicht mehr in Erfüllung. An einer bewegenden Trauerfeier in Grünwald nahmen am 22. September 2014 neben Familie und Freunden auch Patrick Lindner, Ralph Siegel, Nina Ruge, Max Greger, Frank Elstner, Franz Beckenbauer, Oliver Kalkofe, Uschi Glas und Sandra Maischberger teil. Fuchsberger wurde auf dem Waldfriedhof Grünwald neben seinem Sohn Thomas beigesetzt.

In diesem Haus in Grünwald wohnte Joachim Fuchsberger.

Siegfried Lenz war ein erfolgreicher Schriftsteller und einer der bekanntesten deutschsprachigen Erzähler der Nachkriegs- und Gegenwartsliteratur. 1951 veröffentlichte Siegfried Lenz seinen ersten Roman beim Verlag „Hoffmann und Campe": „Es waren Habichte in der Luft". Zu seinen wichtigsten Werken zählen der in viele Sprachen übersetzte und verfilmte Roman „Deutschstunde" (1968) über die Zeit des Nationalsozialismus und einen falsch verstandenen Pflichtbegriff, sowie seine erste Sammlung von Kurzgeschichten aus dem Jahr 1951 „So zärtlich war Suleyken". In den 1950er Jahren lebte Lenz in der Isestraße 88 in Hamburg. Dort hatte er mit seiner Frau Liselotte (starb 2006) ein Ein-Zimmer-Apartment bewohnt und seine schriftstellerische Karriere begonnen.

1963 kaufte er sich ein Haus in der Preußerstraße 4 im Hamburger Stadtteil Othmarschen, in dem er bis zu seinem Tod lebte. Das Haus wurde mittlerweile abgerissen.

Am 7. Oktober 2014 starb Siegfried Lenz in Hamburg. Der Schriftsteller wurde neben seiner ersten Frau Liselotte auf dem Friedhof Groß-Flottbek in Hamburg beigesetzt.

In diesem Haus in der Preußerstraße 4 in Hamburg lebte Schriftsteller Siegfried Lenz fünf Jahrzehnte lang. Das Foto links unten zeigt das Wohnhaus in der Isestraße.

Grabstätte von Siegfried Lenz und seiner ersten Frau Liselotte („Lilo").

Gerty Molzen war Schauspielerin, Kabarettistin, Sängerin, Buchautorin und Texterin. Sie begann ihre Karriere an der Oper, schlug sich in den 1950er Jahren als Kabarettistin durch, arbeitete als Schauspielerin und startete im Alter von 79 Jahren eine Pop-Karriere. Gustaf Gründgens entdeckte Gerty Molzens „komisches Talent". Zunächst engagierte er sie als Sangesstimme von Elisabeth Flickenschildt, später glänzte Gerty Molzen in zwei Stücken mit ihrer Sangesdarbietung im Rahmen des Films „Der Schritt vom Wege" (mit Marianne Hoppe) aus dem Jahre 1938. Nach dem Zweiten Krieg bereiste sie mit ihrem Kabarettprogramm ganz Deutschland, trat bei Familienfesten, Firmenfeiern oder in Kurhäusern auf. Nebenbei wurde Molzen Buchautorin und beschrieb humoristisch das Leben der so genannten „Petuhtanten", die um die Jahrhundertwende auf Fördeschiffen in Flensburg anzutreffen waren.

Gerty Molzen hat ihre Heimat Flensburg lebenslang im Herzen getragen und über ihre Kunst in der Welt bekannt gemacht. Sie bekam 1986 das Bundesverdienstkreuz am Bande verliehen. Sie wohnte überwiegend in einer Wohnung in einem Mehrfamilienhaus in der Petkumstraße 10 im Stadtteil Uhlenhorst in Hamburg. Bis zu ihrem Tod 1990 hatte sie darüber hinaus ein Haus in Glücksburg an der Ostsee, in dem sie im Alter von 84 Jahren starb. Eine Grabstätte gibt es nicht: sie wurde auf hoher See bestattet.

In diesem Mehrfamilienhaus in der Petkumstraße 10 im Hamburger Stadtteil Uhlenhorst wohnte die beliebte Schauspielerin Gerty Molzen. In der Hansestadt hatte sie 1962 ihre erste Filmrolle in „Polizeirevier Davidswache" von Jürgen Roland. Es folgten kleinere Rollen in „Fernsehgericht", „Der Landarzt", „Großstadtrevier" und auch in „Der amerikanische Freund".

Werner Veigel, 9. November 1928 bis 2. Mai 1995 (Nachrichtensprecher)

Werner Veigel wurde am 9. November 1928 in Den Haag geboren und war ein deutscher Nachrichtensprecher und Radiomoderator. Veigel begann seine Sprecher-Karriere bei Radio Hilversum (Niederlande) und wechselte später zum Hörfunk des Nordwestdeutschen Rundfunks (NWDR) nach Hamburg. Im Jahr 1961 wurde Veigel zudem beim Fernsehen eingesetzt, moderierte dort vorwiegend Sport- und Livesendungen. 1966 wurde er Sprecher der „Tagesschau". Durch diese Nachrichtensendung in der ARD wurde Werner Veigel bundesweit bekannt und moderierte seitdem auch diverse Galas und verschiedene Sendungen (er kommentierte beispielsweise für Deutschland den Grand Prix Eurovision). Als der damalige Chefsprecher der „Tagesschau", Karl-Heinz Köpcke (Seite 75), im Jahr 1987 die „Tagesschau" verlies, übernahm Werner Veigel seine Position.

Er machte sich einen Namen bezüglich seiner besonders professionellen und deutlichen Art zu sprechen. Werner Veigel beeindruckte nicht nur Kollegen, sondern auch Zuschauer und setzte damit einen großen Standard in der Nachrichtensendung „Tagesschau". Im Januar 1995 hörte Werner Veigel aus gesundheitlichen Gründen als Nachrichtensprecher in der „Tagesschau" auf, moderierte aber noch im Radioprogramm NDR 2 weiter. Am 2. Mai 1995 starb Veigel an den Folgen eines Hirntumors. Sein Grab ist auf dem Friedhof Ohlsdorf in Hamburg zu finden.

In diesem Haus in Hamburg hatte TV-Sprecher Werner Veigel seine Wohnung.

Die Grabstätte von Werner Veigel auf dem Friedhof Ohlsdorf in Hamburg.

Hans Rosenthal wurde am 2. April 1925 geboren und war ein Entertainer, Moderator, Regisseur, Abteilungsleiter für Unterhaltung im RIAS und Mitglied im Direktorium des Zentralrats der Juden. Er zählte zu den bekanntesten und beliebtesten Moderatoren des deutschen Fernsehens. Hans Rosenthal war Erfinder so populärer Sendungen wie „Dalli Dalli" oder „Rate mal mit Rosenthal". Seine Karriere begann Hans Rosenthal im Rundfunk als

Gedenktafel am Stadtbad Schöneberg in der Hauptstraße 36 in Berlin-Schöneberg. Es trägt zudem den Namen „Hans Rosenthal Bad".

Unterhaltungschef beim Sender RIAS Berlin, danach folgte der Sprung zum Fernsehen. Dort moderierte der beliebte Unterhalter, der sich auch sozial engagierte, zahlreiche weitere Shows und Galas. Rosenthal erfand und schrieb zahlreiche Quizsendungen, für die er auch größtenteils selbst vor der Kamera stand. 1980 erschien seine Autobiografie „Zwei Leben in Deutschland". 1986 gründete Hans Rosenthal zusammen mit Paul Spiegel eine internationale Medienagentur, die Künstler, Schauspieler und Fernsehmoderatoren promotete. Ein Jahr später starb Hans Rosenthal an Magenkrebs und wurde in einem Ehrengrab des Landes Berlin auf dem Jüdischen Friedhof Heerstraße in der Ehrenreihe im Feld I beigesetzt.

In diesem Mehrfamilienhaus in der Winsstraße 63 in Berlin wohnte Showmaster Hans Rosenthal von 1925 bis 1941. Die Gedenktafel (Foto rechts) erinnert an den beliebten TV-Moderator.

Das Ehrengrab von Hans Rosenthal auf dem Jüdischen Friedhof Heerstraße in Berlin.

Heidi Kabel, 27. August 1914 bis 15. Juni 2010 (Volksschauspielerin)

Heidi Kabel war eine deutsche Volksschauspielerin, Hörspielsprecherin und Sängerin. Sie wurde in der Straße Großen Bleichen 30 im August 1914 in Hamburg geboren und zählte zu Hamburgs beliebtesten Deerns (Damen). Sie gehörte zu Hamburg wie Michel, Alster und Elbe. 66 Jahre lang stand Heidi Kabel auf der Bühne des Ohnsorg-Theaters und brachte in mehr als 160 plattdeutschen Stücken die Zuschauer zum Lachen. Nachdem das Fernsehen einige Stücke übertrug, wurde Heidi Kabel in Klassikern wie „Tratsch im Treppenhaus", „Trautes Heim" und beispielsweise „Die Kartenlegerin" bundesweit bekannt. Ab 1932 trat sie am Ohnsorg-Theater auf, lernte dort den Buchhändler und Schauspieler Hans Mahler (Seite 52) kennen, den sie 1937 heiratete. Es folgten Kino- und Fernsehfilme wie „Ein Mädchen geht an Land", „Klein Erna auf dem Jungfernstieg", „Auf der Reeperbahn nachts um halb eins" oder „Grün ist die Heide", in denen Heidi Kabel als Darstellerin mitwirkte. Bekannt war sie auch für ihr soziales Engagement: 1992 sammelte Heidi Kabel im Hamburger Hafen Geld für die Aktion Sorgenkind und unterstützte Obdachlosenprojekte in der Hansestadt. 2010 starb sie im Alter von 95 Jahren an Altersschwäche. Bei einer offizi-

ellen Trauerfeier in der St. Michaelis-Kirche in Hamburg nahmen zahlreiche Hamburger Abschied von der großen Dame, die auf dem Friedhof in Hamburg-Nienstedten neben ihrem Ehemann beigesetzt wurde.

Heidi Kabel im Gespräch mit Radiomoderator Friedhelm Mönter (Seite 54) beim „Tag der offenen Tür" des NDR in Hamburg. Heidi Kabel sang damals plattdeutsche Lieder.

In diesem Einfamilienhaus (r.) im Stadtteil Nienstedten wohnten die Volksschauspielerin Heidi Kabel und Schauspieler Hans Mahler in den Jahren 1961 bis 1970.
Nach dem Tod von Hans Mahler lebte Heidi Kabel noch bis 2003 in diesem Haus. Die letzten Jahre ihre Lebens verbrachte sie in einer Seniorenresidenz.

Er galt als Hamburger Original: Henry Vahl. Seine eigentliche Karriere machte er mit nur wenigen Fernsehübertragungen einzelner Stücke des Ohnsorg-Theaters. Bundesweit spielte sich Vahl mit der Rolle eines komischen Alten in die Herzen der Zuschauer – und das, obwohl er immerhin schon 68 Jahre alt war, als er zum ersten Mal im Fernsehen zu sehen war. Er selbst bezeichnete sich selbst humorvoll als „Nachwuchsstar". Neben den Theaterstücken an der Seite von Heidi Kabel (Seite 50), in denen er in über 100 Rollen schlüpfte und seine Figuren mit trockenem Humor von der Waterkant verkörperte, spielte er in zahlreichen Filmen mit. Unter anderem war Vahl in „Der Rat der Götter" (1950), „Ein Mann geht durch die Wand" (1959) oder „Grün ist die Heide" (1972) zu sehen. Seine größte Popularität erlangte Vahl durch die Rolle als pensionierter Beamter Ewald Brummer in dem legendären Stück „Tratsch im Treppenhaus" mit seinem Neffen Edgar Bessen (Seite 9) und Heidi Kabel. Vahl stand bis 1975 auf der Bühne, dem Sterbejahr seiner Frau Germaine. Er wohnte zunächst im Heußweg 8 in Hamburg-Eimsbüttel, die letzten Jahre seines Lebens in der Maria-Louisen-Straße 122 in Hamburg-Winterhude. Am 21. Juli 1977 starb der große Volksschauspieler im Alter von 79 Jahren in Hamburg an Kreislaufversagen. Er wurde neben seiner Frau Germaine auf dem Friedhof Ohlsdorf beerdigt. In der Nähe seiner Wohnung im Bezirk Eimsbüttel wurde eine Grünanlage nach Henry Vahl benannt, der „Henry-Vahl-Park".

In diesem Mehrfamilienhaus im Stadtteil Winterhude lebte Henry Vahl. Seine Wohnung war zum Innenhof gerichtet.

Das Grab von Schauspieler Henry Vahl auf dem Friedhof Ohlsdorf in Hamburg.

Hans Mahler war ein deutscher Theater- und Filmschauspieler, sowie Theaterregisseur. Am 15. August 1900 wurde Hans Mahler im Stadtteil Rothenburgsort in Hamburg geboren. Bereits in jungen Jahren zog es ihn ans Theater. Im Ohnsorg-Theater agierte er als Schauspieler und Regisseur. Dort lernte er seine Schauspiel-Kollegin Heidi Kabel (Seite 50) kennen, die er im Jahr 1937 heiratete. 1949 wurde er Intendant des Ohnsorg-Theaters. Am 25. März 1970 starb Mahler, er wurde auf dem Friedhof in Hamburg-Nienstedten bestattet. Auch seine im Juni 2010 verstorbene Ehefrau ruht dort. Auf dem Grabstein ist die plattdeutsche Inschrift „To't Leben hört de Dood" („Zum Leben gehört der Tod") zu lesen.

Nach ihm ist die Hans-Mahler-Straße in Hamburg, eine kleine Querverbindung zwischen Otto-Burrmeister-Ring und Borchertring, benannt.

In diesem Einfamilienhaus (oben) im Stadtteil Nienstedten in Hamburg wohnten die Volksschauspielerin Heidi Kabel und Schauspieler Hans Mahler in den Jahren 1961 bis 1970.
Nach dem Tod von Hans Mahler lebte Heidi Kabel noch bis 2003 in diesem Haus.

Das Foto links zeigt die Grabstätte des Ehepaares Heide Kabel und Hans Mahler.

Am 18. Juni 2014 gab es große Trauer um den beliebten Schauspieler Frank Jacobsen: Der Serienstar, der vor allem für seine Hauptrolle als Musiker „Rüdiger" in der ARD-Serie „Zwei für alle Fälle" (mit Jan Fedder und Axel Milberg in den Hauptrollen) bekannt war, ist im Alter von 49 Jahren gestorben. Der in Husum 1964 geborene Schauspieler sei am 18. Juni vermutlich an einem Herzinfarkt gestorben, teilte sein Agent Mark Bremer gegenüber der Deutschen Presseagentur mit. Ein Freund habe Jacobsen tot in dessen Wohnung gefunden, nachdem er die Tür hatte aufbrechen lassen. Zuletzt hatte Jacobsen den Angaben Mark Bremers zufolge eine Hauptrolle in der BR-Produktion „Toleranz" von Marc-Andreas Bochert übernommen und in der ARD-Produktion „Mord mit Aussicht" von Regisseur Lars Jessen mitgewirkt. „Mit Frank Jacobsen verliert die deutsche Fernseh- und Kinowelt einen herausragenden Schauspieler, der für die Zukunft noch große Pläne hatte", so Bremer. Frank Jacobsen lebte einige Zeit in der Seestraße 117, zuletzt in der Dubliner Staße 10 in Berlin.

Das Foto oben zeigt den Schauspieler Frank Jacobsen. Es entstand bei einem Fototermin im Jahr 2010 anlässlich der Filmvorstellung „2 für alle Fälle – Ein Song für den Mörder".

Der rote, einfache Klinkerbau in der Dubliner Straße 10 im Stadtteil Wedding in Berlin war das Domizil des TV-Stars Frank Jacobsen. Seine Wohnung war zum Innenhof gerichtet.

Friedhelm Mönter, 22. November 1946 bis 18. Februar 2009 (Moderator)

Der gebürtige Duisburger Friedhelm Mönter war seit 1981 als Kulturreporter und Theaterkritiker für den Lokalsender NDR 90,3 unterwegs, moderierte dort Sendungen wie „Sonntakte", „Abendjournal", „Radiobasar" und fürs NDR-Fernsehen Galasendungen für Heidi Kabel, Will Quadflieg, Evelyn Künneke und Ilse Werner. In den 1990er-Jahren wurde Mönter einem breiten Fernsehpublikum als „Herr Friedhelm" im Separee der Schmidt-Mitternachtshow bekannt. Im Rahmen dieser Show interviewte Friedhelm Mönter unter anderem Harald Juhnke, Ulrich Wildgruber, Volker Lechtenbrink, Heidi Kabel und Witta Pohl. Privat lebte Mönter mit seinem Lebensgefährten Frank und der Hündin Pina im Stadtteil Uhlenhorst – unweit der Außenalster. In der Homestory „Die Liebe meines Lebens" verriet der Radiomoderator, dass er sich gerne in seinem Garten aufhielt. Friedhelm Mönter starb am 18. Februar 2009 nach langer, schwerer Krankheit im Alter von 62 Jahren in einem Hamburger Hospiz.

Sein Grab befindet sich auf dem Friedhof Ohlsdorf in Hamburg.

Friedhelm Mönter im Gespräch mit der ebenfalls in Hamburg lebenden Hamburger Schlagersängerin Mary Roos.

Im Stadtteil Uhlenhorst in Hamburg war Radiomoderator Friedhelm Mönter zu Hause. Er hatte seine Wohnung in der Herbert-Weichmann-Straße 72 in diesem Mehrfamilienhaus mit gelber Fassade.

Friedhelm Mönter wurde auf dem Friedholf Ohlsdorf (Grablage S11 (148) beigesetzt. Dieser Stein erinnert an den großartigen Moderator.

Rudolph Moshammer, 27. September 1940 bis 14. Januar 2005 (Modedesigner)

Rudolph Moshammer war ein deutscher Modedesigner, Autor und der Inhaber einer Boutique in der Münchner Maximilianstraße. Kultstatus erlangte Moshammer ab den 1960er Jahren bundesweit durch sein exzentrisches Auftreten in der Öffentlichkeit. An seiner Seite war fast immer sein Yorkshire Terrier „Daisy".

Als findiger Geschäftsmann ließ er seinen Namen schützen, außerdem vermarktete er unter anderem eine Hundepflegeserie namens „Daisy". Weil Moshammers Vater obdachlos verstarb, setzte er sich für Obdachlose ein und bedachte sie sogar in seinem Testament. Nie vergaß er, dass er sich aus bescheidenen Verhältnissen hochgearbeitet hatte. Moshammer wurde in der Nacht zum 14. Januar 2005 in seinem Doppelhaus im Münchner Vorort Grünwald (Ortsteil Geiselgasteig) mit einem Kabel ermordet. Sein Chauffeur fand die Leiche am frühen Morgen und rief umgehend die Polizei. Moshammers Tod löste bei vielen Menschen Betroffenheit aus. Wohnhaus und Geschäft waren tagelang von Menschen belagert, die Blumen niederlegten und Kerzen anzündeten.

Rudolph Moshammer lebte in der Robert-Koch-Straße 11 in Grünwald, einem Vorort von München. Auf dem Foto ist die Auffahrt für seinen Fuhrpark, sowie rechts im Bild seine Villa zu sehen.

Rudolph Moshammer beim Oktoberfest-Umzug 2000.

In diesem Mausoleum (links) auf dem Münchner Ostfriedhof wurde Rudolph Moshammer neben seiner Mutter Else beigesetzt. Oben ist die Innenschrift zu lesen.

Herbert Lichtenfeld wurde am 16. Juni 1927 geboren und zählt zu den erfolgreichsten Fernsehautoren in Deutschland. Er schrieb nach eigenen Angaben insgesamt etwa 300 Drehbücher. Viele seiner von ihm verfassten Serien, Episoden und Spielfilme wurden große Erfolge. Der in Leipzig geborene Lichtenfeld begann seine Laufbahn als Zeitungsreporter – unter anderem Gerichts- und Lokalreporter. In den 1960er Jahren fing er mit der Arbeit als Autor für Hörfunk und Fernsehen an. Später verfasste Herbert Lichtenfeld, der eigentlich Musik studiert hatte, viele Folgen für die ARD-Krimireihe „Tatort". Unter anderem stammen aus seiner Schreibmaschine „Tatort"-Klassiker wie „Nachtfrost" (Erstausstrahlung 1974), die berühmte Folge „Reifezeugnis" von 1977 mit Nastassia Kinski und Christian Quadflieg unter der Regie von Wolfgang Petersen oder beispielsweise die Folge „Beweisaufnahme" (1981) mit Volker Brandt. Insgesamt schrieb er die Drehbücher für 16 Folgen der Reihe „Tatort". Seinen wohl größten Erfolg feierte Lichtenfeld mit der Krankenhausserie „Die Schwarzwaldklinik" (ZDF) mit Klausjürgen Wussow (Seite 70) in der Hauptrolle. Geplant war, dass er zunächst nur die ersten Episoden schreiben sollte – sie waren allerdings so überzeugend, dass er von Produzent Wolfgang Rademann (Seite 112) den Auftrag für die Serie erhielt. Für das ZDF schrieb Lichtenfeld auch Folgen für die Krimireihe „Der Alte" und erfand im Jahr 1986 die Arztserie „Der Landarzt" mit Christian Quadflieg in der Hauptrolle. Die Geschichten um den Arzt Dr. Matthiesen (Christian Quadflieg) im fiktiven Städtchen Deekelsen (Schleswig-Holstein) war sehr erfolgreich und wurde bis Mai 2013 (von 1991 bis 2009 mit Walter Plathe als Dr. Teschner, von 2009 bis 2013 mit Wayne Carpendale als Dr. Bergmann) fortgesetzt. Bis 1997 schrieb Lichtenfeld für die Serie die Drehbücher.

Nach eigenen Angaben verfasste Lichtenfeld insgesamt 250 bis 300 Drehbücher für Fernsehspiele, Reihen oder Serien. Er wurde mehrfach mit Preisen ausgezeichnet, darunter 1971 mit dem Grimme-Preis für das Fernsehspiel „Deutschlandreise". Herbert Lichtenfeld wohnte bis zu seinem Tod in einem Haus im Wandsbeker Schützenhof 18 in Hamburg-Marienthal. Er verstarb am 11. Dezember 2001 und wurde auf dem Friedhof Öjendorf in Hamburg beigesetzt.

In diesem Haus im Stadtteil Wandsbek in Hamburg wohnte Fernsehautor Herbert Lichtenfeld.

Das Foto rechts zeigt die Grabstätte Herbert Lichtenfelds auf dem Friedhof Öjendorf in Hamburg. Dort ist auch sein Sohn beigesetzt, der im Alter von 22 Jahren starb.

Manfred Steffen, 28. Juni 1916 bis 22. Januar 2009 (Schauspieler)

Manfred Steffen gehörte von 1947 dem Ensemble des Thalia Theaters in Hamburg an und spielte 252 Bühnenrollen. Außerdem wirkte Steffen in vielen Kino- und Fernseh-filmen („Tatort", „Hafenpolizei", „Sonderdezernat K1") mit. Auch in Serien wie „Hei-matgeschichten" oder zuletzt im „Großstadtrevier" wirkte er mit. Einen Namen machte sich Manfred Steffen auch als Hörspiel- und Synchronsprecher. Er gab Büchern der schwedischen Kinderbuchautorin Astrid Lindgren seine unverwechselbare Stimme. Laut Synchronkartei.de hatte Manfred Steffen insgesamt 65 Sprechrollen in Hörspielen oder Serien. Manfred Steffen rezitierte Thomas Mann, Johann W. von Goethe, Gotthold Ephraim Lessing, Theodor Storm, Wilhelm Busch und Hermann Hesse.

manfred Steffen starb am 22. Januar 2009 in Halstenbek bei Hamburg. Seine letzte Ruhe fand der beliebte Schauspieler im Kolumbarium in der Kappelle 8 auf dem Fried-hof Ohlsdorf in der Hansestadt Hamburg.

In diesem Mehrfamilienhaus im Luruper Weg 8 in Halstenbek – vor den Toren Hamburgs – lebte Schau-spieler und Synchronsprecher Manfred Steffen bis zu seinem Tod am 22. Januar 2009.

Manfred Steffen.

Die Gedenktafel des Schauspielers im Kolumbarium in der Kappelle 8 auf dem Friedhof Ohlsdorf in Hamburg.

Als Deutschlands beliebtester Komiker der 1950er, 60er und 70er Jahre ging Schauspieler, Humorist, Musiker, Komponist, Unterhaltungskünstler, Kabarettist, und Dichter Heinz Erhardt in die Geschichte ein. Zunächst probierte Erhardt erfolgreich sein komisches Talent am Theater, es folgten Aufführungen im Radio und schließlich im Fernsehen. Bei seinen Fans waren seine Bücher mit Witzen, Sketchen und Gedichten eine gern gelesene Lektüre. Sein Spielfilmdebüt in „Der müde Theodor" von 1957 bereitete ihm seinen Durchbruch zum Star der Wirtschaftswunderjahre. Durch bewusst unbeholfene Handlungen und Reden erzeugte Heinz Erhardt seine Komik, in denen er einzigartige Doppeldeutigkeiten entstehen lassen konnte. Beispielhaft war der Satz: „Bei glatten Straßen muss man sechzehn geben – also doppelt acht" oder „Paradox ist, wenn sich einer im Handumdrehen den Fuß bricht".

Bis heute ist Heinz Erhardt als Musiker, Komponist, Unterhaltungskünstler, Schauspieler und Dichter in den Köpfen vieler Menschen. Er bekam am 1. Juni 1979 das Große Verdienstkreuz der BRD verliehen. Am 5. Juni 1979 starb Erhardt, seine letzte Ruhestätte fand Heinz Erhardt auf dem Friedhof Ohlsdorf in Hamburg.

Von 1948 bis 1979 lebte Heinz Erhardt mit seiner Familie in diesem Backsteinhaus.

Das Heinz-Erhardt-Denkmal in Göttingen als Szene im Film „Natürlich die Autofahrer".

Wolfgang Borchert war ein deutscher Schriftsteller. Sein schmales Werk von Kurzgeschichten, Gedichten und einem Theaterstück machte ihn nach dem Zweiten Weltkrieg zu einem der bekanntesten Autoren der so genannten Trümmerliteratur. Mit seinem Heimkehrerdrama „Draußen vor der Tür" konnten sich in der Nachkriegszeit weite Teile des deutschen Publikums identifizieren.

Im Stadtteil Eppendorf in Hamburg wurde Wolfgang Borchert am 20. Mai 1921 als Sohn eines Volksschullehrers geboren. Nach Abgang von der Schule folgte eine ungeliebte Buchhändlerlehre, zeitgleich absolvierte er eine Ausbildung zum Schauspieler. Etwa zwei Monate währte sein Engagement bei einem Theater in Lüneburg, dann holte ihn der Einberufungsbefehl zum Militärdienst: er musste an die Ostfront. Schwerkrank, verwundet und nach zweif Gefängnisaufenthalten (wegen staatsfeindlicher Äußerungen) kehrte er im Mai 1945 zurück nach Hamburg. Wolfgang Borchert begann Kurzgeschichten und Gedichte zu schreiben. Das oben erwähnte Drama „Draußen vor der Tür" brachte ihm große Popularität.

– Einen Tag vor der Uraufführung in den Hamburger Kammerspielen im November 1947 kam die Nachricht von seinem Tod in Basel. Dort starb er während eines Kuraufenthalts mit 26 Jahren an den Folgen seiner Lebererkrankung. Beigesetzt wurde Wolfgang Borchert in seiner Heimatstadt Hamburg auf dem Ohlsdorfer Friedhof.

Seine letzte Ruhe fand Wolfgang Borchert auf dem Friedhof Ohlsdorf in Hamburg. Das Foto oben zeigt das Urnengrab Wolfgang Borcherts und seiner Eltern.

In dem Mehrfamilienhaus mit grüner Fassade (l.) in der Tarpenbekstraße 82 wurde Borchert am 20. Mai 1921 geboren. Von 1937 bis 1940 lebte Wolfgang Borchert in der Dorotheenstraße 190 in Barmbek, danach in einem Mehrfamilienhaus bis 1947 in der Carl-Cohn-Straße 80 im Stadtteil Alsterdorf. Das Gebäude existiert heute nicht mehr.

Als Rita Graf in der TV-Serie „Ein Herz und eine Seele" wurde sie bekannt und war bald aus dem deutschen Fernsehen kaum wegzudenken: Hildegard Krekel. Im Alter von sechs Jahren sprach sie für mehrere Hörspiele des Westdeutschen Rundfunks (WDR). Mit 15 Jahren stand sie als Schauspielerin für den Film „Die Ratten" vor der Kamera. Dann der große Durchbruch in den 1970er Jahren: Hildegard Krekel wird als Tochter Rita von „Ekel Alfred" in „Ein Herz und eine Seele" zum Fernseh-Kult. Die Serie mit Heinz Schubert, Diether Krebs und Elisabeth Wiedemann in den Hauptrollen – geschrieben von Wolfgang Menge – entwickelte sich zum Straßenfeger und ist bis heute regelmäßig in Wiederholungen (meist in den Landesprogrammen der ARD) zu sehen. In den Jahren 1986 bis 1988 stand sie in der Kinderserie „Sesamstraße" vor der Kamera. Ab 1998 spielte Hildegard Krekel in der WDR-Serie „Die Anrheiner" die Kneipenwirtin Uschi Schmitz. Zudem synchronisierte sie unter anderem Bette Davis und Helen Mirren. Sie wohnte zeitweise in der Isestraße 63 in Hamburg und in der Marienburger Straße 9 in Köln. Hildegard Krekel starb am 26. Mai 2013 nach schwerer Krankheit. "Der Tod von Hildegard Krekel trifft uns sehr. Mit ihr verlieren wir eine große Volksschauspielerin, die die Menschen berührte", erklärte die Produzentin der Serie „Die Anrheiner" in einer schriftlichen Pressemitteilung anlässlich ihres Todes. Sie sei eine wunderbare Kollegin und ein warmherziger Mensch, hieß es darin.
Hildegard Krekel hinterlässt zwei erwachsene Töchter und einen Enkelsohn. Familie, Freunde, Bewunderer und prominente Weggefährten wie Max Schautzer, Tommy Engel, Marie Luise Nikuta, Hella von Sinnen, Fritz Pleitgen, Samy Orfgen, Liz Baffoe und Marie-Luise Marjan, sowie Bettina Böttinger, Reinhold Beckmann und Jean Pütz kamen zum Trauergottesdienst in die Severinskirche Köln.
Ihre Grabstätte befindet sich auf dem Melaten-Friedhof in Köln.

Hildegard Krekel (Foto rechts) hatte eine Wohnung in der Isestraße 63 in Hamburg. Zudem lebte sie in Köln.

Hildegard Krekel wurde auf dem Friedhof Melaten in Köln beigesetzt.

Erwin Seeler war ein Fußballspieler, der seine Karriere beim Verein Rothenburgsort 96 begann und danach bei SC Lorbeer 06 (Arbeitersportverein) spielte. Im Jahr 1929 wurde Erwin Seeler mit Lorbeer ATSB-Bundesmeister, ein Erfolg, den die Mannschaft 1931 wiederholte. Der Torjäger trug in dieser Zeit auch wiederholt das Trikot der ATSB-Bundesauswahl; beim Viertelfinalspiel der Arbeiterolympiade 1931 erzielte Seeler sieben Tore zum deutschen 9:0 über Ungarn und wurde sogar Torschützenkönig. 1938 war Seeler beim Hamburger SV und wurde mehrmals Nordmark- und Hamburg-Gaumeister (1939, 1941, 1945) und zweimal Meister der britischen Zone (1947, 1948) und absolvierte bis 1949 etwa 200 Pflichtspiele.

Seeler war menschlich und ein „Arbeitstier": Nach einem Freundschaftsfußballspiel zwischen dem HSV (Mannschaftskapitän: Erwin Seeler) und dem FC Schalke 04 in Gelsenkirchen wurden zwei Eisenbahn-Waggons mit Kohle als Honorar vereinbart. Erwin Seeler höchstpersönlich schleppte seinen Mitspielern nach und nach jeweils mehrere Zentner Kohle in deren Wohnungen. 1932 zog Erwin Seeler in den heutigen Stadtteil Hamburg-Eppendorf an den Schnelsener Weg 16 (heute Winzeldorfer Weg). Später wohnte er in der Bismarckstraße 104 in Hoheluft. In seinem Apartment mit direktem Anschluss an das Seniorenstift Kiebitzreihe konnte der 87-Jährige die letzten Tage seines Lebens in Ruhe verbringen. Er verstarb am 10. Juli 1997 und wurde im Familiengrab auf dem Friedhof Ohlsdorf beigesetzt. Er war Vater von Uwe Seeler (Fußballspieler, Ehrenbürger Hamburgs) und Dieter Seeler (ebenfalls Fußballer).

Die Grabstätte von Erwin Seeler auf dem Friedhof Ohlsdorf in Hamburg. Hier liegen zudem seine Frau Anny Seeler und Sohn Dieter Seeler.

Das ehemalige Wohnhaus von Fußballer Erwin Seeler in der Bismarckstraße 104 in Hamburg-Hoheluft.

Erwin Seeler im Jahr 1951.

John Olden war ein in Österreich geborener Fernsehregisseur, Filmproduzent und Drehbuchautor, dessen Inszenierungen deutsche Fernsehgeschichte machten. Vor dem Zweiten Weltkrieg wanderte John Olden nach England aus und kam 1945 als Theateroffizier nach Deutschland, wo er sich am Wiederaufbau der zerstörten Hamburger Bühnen beteiligte. Für den Nordwestdeutschen Rundfunk (NWDR) und später Norddeutschen Rundfunk (NDR) inszenierte er in der Zeit von 1953 bis 1965 über 40 Fernsehspiele. John Olden erhielt Schauspielunterricht und bekam anschließend ein Engagement am Volkstheater in Wien. Er betätigte sich zudem als Kabarettist. Im Jahr 1949 erhielt er eine Lizenz für die Produktion von Spielfilmen und gründete die Firma „Sphinx-Film GmbH", die jedoch 1949–1950 nur zwei Filme („Meine Nichte Susanne" und „Cuba-Cocktail") produzierte. John Olden arbeitete danach als Funkregisseur und Produzent für Fernsehsendungen beispielsweise „Maxim auf Reisen" oder „1:0 für…Düsseldorf" mit Peter Frankenfeld. Er heiratete 1956 die Schauspielerin Inge Meysel und hatte seit 1960 den Posten des Oberspielleiters im Fernsehhaus des Norddeutschen Rundfunks in Hamburg inne.

John Olden starb kurz vor seinem 47. Geburtstag an einem Herzinfarkt am 12. September 1965 während den Dreharbeiten zu „Die Gentlemen bitten zur Kasse" (3 Teile). 1966 wurde er postum für die Produktion „Die Gentlemen bitten zur Kasse" mit der Goldenen Kamera ausgezeichnet, den Preis nahm seine Frau im Verlagshaus Axel Springer in Berlin entgegen. Bis zu seinem Tod wohnte er zusammen mit Inge Meysel in einer Villa am Südstrand in Bullenhausen (heute Seevetal). Das Grundstück liegt direkt an der Elbe.

Er ruht auf dem Friedhof Ohlsdorf in Hamburg, neben seiner Frau Inge Meysel.

In dieser Villa in Bullenhausen lebte John Olden.

Sein Grab befindet sich auf dem Friedhof in Hamburg-Ohlsdorf — neben dem seiner Frau Inge Meysel.

Detlev von Liliencron wandte sich nach einer kurzen Militärkarriere und einigen Jahren in der Verwaltung seiner Leidenschaft zu und wurde freier Schriftsteller. 1883 erschien sein erster Lyrikband „Adjutantenritte und andere Gedichte". Es folgten „Eine Sommerschlacht" (1887), „Unter flatternden Fahnen" (1888), „Der Heidegänger" (1893) und „Auf dem Kirchhof" (1898).

Seine Lyrik gilt als bedeutende Wegmarke des aufkommenden Naturalismus des späten 19. Jahrhunderts. Dtelev von Liliencron war ein Neffe von Rochus Freiherr von Liliencron, dem Herausgeber der Allgemeinen Deutschen Biographie. Liliencron zählt zu den bedeutendesten Lyriker seiner Zeit. Sein Werk ist dabei äußerst vielgestaltig und lässt sich nur schwer einer bestimmten Literaturepoche zuordnen.

Seine Gedichte („Die Musik kommt", „Nebel und Sonne", „Dorfkirche im Sommer") sind geprägt durch die Spannung zwischen Naturalismus und Neuromantik. Nach einiger Zeit in München zog Liliencron 1891 nach Altona-Ottensen, 1892 an die Palmaille der damals noch holsteinischen Stadt Altona. Er wohnte im Haus Nummer 5 und später 100. Mit Hilfe seiner Freunde gelang es ihm, eine Wohnung in Alt-Rahlstedt zu finden. Dort wohnte er in der Rahlstedter Bahnhofstraße 11. Im Jahr 1908 verfasste er den autobiographischen Roman „Leben und Lügen". In seinem letzten Lebensjahr 1909 wurde ihm zu seinen 65. Geburtstag die Ehrendoktorwürde der Universität Kiel verliehen.

Detlev von Liliencron starb am 22. Juli 1909 an einer Lungenentzündung. Seine Grabstätte befindet sich auf dem Friedhof in Hamburg-Rahlstedt.

In diesem Mietshaus in der Palmaille 100 wohnte Detlev von Liliencron. Eine Gedenktafel (kleines Foto) erinnert an den großartigen Lyriker des 19. Jahrhunderts.

Die Grabstätte von Detlev von Liliencron auf dem Friedhof in Rahlstedt.

Bekannt war er den Fernsehzuschauern als Detektiv „Cliff Dexter". Außerdem tauchte er im Kriegsdrama „Die Brücke von Arnheim" auf: Hans von Borsody. Der Film- und Theaterschauspieler Hans von Borsody begeisterte als Urfaust oder Cyrano de Bergerac auf Theaterbühnen und ließ sich in seiner Karriere als Charakterdarsteller nie auf bestimmte Rollen festlegen.

Geboren wurde Hans von Borsody am 20. September 1929. Seine Eltern waren der Filmregisseur Eduard von Borsody und die Konzertpianistin und Geigerin Maria Hochreiter. Es liegt quasi auf der Hand, dass er schon früh mit dem Filmgeschäft in Berührung kam. Auf Wunsch seines Vaters begann er zunächst jedoch eine Fotoausbildung. „Mein Vater wollte unbedingt, dass ich etwas Anständiges lerne", sagte von Borsody zu seinem 80. Geburtstag. Von 1950 bis 1952 absolvierte er später ein Schauspielstudium in Wien (im Max-Reinhardt-Seminar) und stand danach auf Theaterbühnen in Wien, München, Frankfurt, Düsseldorf, Berlin und Hamburg.

In seinen ersten Filmrollen machte Hans von Borsody sich schnell als Liebhaber, jugendlicher Held und Naturbursche einen Namen und ritt als Westernheld durch die Prärie. Außerdem kämpfte er als „Robin Hood" für die Armen. Es folgten Auftritte in Fernsehserien wie „Unser Charly", „Der Bulle von Tölz", „Forsthaus Falkenau", „Klinik unter Palmen", „Im Namen des Gesetzes" oder beispielsweise „Tiere und Menschen".

Hans Von Borsody wohnte etwa 30 Jahre in Bayern, unter anderem im Birkenweg 1 in Egling. Der Liebe wegen zog es den Schauspieler die letzten Jahre seines Lebens nach Schleswig-Holstein. Dort lebte er in einem Bungalow im Turkuring 22 in Kiel-Mettenhof. Hans von Borsody starb dort am 4. November 2013 mit 84 Jahren. Seine letzte Ruhestätte fand er in der Ostsee – er wurde auf hoher See bestattet.

In diesem Bungalow im Turkuring 22 in Kiel-Mettenhof lebte Schauspieler Hans von Borsody zuletzt.

Johann Adolph Hasse war ein einflussreicher Komponist des Spätbarock, der im damaligen Bergedorf 1699 geboren wurde. Sein Ruhm zu Lebzeiten gründete sich hauptsächlich auf seinen Opern im italienischen Stil. Johann Adolf Hasse war im zweiten Drittel des 18. Jahrhunderts der wohl berühmteste Komponist Europas. Seine Berühmtheit erlangte er vor allem durch seine über 60 Opern, die die letzte Pracht des Absolutismus kurz vor Anbrechen eines neuen Zeitalters repräsentierten. 1731 führte sich das Ehepaar Hasse in Dresden mit der überaus erfolgreichen Oper „Cleofide" ein und baute seine Beziehungen zum sächsischen Hof aus. Von 1734 bis 1763 führte er als Hofkapellmeister das dortige musikalische Leben zu einer Hochblüte.

Hasse avancierte zum Lieblingskomponisten der Kaiserin Maria Theresia und war häufiger Gast in Wien. In Italien belam er den Namen „Il Caro Sassone". Zusammen mit dem Librettisten Pietro Metastasio hat Hasse fast 40 Jahre europäische Musikgeschichte geschrieben und reiste viel – unter anderem nach Venedig. Dort heiratete er 1730 die berühmte Mezzosopranistin Faustina Bordoni. Am 16. Dezember 1783 starb Hasse in Venedig. In der Kirche San Marcuola fand der Komponist seine letzte Ruhestätte. Dort erinnert ein Grabstein an den Komponisten Hasse.

In diesem Fachwerkhaus in der heutigen Bergedorfer Innenstadt (Stadtteil von Hamburg), wurde Johann Adolf Hasse 1699 geboren. Der turmartige Anbau wurde 1938 erstellt.

Das Johann-Adolf-Hasse-Denkmal steht vor dem Geburtshaus von Johann Adolf Hasse in der Straße „Alte Holstenstraße 79" in Hamburg.

Karen Friesicke, 11. April 1962 bis 25. Dezember 2015 (Schauspielerin)

Ende Januar 2016 kam die traurige Nachricht über sämtliche Nachrichtenkanäle: Karen Friesicke ist tot. Diese Meldung sorgte für tiefe Bestürzung bei Fans und Kollegen, schließlich sorgte sie in Serien wie „Harald und Eddi" (mit Harald Juhnke und Eddi Ahrens), „Großstadtrevier" (mit Jan Fedder) oder in „Unser Charly" (mit Till Demtrøder) für gute Unterhaltung. Nach 30 Folgen in „Harald und Eddi" drehte die in Ahrensburg mit vier Geschwistern aufgewachsene Schauspielerin weitere Comedy-Formate. Dazu zählen unter anderem Serien mit Peer Augustinski, die Serie „Das Amt" (mit Jochen Busse) und „Die Wochenshow" (mit Anke Engelke und Bastian Pastewka).

Es folgten zahlreiche Auftritte in verschiedenen Fernsehserien wie „Großstadtrevier", „SoKo Wismar", „Küstenwache", „Die Rettungsflieger", „Da kommt Kalle" und „Pfefferkörner", sowie zuletzt „Rote Rosen". In Nebenrollen war Karen Friesicke auch in Kinofilmen wie „Aimée & Jaguar" (1997) oder „Clean" (2011) zu sehen. Außerdem wirkte sie in Fernsehfilmen wie „Luises Versprechen" (mit Christiane Hörbiger) und „Der Kotzbrocken" (mit Aglaia Szyszkowitz) mit. Die etwa 1,80 Meter große Blondine zog das deutschsprachige Fernsehpublikum mit ihrer natürlichen Art in ihren Bann.

Aber sie war auch unter anderem an der Freien Schauspielschule Hamburg tätig und begeisterte zudem an fast allen Hamburger Privattheatern das Publikum. An den Kammerspielen stand sie in „Elling" und am Ernst Deutsch Theater in „Die Physiker" auf der Bühne. Ihre letzte Rolle im Fernsehen war die der Constanze Agatha Regine von Münzberg in der ARD-Serie „Rote Rosen". Karen Friesicke wohnte im Stadtteil Volksdorf in Hamburg. Sie starb am 25. Dezember 2015 im Alter von 53 Jahren – Medienberichten zufolge durch Suizid. Sie war mit dem polnischen Schauspieler Marek Włodarczyk zusammen und hatte zwei Söhne.

In diesem Haus an der Eulenkrugstraße in Volksdorf lebte Schauspielerin Karen Friesicke.

Uwe Friedrichsen, 27. Mai 1934 bis 30. April 2016 (Schauspieler)

Der beliebte Schauspieler Uwe Friedrichsen ist tot – diese traurige Meldung erreichten Millionen von Menschen am 2. Mai 2016. Er starb im Alter von 81 Jahren bereits am Sonnabend, dem 30. April 2016, wie seine Witwe Ute Friedrichsen und seine Künstleragentur der Deutschen Presse-Agentur (DPA) bestätigten. Bis 1968 gehörte Friedrichsen zum Schauspielhaus-Ensemble. Danach machte er sich selbstständig und entdeckte das Fernsehen für sich: Große Popularität erlangte er als Detektiv Jones Burte in der Kriminalserie „John Klings Abenteuer" (1965 bis 1970). In der Wirtschaftskrimi-Serie „Schwarz Rot Gold" spielte er bis 1995 den Zollfahnder Zaluskowski in 18 Episoden. Zahlreiche Rollen in Krimireihen („Tatort", „Großstadtrevier", „Der Alte", „Derrick") folgten. Kinder konnten ihn in den 1980er Jahren in der „Sesamstraße" neben Lilo Pulver, Horst Janson sowie Samson, Tiffi und Ulli von Bödefeld erleben. Mit Trauer hat der Norddeutsche Rundfunk (NDR) auf die Nachricht vom Tod Uwe Friedrichsens reagiert. „Uwe Friedrichsen war untrennbar mit dem Norden verbunden: aufrichtig, authentisch, humorvoll - Eigenschaften, mit denen er im NDR und im Ersten das Bild von Norddeutschland und seinen Menschen mitprägte. Er wird uns fehlen", erklärte Lutz Marmor, Intendant des NDR. Auch Hamburgs Bürgermeister Olaf Scholz würdigte den Schauspieler: „Uwe Friedrichsen gehörte auf die Hamburger Theaterbühne wie der Dom auf das Heiligengeistfeld. Seine künstlerische Arbeit war untrennbar mit seiner Heimatstadt verbunden. Sein langjähriges Wirken am Deutschen Schauspielhaus und am Ernst-Deutsch-Theater bereicherte das kulturelle Leben unserer Stadt ebenso wie seine Arbeit als Mitglied in der Freien Akademie der Künste und als Ehrenmitglied der Hamburger Volksbühne. Uwe Friedrichsen war ein starker Botschafter für den Norden, ob in seinem Einsatz für die plattdeutsche Sprache oder in der Deutschen Gesellschaft zur Rettung Schiffbrüchiger."

Uwe Friedrichsen wohnte im beschaulichen Maschener Ortsteil Horst (Seevetal). Er soll eine Urnenbestattung bekommen und auf hoher See beerdigt worden sein.

Schauspieler Uwe Friedrichsen. Vielen Fernsehzuschauern bekannt aus „Schwarz Rot Gold".

In diesem Haus im Drosselweg 22 lebte Schauspieler Uwe Friedrichsen. Hier feierte er noch seinen 80. Geburtstag, zu dem Maschens Ortsbürgermeisterin Angelika Tumuschat-Bruhn dem Jubilar persönlich gratulierte...

Richard von Weizsäcker war von 1981 bis 1984 Regierender Bürgermeister von Berlin und von 1984 bis 1994 der sechste Bundespräsident der Bundesrepublik Deutschland. Von Weizsäcker war nach Theodor Heuss der bisher einzige Bundespräsident, der zwei vollständige Amtszeiten absolviert hat. In seine Amtszeit als Bundespräsident fiel die deutsche Wiedervereinigung in den Jahren 1989 bis 1990. Richard von Weizsäcker war eine politische Autorität weit über die Grenzen Deutschlands hinaus. Der Bundespräsident a. D. verkörperte nach Weltkrieg und Holocaust wie kaum ein anderer das geläuterte, weltoffene Deutschland. In der Bevölkerung galt er als Idealtypus eines deutschen Staatsoberhaupts – alle Nachfolger mussten sich an ihm messen lassen. Auch nach dem Ausscheiden aus dem Amt blieb Richard von Weizsäcker weltweit ein gefragter Mann: ob in der Kommission zur Reform der UN oder als Mahner für eine Welt ohne Atomwaffen. Unzählige Auszeichnungen unterstreichen seine hohe internationale Reputation: Eisernes Kreuz 2. Klasse (1941), Eisernes Kreuz 1. Klasse (1944), Großes Bundesverdienstkreuz (1974) oder beispielsweise Goldene Kamera (1987). 1988 gab Richard von Weizsäcker als amtierender Bundespräsident sein Einverständnis, dass ein Schulzentrum in Bolivien nach ihm benannt werden durfte: eine Modellschule in Cochabamba, die als Privatschule kostenfreie Schulausbildung für sozial schwache Familien ermöglicht. Weizsäcker wirkte integrierend und erlangte hohe Anerkennung im In- und Ausland mit seiner Rede vom 8. Mai 1985, in der er den 8. Mai 1945 als „Tag der Befreiung vom menschenverachtenden System der nationalsozialistischen Gewaltherrschaft" bezeichnete.

Er trat für ein behutsames Zusammenwachsen von Ost und West ein und mahnte in seiner Rede zur Wiedervereinigung am 3. Oktober 1990: „Sich zu vereinen, heißt teilen lernen." Richard von Weizsäcker starb am 31. Januar 2015 im Alter von 94 Jahren und wurde auf dem Waldfriedhof Dahlem in Berlin beigesetzt.

Links: Die Grabstätte von Richard von Weizsäcker.

In dieser Stadtvilla in der Meisenstraße 6 lebte Bundespräsident a. D. Richard von Weizsäcker bis zu seinem Tod am 31. Januar 2015.

Gerhard Schröder war Jurist und Volkswirt, der in den Jahren 1961 bis 1973 an der Spitze des Norddeutschen Rundfunks als Intendant gestanden hatte. Nach seiner zwölfjährigen Amtszeit beim NDR war Schröder elf Jahre lang – zwischen 1974 und 1985 – Intendant von Radio Bremen. Nach dem Studium der Rechtswissenschaft und Volkswirtschaft in Marburg wurde Gerhard Schröder 1952 Mitarbeiter des niedersächsischen Kultusministeriums in Hannover. Er war dort Ministerialrat und Leiter der Abteilung Kunst. Von 1955 bis 1961 gehörte Schröder dem NDR Verwaltungsrat an. Im November 1961 wurde er als Nachfolger von Walter Hilpert zum NDR Intendanten gewählt. In den Jahren 1970 und 1971 war Schröder Vorsitzender der ARD. Sein Nachfolger an der Spitze des NDR war Martin Neuffer. Anlässlich des Todes von Gerhard Schröder in der Nacht zum 23. Januar 2012 im Alter von 90 Jahren sagte der amtierende NDR Intendant Lutz Marmor: „Der NDR verdankt Gerhard Schröder wichtige Impulse, von denen viele bis heute nachwirken. In seiner Amtszeit startete das dritte Fernsehprogramm, das heutige NDR Fernsehen. Gerhard Schröder prägte über ein Vierteljahrhundert hinweg die Rundfunklandschaft vor allem im Norden der damaligen Bundesrepublik. Er war ein Verfechter der Rundfunkfreiheit. Frühzeitig setzte er sich für eine intensive Zusammenarbeit der öffentlich-rechtlichen Rundfunksender in Deutschland ein. Gemeinsam mit seinen Intendanten-Kollegen schuf er die Grundlage für das Auslands-Korrespondentennetz der ARD." Bei Radio Bremen entstanden unter seiner Ägide Sendungen wie

„Loriot" und die „Rudi-Carrell-Show". In seine Zeit bei der Bremer Landesrundfunkanstalt fiel zudem unter anderem der Start der Talkshow „3 nach 9", der Quizsendung „Am laufenden Band" (beide 1974) sowie die Einführung des Fernseh-Regionalmagazins „Buten un Binnen" (1980).

Der ehemalige Intendant des NDR, Gerhard Schröder, wohnte bis ans Lebensende in diesem Mehrfamilienhaus an der Straße Rondeel 5 im Stadtteil Winterhude in Hamburg.

Seine letzte Ruhe fand er auf Hoher See.
Das Foto unten zeigt das Klingelschild.

Klausjürgen Wussow, 30. April 1929 bis 19. Juni 2007 (Schauspieler)

Er wurde durch seine Rolle als Professor Brinkmann in 70 Folgen der Fernsehserie „Die Schwarzwaldklinik" (1985–1988, 28 Millionen Zuschauer pro Folge) bekannt: Klausjürgen Wussow. Aufgrund des enormen Erfolges der Krankenhaus-Serie im Glottertal schied er 1986, nach letzten Theaterauftritten in Wien, aus dem Ensemble des Burgtheaters aus. Da es sein ursprünglicher Berufswunsch war, Arzt zu werden, wie er in seinem Buch „Professor Brinkmann und ich" schrieb, widmete er sich der Rolle des Prof. Brinkmann mit besonderer Freude. Außerdem spielte Wussow von 1996 bis 2003 einen Chefarzt in 23 Folgen der Fernsehreihe „Klinik unter Palmen".

Zwischen 1964 und 1986 gehörte er zum festen Ensemble des Wiener Burgtheaters. Schon in den 1950er- und 1960er-Jahren spielte er aber auch immer wieder in Fernsehproduktionen. 1979 schaffte er mit der Titelrolle in der ZDF-Serie "Kurier der Kaiserin" den Durchbruch im Fernsehen. Es folgten weitere Rollen im Fernsehen in „Ein Fall für zwei", „Traumschiff", „Der Sonne entgegen", „Wolffs Revier", „Der Landarzt", „Die Männer vom K3" oder „Ein Schloß am Wörthersee".

Neben der Schauspielerei machte sich Wussow auch einen Namen als Autor, Maler und Synchronsprecher. Zu hören war er unter anderem im Walt-Disney-Film „Der Glöckner von Notre Dame" als Figur „Frollo". Klausjürgen Wussow wurde mit dem Bundesverdienstkreuz am Bande der Bundesrepublik Deutschland und mit der Goldenen Kamera (1985), sowie mit dem Fernsehpreis Bambi (1985) geehrt. In den 1980er Jahren wohnte Wussow im noblem Viertel Pöseldorf im Stadtteil Rotherbaum in Hamburg. Zuletzt lebte Wussow mit seiner vierten Frau Sabine Scholz in Berlin. Ab Juli 2006 bewohnte er ein Pflegeheim in Strausberg (Brandenburg) aufgrund einer Demenzerkrankung. Die letzten Monate seines Lebens verbrachte er nach einem Kreislaufkollaps auf der Intensivstation in Rüdersdorf, dort starb er am 19. Juni 2007.

Seine letzte Ruhe fand Wussow auf dem Friedhof Heerstraße in Berlin.

Die Grabstätte von Klausjürgen Wussow.

In diesem Mehrfamilienhaus in der Magdalenenstraße in Hamburg hatte Klausjürgen Wussow (Foto rechts) seine Wohnung. Er hatte vom Balkon aus einen schönen Ausblick auf die Außenalster.

Der bedeutende Komponist, Pianist und Dirigent Johannes Brahms wurde in ärmlichen Verhältnissen im Hamburger Gängeviertel (Specksgang 24) des Jahres 1833 geboren. In relativ frühen Jahren, unterstützt durch seinen Vater, nahm Johannes Brahms Klavierunterricht. Er erlernte intensiv die Kunst der Instrumentalmusik und bekam Komposition und Musiktheorie gelehrt. Er übte unermüdlich Klavier zu spielen und trat in Kneipen und bei Veranstaltungen auf, um Geld für den Klavierunterricht und seine Eltern zu verdienen. Im Alter von 16 Jahren verfasste Brahms unter einem Pseudonym die „Phantasien über einen beliebten Wal-

zer". Als 20-Jähriger werden eigene seiner Werke veröffentlicht und er wird berühmt. Mit dreißig Jahren zieht er nach Wien und macht die Landeshauptstadt zu seinem Hauptwohnsitz. Brahms reist von hier aus als Pianist und Dirigent durch ganz Europa. Johannes Brahms starb am 3. April 1897 in Wien. Auf dem dortigen Zentralfriedhof fand er seine letzte Ruhe – in der Nähe der Beethoven-Grabstätte.

Komponist, Pianist und Dirigent Johannes Brahms wurde auf dem Zentralfriedhof Wien beigesetzt. Danke an Rüdiger Wolk aus Münster für das Foto seiner Grabstätte. Lizenz: Wikipedia, CC GNU / skINMATE

Johannes Brahms war ein Komponist, Pianist und Dirigent. Das Foto zeigt den Komponisten – es soll im Jahr 1889 entstanden sein.

Das Geburtshaus von Johannes Brahms im Jahr 1891 im damaligen Specksgang 24 (heute Specksstraße 60). Das Haus wurde zerstört. Heute erinnert diese Stehle an den ehemaligen Standort.

Joachim Wolff war ein Schauspieler und wurde von dem Hamburger Theaterleiter und Schauspieler Helmuth Gmelin ausgebildet. Es folgten danach mehrere Engagements an verschiedenen Theaterbühnen, unter anderem in Hamburg, Bremen und Lübeck.

Joachim Wolff war darüber hinaus für den Hörfunk tätig und arbeitete unter anderem für den Schulfunk des Norddeutschen Rundfunks (NDR). In den 1950er Jahren gelang im der Sprung ins Fernsehen: der Mann mit dem auffälligen Igel-Haarschnitt wurde durch zahlreiche Filmrollen populär, bekam allerdings nie eine größere Hauptrolle.

Bekannt wurde Joachim Wolff im Fernsehen in der ersten deutschen Familienserie „Familie Schölermann", in der er den „Onkel Eduard" verkörperte. Es folgten Gastrollen in Serien wie „Hafenpolizei", „Der Landarzt", „Großstadtrevier", „Stahlnetz", „Dem Täter auf der Spur" oder „Rivalen der Rennbahn". Im Jahr 1956 wirkte Wolff im Film „Der Hauptmann von Köpenick" mit. Durch seine markante Stimme, die er beliebig verstellen konnte, war Wolff als Hörspielsprecher sehr gefragt. So verlieh er in verschiedenen Produktionen vom Hamburger Label Europa Protagonisten seine Stimme. Dazu zählen Folgen von „Die drei ???", „Ein Fall für TKKG" oder beispielsweise „Pitje Puck". Seine letzte Ruhestätte fand er auf dem Friedhof Bernadottestraße in Hamburg.

In diesem Mehrfamilienhaus am Hohenzollernring 70 im Stadtteil Ottensen in Hamburg wohnte Joachim Wolff, der beliebte Schauspieler mit der markanten Stimme, bis zu seinem Tod am 30. November 2000. Das Foto rechts zeigt den Grabstein auf dem Friedhof Bernadottestraße.

Fritz Klein war ein Sportjournalist, absolvierte zunächst eine journalistische Ausbildung und arbeitete ab 1958 für die Sportredaktion des NDR. 1976 wurde er Hauptabteilungsleiter Sport im NDR und war ab 1987 Sportkoordinator der ARD.

30 Jahre lang berichtete Klein zunächst fürs Radio und später fürs Fernsehen über Sportereignisse. Klein rief die TV-Sendung „Sport III" beim NDR ins Leben, die die Vorgängersendung des „Sportclub" war. In den 1980er Jahren moderierte er regelmäßig die Sportschau der ARD und kommentierte zahlreiche sportliche Großereignisse wie Olympische Spiele und Fußball-Weltmeisterschaften.

Im Jahr 1991 gründete Fritz Klein seine eigene GmbH, mit der er bis zu seinem Tod über Sportverbände berichtete und diese auch mit fachlicher Kompetenz beriet. Fritz Klein war ausgewiesener Pferdesportexperte und bis 1994 auch Präsident des Hamburger Rennclubs. NDR Intendant Lutz Marmor sagte zu seinem Tod im Dezember 2014: „Fritz Klein hat die Sportberichterstattung im NDR und in der ARD maßgeblich mitgeprägt. Er war stets fair und kritisch und galt als Vorbild für viele Sportjournalisten."

In dieser weißen Prachtvilla in der Höldnerlinstraße 6 im Stadtteil Groß-Flottbek in Hamburg hatte Sportjournalist Fritz Klein sein Redaktionsbüro und seine private Wohnung. Er starb nach langer Krankheit am 2. Dezember 2014 im Alter von 77 Jahren in Hamburg.

Als eigenwillige Charakterdarstellerin stand sie für zahlreiche Fernseh- und Kinofilme vor der Kamera: Monica Bleibtreu. Ob gemeinsam mit Sohn Moritz im Film „Lola rennt", als Helene Weigel in „Abschied – Brechts letzter Sommer" oder als Bäuerin in „Verlorenes Land": Sie zog ihr Publikum in ihren Bann. Bereits in den 1960er Jahren hatte Monica Bleibtreu kleinere Rollen in TV- Produktionen übernommen, 1972 folgte ihr Kinodebüt mit „Ludwig – Requiem für einen jungfräulichen König". Im gleichen Jahr bekam sie für die Rolle einer Ausbrecherin aus einer Fürsorgeanstalt in der Fernsehserie „Der Kommissar" die Goldene Kamera. Hauptsächlich aber spielte sie aber an verschiedenen Theatern in ganz Deutschland (unter anderem Schillertheater Berlin, Kammerspiele München). Monica Bleibtreu war auch als Hörbuch-Sprecherin und Rezitatorin erfolgreich und wurde 2002 mit dem Rita-Tanck-Glaser Schauspielpreis der Hamburgischen Kulturstiftung ausgezeichnet.

Ihre eindrucksvolle darstellerische Leistung in dem Drama „Vier Minuten" wurde sowohl beim Bayerischen Filmpreis 2006 als auch beim Deutschen Filmpreis 2007 mit Auszeichnungen gewürdigt.

Monica Bleibtreu lebte zurückgezogen in der Langen Reihe im Stadtteil St. Georg in Hamburg. Nur selten bekamen die Hanseaten die beliebte Schauspielerin im privaten Umfeld zu sehen. Der Autor begegnete Monica Bleibtreu im Jahr 2005 an einem Sonntagnachmittag. Sie genoss das schöne Wetter an der Außenalster – nur wenige Meter von ihrer Wohnung entfernt. Monica Bleibtreu starb in der Nacht vom 13. auf den 14. Mai 2009 nach langjährigem Krebsleiden. Ihre Grabstätte befindet sich auf dem Friedhof Ohlsdorf in Hamburg nahe dem Haupteingang. Aus der Beziehung zu dem Schauspieler Hans Brenner stammt ihr Sohn Moritz Bleibtreu (1971 geboren), der heute selbst als erfolgreicher Filmschauspieler agiert.

Schauspielerin Monica Bleibtreu.

Der Eingangsbereich zu der Wohnung von Schauspielerin Monica Bleibtreu.

Als „Mr. Tagesschau" brachte er es zu enormer Popularität, gehörte zu den Nachrichtensprechern der ersten Stunde und moderierte 28 Jahre lang die bedeutendste Nachrichtensendung Deutschlands: Karl-Heinz Köpcke. Nach einer Verletzung an der Oberlippe moderierte Köpcke, um die Folgen zu vertuschen, mit einem Schnäuzer die Nachrichtensendung. Millionen von Zuschauer erkannten ihn nicht wieder – ein Sturm der Entrüstung ging damals durchs Publikum. Ein zweiter Vorfall sorgte ebenfalls für Aufregung: Köpcke wagte es, statt mit Schlips mit Fliege vor die Kamera zu treten.

Ohne einen Anflug von Individualität, immer zuverlässig und korrekt verlas Karl-Heinz Köpcke in mehr als 5.000 Tagesschau-Sendungen die Nachrichten.

Seinen Job erledigte Köpcke mit beamtenhafter Seriosität und Emotionslosigkeit. Einmal versuchte er sich in leichter Rebellion: 1978 setzte der NDR als federführende Sendeanstalt der Tagesschau in der eingeführten Sendung „Tagesthemen" einen Moderator vor die Nase. Durch nachdrückliches Gähnen und Rascheln mit seinen Nachrichtenzetteln aus dem Off machte er auf sich aufmerksam. Karl-Heinz Köpcke starb in der Nacht zum 28. September 1991,

In der Parkallee 11 in Hamburg hatte Karl-Heinz Köpcke seine Wohnung.

einen Tag vor seinem 69. Geburtstag, in Hamburg. Er wohnte bis zu seinem Tod in der Parkallee 11 im Stadtteil Rotherbaum. Seine Wohnung lag nur wenige Meter vom Norddeutschen Rundfunk (Rothenbaumchaussee 132-134) entfernt.

Seine 1973 erschienene Anekdotensammlung „Guten Abend meine Damen und Herren" verkaufte sich gut 20.000 Mal.

Die Grabstätte von Karl-Heinz Köpcke in Hamburg-Ohlsdorf.

Dietmar Mues, 21. Dezember 1945 bis 12. März 2011 (Schauspieler)

Dietmar Mues war ein Theater- und Filmschauspieler, Drehbuchautor und Schriftsteller. Bekannt war er auch als Sprecher von Hörspielen und Lesungen. Zwölf Jahre lang (ab 1973) gehörte Dietmar Mues zum Ensemble des Deutschen Schauspielhauses in Hamburg, spielte mit großem Erfolg im Anschluss im Winterhuder Fährhaus den „Hauptmann von Köpenick". Neben vielen Auftritten in diversen Theatern folgten Engagements in Kino- und Fernsehfilmen. Zu sehen war Dietmar Mues unter anderem in „Bubi Scholz Story", „Tatort", „Bella Block", „girl friends – Freundschaft mit Herz", „Alarm für Cobra 11 – Die Autobahnpolizei", „SOKO 5113/Köln/Leipzig" oder beispielsweise „Das Duo". Außerdem verlieh Mues zahlreichen Protagonisten in Hörspielen seine Stimme. Ab 1986 arbeitete er als freier Schauspieler, als Sprecher für TV-Produktionen und als Drehbuchautor. Dietmar Mues und seine Frau Sibylle starben am 12. März 2011 bei einem tragischen Verkehrsunfall in Hamburg, als sie auf einem Gehweg, knapp einen Kilometer ihrer Wohnung entfernt, von einem Auto erfasst wurden. Beigesetzt wurden beide auf dem Friedhof Ohlsdorf in Hamburg.

In diesem Mehrfamilienhaus im Loehrsweg im Hamburger Stadtteil Eppendorf wohnte Dietmar Mues mit seiner Frau Sibylle.

Schauspieler Dietmar Mues.

Gedenkplatte an der Grabstätte von Dietmar Mues.

Hellmuth Karasek war Journalist, Buchautor, Film- und Literaturkritiker und Professor für Theaterwissenschaft. Karasek schrieb auch drei Theaterstücke unter dem Pseudonym Daniel Doppler und wurde einem breiten Publikum als Teilnehmer der Fernsehsendung „Das Literarische Quartett" (bestand zu Anfang aus Marcel Reich-Ranicki, Hellmuth Karasek, Sigrid Löffler und Jürgen Busche) bekannt. Zwölf Jahre lang prägte er die Sendung, war zeitweise Mitherausgeber des Berliner „Tagesspiegel", anschließend wechselte er zum Axel-Springer-Verlag. Immer wieder veröffentlichte Karasek Bücher. Erst 2013 waren zwei neue Werke erschienen: „Auf Reisen. Wie ich mir Deutschland erlesen habe" und „Frauen sind auch nur Männer". Zudem arbeitete Karasek als Dramaturg, Moderator, Biograf und Theaterautor. Für sein Schaffen bekam er unter anderem den Theodor-Wolff-Preis, den Elbschwanenorden und den Bayerischen Fernsehpreis. 1994 wurde er zudem mit dem Bundesverdienstkreuz geehrt.

Hellmuth Karasek mit einem seiner Bücher.

In diesem Mehrfamilienhaus in der Straße Jungfrauenthal im noblen Stadtteil Harvestehude in Hamburg wohnte Hellmuth Karasek. In seiner Wohnung starb er auch, wie Medien übereinstimmend berichteten.

Die Grabstätte von Hellmuth Karasek auf dem Friedhof Ohlsdorf in Hamburg.

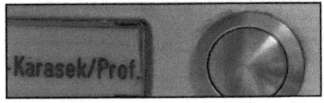

Karasek/Prof. stand auf dem Namensschild neben der Klingel zu seiner Wohnung.

Vielen Fernsehzuschauern war sie durch Rollen in Serien wie „Die Rettungsflieger" und „Hallo Robbie!" bekannt: Karina Kraushaar. 1992 begann zunächst die gelernte Krankenschwester Karina Kraushaar eine Karriere als Fotomodell. Fünf Jahre später lernte sie Schauspiel und Sprechtechnik an der Stage School Hamburg, es folgten Engagements ab 1997 in diversen Fernsehrollen: „Alphateam – Die Lebensretter im OP", „Der Bulle von Tölz", „Stubbe – Von Fall zu Fall" sowie unter anderem „Klinik unter Palmen". Auch trat Kraushaar in den Serien „Streit um drei", „SOKO Leipzig", Edel & Starck", „Alarm für Cobra 11 – Die Autobahnpolizei" und in der Rosamunde Pilcher-Verfilmung „Blumen im Regen" auf. In der Vorabendserie „Hallo Robbie!" verkörperte sie von 2002 bis 2007 die Rolle der Carla Dux. Außerdem moderierte sie in der Fernsehshow „Love Stories". Zudem versuchte sie sich als Malerin zu etablieren mit einem Atelier in ihrer Wohnung (primär großformatige Ölbilder in im- und expressionistischer Bildsprache). Sie lebte die letzten Jahre ihres Lebens zurückgezogen in der Siemssenstraße 3 im Stadtteil Eppendorf in Hamburg, ging oftmals mit ihrem Hund durch den schönen Park in der Nähe ihrer Wohnung.

Karina Kraushaar wurde am 5. März 2015 bewusstlos in ihrer Wohnung aufgefunden und starb am selben Tag mit nur 43 Jahren. Sie wurde auf hoher See bestattet.

In diesem Haus an der Siemssenstraße 3 wohnte Karina Kraushaar.

Schauspielerin Karina Kraushaar im Jahr 2006.

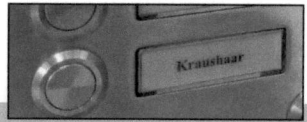

Das Foto oben zeigt das Klingelschild mit der Aufschrift „Kraushaar".

Sie verkörperte die Gräfin Bea in der TV-Arztserie „Der Landarzt" und die Pensions-wirtin Pia in „Unser Lehrer Dr. Specht": Gisela Trowe. Stets verkörperte sie Figuren mit ihrer eigenwilligen, bissigen und selbstbewussten Art und machte sich bei den Zu-schauern mit ihrer markanten Stimme sehr beliebt. Zwischen 1948 und 1957 übernahm Trowe mehrere Hauptrollen in verschiedenen DEFA-Filmen, agierte aber auch als The-ater-Schauspielerin unter anderem in Gera, Berlin und Hamburg.

Sie spielte Lady Macbeth an der Seite von Bruno Ganz in Bremen und machte im legen-dären Trümmerfilm „Affäre Blum" mit und spielte eine jüdische Großmutter in Ralph Giordanos Fünfteiler „Die Bertinis". Gisela Trowe war zudem als Synchronsprecherin für internationale Stars (Gina Lollobrigida, Melina Mercouri, Rita Hayworth, Marie Windsor, Simone Signoret, Anna Magnani, Shelley Winters) tätig. Im Jahr 2002 wurde Gisela Trowe mit der Biermann-Ratjen-Medaille vom Hamburger Senat für ihre künstle-rischen Verdienste um die Stadt Hamburg geehrt.

Sie war mit dem Regisseur Thomas Engel verheiratet und lebte bis zu ihrem Tod im April 2010 im Nonnen-stieg 25 (schräg gegenüber von Evelyn Hamann, Seite 80) in Hamburg-Harvestehu-de – unweit von Eppendorf. Sie soll auf hoher See bestat-tet worden sein.

Schauspielerin Gisela Trowe bei Dreharbeiten 2006.

In diesem Haus lebte Gisela Trowe bis zu ihrem Tod am 5. April 2010.

Rosamunde Pietsch wurde am 2. Februar 1915 geboren und zählt zu den ersten Polizistinnen Deutschlands. Sie entschloss sich direkt nach dem Zweiten Weltkrieg als Tochter in einer Polizistenfamilie dazu, selbst Polizistin zu werden. Zu dieser Zeit eigentlich undenkbar und dieser Umstand zog sich auch durch ihr Leben bei der Polizei. Dennoch hatte die resolute Frau es sich in den Kopf gesetzt und ihr Ziel erreicht: sie war die erste Polizistin in Hamburg und leistete Pionierarbeit. Denn offenbar ist die Polizei noch immer eine Männerdomäne. In Hamburg ist beispielsweise nur knapp ein Viertel der Beamten weiblich. 1945 kam Rosamunde Pietsch zur Polizei und war damit die erste weibliche Polizistin. Als sie das erste Mal auf Streife ging, gab es statt einer Uniform lediglich eine Armbinde mit dem Schriftzug „Polizei". Erst ein Jahr später durfte Rosamunde Pietsch eine Polizeiuniform tragen. In einem Interview erzählte sie, dass sie damals keine Waffe, kein Funkgerät und keinen Schlagstock bei ihren Streifengängen hatte. Es gab nur eine Trillerpfeife, damit die männlichen Kollegen gerufen werden konnten. 1948 absolvierte sie als einzige Frau unter 40 Männern einen so genannten Oberbeamtenanwärterlehrgang, den sie auch bestand. Im Jahr 1954 wurde sie zur Kommissarin befördert. 1975 wurde Rosamunde Pietsch pensioniert: der damalige Bundeskanzler Helmut Schmidt (Seite 103) soll ihr, wie die „Bild-Zeitung" am 19. Mai 2016 berichtet, sogar ein Telegramm geschickt haben. Die von vielen nur als Mutter der Hamburger Polizistinnen bezeichnete Rosamunde Pietsch starb am 18. Mai 2016 mit 101 Jahren. Sie lebte in einem historischen Haus in der Straße Immenhöven 31 im Stadtteil Langenhorn in Hamburg.

Sie wurde im „Garten der Frauen" auf dem Friedhof Ohlsdorf beigesetzt.

Hannelore „Loki" Schmidt (Lehrerin, Autorin, Naturforscherin und – wie sie selbst sagte – „Angeheiratete der Politik" als Ehefrau des Bundeskanzlers a. D. Helmut Schmidt, Seite 103) engagierte sich seit den 1970er Jahren für die Botanischen Gärten, machte sich stark dieser wichtigen Institutionen zur Erforschung und Erhaltung biologischer Vielfalt und rief 1976 die „Stiftung zum Schutze gefährdeter Pflanzen" ins Leben. Diese fusionierte später mit der „Stiftung Naturschutz Hamburg" zur „Stiftung Naturschutz Hamburg und Stiftung zum Schutze gefährdeter Pflanzen" (Kurzbezeichnung: Stiftung Natur und Pflanzen), die bundesweit Naturschutzprojekte betreibt. 2009 ernannte die Stadt Hamburg sie zur Ehrenbürgerin. Am 21. Oktober des Folgejahres starb „Loki" Schmidt in ihrem Haus in Hamburg-Langenhorn.
Ihre letzte Ruhe fand sie auf dem Friedhof Ohlsdorf in Hamburg.

In diesem Haus im Neubergerweg 80-82 im Hamburger Stadtteil Langenhorn lebte Hannelore Schmidt bis zu ihrem Tod.

„Loki" Schmidt mit ihrem Mann Helmut Schmidt im Jahr 1979 in Köln.

Die Grabstätte von „Loki" Schmidt.

Harald Juhnke war ein Schauspieler, Entertainer, Synchronsprecher und Sänger. Ab 1977 trat der Berliner verstärkt im Fernsehen auf: Zunächst mit Grit Boettcher in der Serie „Ein verrücktes Paar", ab 1979 moderierte er als Nachfolger des verstorbenen Peter Frankenfeld (Seite 97) die Show „Musik ist Trumpf" (ZDF) und erreichte damit bis zu 30 Millionen Zuschauer. Es folgten Shows wie „Wie wär's heut' mit Revue?" und „Willkommen im Club". Als Showmaster eiferte er in Smoking und Lackschuhen seinem Vorbild Frank Sinatra nach. Zu seinen populärsten Songs zählte eine deutsche Version von „My Way", die er ebenso wie den Titel „Barfuß oder Lackschuh" mehrmals in unterschiedlichen Versionen und Arrangements einspielte.

Ab 1985 übernahm Juhnke die Rolle des Trödelhändlers „Ottmar Kinkel" in der seit 1977 laufenden Fernsehvorabendserie „Drei Damen vom Grill". Von 1987 bis 1989 spielte er mit Eddi Arent in der Sketchserie „Harald und Eddi" und erreichte damit ein Millionenpublikum. In dem Film „Der Hauptmann von Köpenick" (1997) erwarb er sich bei Kritikern großes Lob als Charakterdarsteller.

Ende Februar 2005 wurde Juhnke mit akutem Flüssigkeitsverlust in das Krankenhaus Rüdersdorf bei Berlin eingeliefert und musste danach künstlich ernährt werden. Am 1. April 2005 starb der Schauspieler im Alter von 75 Jahren an den Folgen seiner Krankheit. Er fand seine letzte Ruhe auf dem Waldfriedhof Dahlem in Berlin.

Die Bühne war sein Leben: In dieser Villa an der Koenigsallee, Ecke Lassenstraße in Berlin lebte von 1983 bis 2001 Harald Juhnke. Die Villa wurde zwischenzeitlich abgerissen.

Die Grabstätte von Harald Juhnke (Fot oben) auf dem Wald friedhof Dahlem in Berlin. Die Grabstä gehört zu den Ehren gräbern des Landes Berlin.

Hermann Lause, 7. Februar 1939 bis 28. März 2005 (Schauspieler)

Hermann Lause war ein deutscher Schauspieler und gehörte sechzehn Jahre lang zum Ensemble des Hamburger Schauspielhauses und war in Filmen wie „Gegen die Wand", „Der Sommer des Falken", „Schtonk" und „Der Campus" zu sehen. Der 1939 im Emsland geborene Lause mit der markanten norddeutschen Stimme studierte zunächst Archäologie und Kunstgeschichte, sammelte dann erste Bühnenerfahrung am Berliner Schillertheater, ehe er 1972 ans Schauspielhaus Bochum wechselte. Er spielte an allen großen Bühnen in Deutschland und Österreich, darunter auch in Düsseldorf, München, Hannover und Salzburg. Lause wirkte in zahlreichen Peter-Zadek-Inszenierungen mit, darunter in „Wildente", „Hamlet", „Sommernachtstraum", „Wintermärchen" und „Bunbury", sowie „Spaß bei Seite". Bekanntheit erlangte Hermann Lause auch durch zahlreiche Auftritte in Fernsehserien wie „Großstadtrevier", „Ein Fall für Zwei", „Der Alte" oder „Die Männer vom K3". Auch in den Krimireihen „Tatort" und „Polizeiruf 110" wirkte Lause mit. Für den NDR nahm Lause Hörspiele auf und drehte zahlreiche Doku-Dramen wie „Die Staatskanzlei" und „Einmal Macht und zurück".

Privat lebte Hermann Lause in einem Mehrfamilienhaus in der Bundesstraße 86 in Hamburg-Eimsbüttel. Der beliebte Schauspieler starb am 28. März 2005 infolge einer schweren Krebserkrankung. Er wurde auf dem Friedhof Ohlsdorf in seiner Heimatstadt beigesetzt (Grablage: V12-347).

Schauspieler Hermann Lause.

In diesem Backstein- haus in der Bundes- straße 86 in Ham- burg lebte Hermann Lause bis zu seinem Tod.

Auf dem Friedhof Ohlsdorf fand er seine letzte Ruhe: die Grab- stätte von Hermann Lause.

Die Klingel an seinem ehemaligen Wohnhaus.

Im Juni 1945 begann Peter von Zahn für das damalige Radio Hamburg zu arbeiten, aus dem zuerst der Nordwestdeutsche Rundfunk (NWDR) und später der norddeutsche Rundfunk (NDR) hervorging. Beim NWDR war von Zahn als Fernsehproduzent tätig. Ständige Konflikte mit dem Generaldirektor Adolf Grimme, wegen zu provokanter Aussagen, führten ihn 1951 ins Ausland. In den USA war von Zahn als erster deutscher Auslandskorrespondent nach dem Krieg tätig. Sein Sprachstil mit prägnanter Betonung war stets sein Markenzeichen und zeichnete ihn als Vorbild einer ganzen Journalistengeneration aus. Am 3. Oktober 1955 erschien die Fernsehsendung „Aus der neuen Welt", von der bis 1960 insgesamt 50 Folgen gesendet wurden. Das Gesamtwerk des Rundfunkpioniers umfasst nach Angaben des NDR etwa 3.000 Hörfunk- und über 1.000 Fernsehbeiträge. Von Zahn starb am 26. Juli 2001 nach langer, schwerer Krankheit in Hamburg. Seine letzte Ruhe fand er auf dem Friedhof Ohlsdorf in Hamburg.

In dieser noblen, weißen Stadtvilla im Harvestehuder Weg, Hamburgs teuerster Adresse (bis 16.000 Euro pro Quadratmeter), wohnte Hörfunk- und Fernsehjournalist Peter von Zahn bis zu seinem Tod am 26. Juli 2001.

Die Grabstätte von Peter von Zahn auf dem Friedhof Ohlsdorf.

Er war Meister der Wortgestaltung und zählte zu den bedeutendsten Theater- und Filmschauspielern des 20 Jahrhunderts: Will Quadflieg. Er spielte in jungen Jahren in Klassikern wie „Hamlet", „Don Carlos", „Othello", „Macbeth", „Faust", „Mephisto", „Torquato" und „Peer Gynt" die Hauptrolle. Zum Charakterdarsteller aufgestiegen wandte er sich ebenso erfolgreich zeitgenössischen Autoren, wie Jean-Paul Sartre, John Osborne, Botho Strauß, zu. Darüber hinaus machte sich Will Quadflieg als Rezitator mit zahlreichen Sprechplatten und Vortragsabenden einen Namen. Auch in Film- und Fernsehproduktionen war Quadflieg zu sehen: „Puppen reden nicht" (1970), „Der Menschenfeind" (1976), „Der große Bellheim" (1993) oder beispielsweise „Derrick" (1979). Seine letzte TV-Rolle hatte Quadflieg 1999 in „Dr. Robert Schumann, Teufelsromantiker". Von 1955 bis 1967 wohnte Will Quadflieg in der Johnsallee 63 in Hamburg-Rotherbaum. Er verbrachte seine letzten Lebensjahrzehnte in seinem Haus in Heilshorn (Niedersachsen) und starb an einer Lungenembolie in Osterholz-Scharmbeck im Alter von 89 Jahren.

Auf dem kommunalen Friedhof Werschenrege wurde er anonym bestattet.

Das Foto oben zeigt den Schauspieler Will Quadflieg 1998 auf der Frankfurter Buchmesse.

In diesem Mehrfamilienhaus in der Johnsallee 63 in Hamburg wohnte Will Quadflieg von 1955 bis 1967. Zuletzt hatte Quadflieg in seinem Haus in Heilshorn (Niedersachsen) gelebt. Auf dem kommunalen Friedhof Werschenrege wurde er anonym bestattet.

Jürgen Roland, 25. Dezember 1925 bis 21. September 2007 (Regisseur)

Als Jürgen Roland Schellack wurde Jürgen Roland 1925 in Hamburg geboren, begann seine Berufslaufbahn nach dem Krieg als einer der ersten deutschen Rundfunkreporter bei Radio Hamburg, dem heutigen NDR. Sein Haupttätigkeitsfeld für seine aktuellen Reportagen war vorwiegend der Stadtteil St. Pauli. Einem breiten Publikum wurde Jürgen Roland mit seiner ersten TV-Serie „Der Polizeibericht meldet..." bekannt. Akribisch recherchierte Roland damals echte Kriminalfälle nach und stellte sie für das Fernsehen authentisch und millieugetreu dar. Sein Durchbruch: 1958 hob er die Krimiserie „Stahlnetz" aus der Taufe, für die Roland mit dem Drehbuchautor Wolfgang Menge zusammen arbeitete. Jürgen Rolands Dauerbrenner war allerdings die TV-Serie „Großstadtrevier", die noch heute erfolgreich läuft. Im Laufe seiner Karriere führte Jürgen Roland in etwa 80 Fernsehproduktionen sowie 20 Kinofilmen Regie. Er starb 81-jährig am 21. September 2007 nach langer Krankheit.
Seine letzte Ruhe fand Jürgen Roland auf dem Friedhof Ohlsdorf in Hamburg.

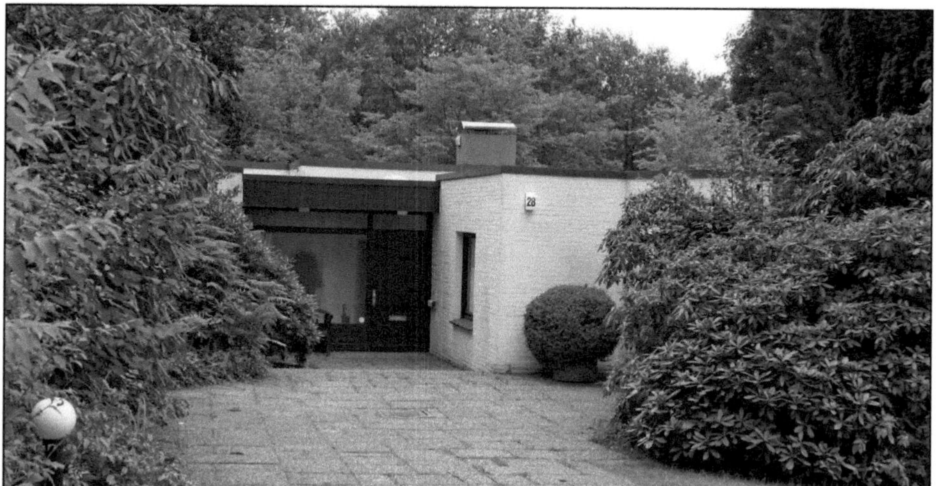

In diesem weißen Flachdachbungalow im Rögengrund 28 im Hamburger Stadtteil Bergstedt wohnte TV-Regisseur Jürgen Roland.

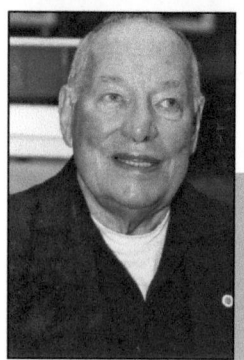

Jürgen Roland bei einem Fototermin anlässlich neuer Dreharbeiten fürs „Großstadtrevier" im Jahr 2003.

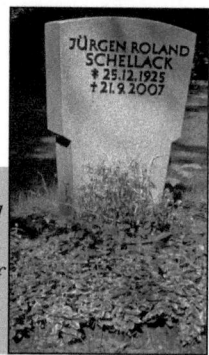

Grabstätte von Jürgen Roland auf dem Ohlsdorfer Friedhof in seiner Heimatstadt Hamburg.

Er war bereits zu Lebzeiten eine Legende: Marcel Reich-Ranicki. Im deutschsprachigen Raum besaß er wie kein anderer Literaturkritiker ein solches Renommee. Seine Urteile waren bei Autoren gefürchtet, seine Kritiken galten als erbarmungslos. Reich-Ranicki lenkte bereits als Jugendlicher seine Aufmerksamkeit auf die deutsche Literatur und avancierte im Laufe seines bewegten Lebens zum Kultkritiker.

Marcel Reich-Ranicki hat für seine Arbeit als Literaturkritiker und die frühere Arbeit im politischen Bereich zahlreiche Auszeichnungen und Ehrungen erhalten. Den „Henri-Nannen-Preis", die „Goldene Kamera" oder das „Silberne Verdienstkreuz" sind nur wenige Beispiele. Im Jahr 2008 erhielt er den „Deutschen Fernsehpreis" für sein Lebenswerk. Allerdings lehnte Reich-Ranicki diese Auszeichnung aufgrund seines schlechten Eindrucks vom deutschen Fernsehen mit den Worten „Ich nehme diesen Preis nicht an!" entschieden ab.

Reich-Ranicki lebte zuletzt in einem Mehrfamilienhaus in Frankfurt-Dornbusch. Er starb am 18. September 2013 im Alter von 93 Jahren in einem Pflegeheim in Frankfurt am Main. Am 26. September 2013 fand für Familie, Freunde und Weggefährten eine Trauerfeier auf dem Frankfurter Hauptfriedhof statt. An ihr nahmen zahlreiche Gäste teil. Unter anderem legte Bundespräsident Joachim Gauck einen Kranz nieder, Hessens Ministerpräsident Volker Bouffier hielt eine Ansprache und auch Fernseh-Entertainer Thomas Gottschalk sprach am Sarg Reich-Ranickis. Anwesend waren weiterhin der

Vorsitzende der Jüdischen Gemeinde Frankfurt am Main und Vizepräsident des Zentralrats der Juden in Deutschland Salomon Korn sowie Oberbürgermeister Peter Feldmann und die ehemalige Oberbürgermeisterin Petra Roth. Das Grab Marcel Reich-Ranickis und seiner Frau befindet sich auf dem Frankfurter Hauptfriedhof (Urnenhain, Gewann XIV 34 UG).

In diesem Mehrfamilienhaus in der Gustav-Freytag-Straße 36 im Frankfurter Stadtteil Dornbusch, im so genannten Dichterviertel, lebte der im Alter von 93 Jahren verstorbene Literaturkritiker Marcel Reich-Ranicki zuletzt.

Marcel Reich-Ranicki als Gast der „NDR Talkshow" im Jahr 2008 in Hamburg.

Der in Danzig geborene Wolf-Dietrich Berg wirkte seit den 1970er Jahren in zahlreichen Fernsehfilmen und TV-Serien mit. 2003 war Berg unter anderem in der Sat.1 Anwaltsserie „Edel & Starck", in dem ProSieben-Erfolg „Das beste Stück" mit Jan Sosniok in der Hauptrolle, sowie dem Kinofilm „Baltic Storm" zu sehen. Große Bekanntheit erlangte Berg als Widersacher Robert Atzorns in der ZDF-Serie „Unser Lehrer Dr. Specht" und als Anton Fletsch in der Arztserie „Der Landarzt". Seine Laufbahn als Schauspieler begann Wolf-Dietrich Berg 1964/65 an der Schauspielschule Bochum (ehemals Westfälische Schauspielschule) und erhielt sein erstes Theaterengagement im darauf folgenden Jahr in Dortmund. Es folgten Engagements an Theatern in Essen, Düsseldorf, München und das Deutsche Schauspielhaus Hamburg. Der vielbeschäftigte Darsteller fand immer noch Zeit für die Synchronisation und auch in einigen Werbespots war seine markante Stimme zu hören. Privat lebte Wolf-Dietrich Berg im Stadtteil Eidelstedt in einem Einfamilienhaus im Halstenbeker Weg im Westen Hamburgs. Wolf-Dietrich Berg erlag am 26. Januar 2004 mit nur 59 Jahren in Hamburg seinem Krebsleiden; beigesetzt wurde er anonym auf dem Friedhof Eidelstedt (Foto rechts) in Hamburg.

Schauspieler Wolf-Dietrich Berg bei Dreharbeiten für Folgen der Arztserie „Der Landarzt" in Lindaunis.

In diesem Haus in Hamburg-Eidelstedt wohnte Wolf-Dietrich Berg.

Uwe Barschel, 13. Mai 1944 bis 10. Oktober 1987 (Politiker)

Uwe Barschel war ein deutscher Politiker (CDU) und nach seiner Zeit als Landesminister von 1982 bis 1987 Ministerpräsident Schleswig-Holsteins. Kurz nachdem ihn ein während des Landtagswahlkampfs aufgekommener Skandal, der als Barschel-Affäre Aufsehen erregte, zum Rücktritt veranlasst hatte, wurde er am 11. Oktober 1987 von einem Journalisten im Hotel Beau-Rivage in Genf tot aufgefunden. Uwe Barschel war 1979 Finanzminister in Schleswig-Holstein, danach bekleidete er das Amt des Innenministers und übernahm 1979 die Vertretung Schleswig-Holsteins im Bundesrat. Am 14. Oktober 1982 wurde Uwe Barschel zum Ministerpräsidenten des Landes Schleswig-Holstein gewählt. 1985 war Barschel Gründungsmitglied und Mitinitiator des seit 1986 jährlich stattfindenden, über die Landesgrenzen hinaus beachteten Schleswig-Holstein Musik Festivals. Am 31. Mai 1987 stürzte ein Flugzeug mit Barschel und einem Sicherheitsbeamten als einzigen Passagieren beim Landeanflug auf den Flughafen Lübeck-Blankensee ab. Beide Piloten starben noch vor Ort, Barschels Sicherheitsbeamter später im Krankenhaus. Barschel überlebte und wurde mit schweren Verletzungen ins Krankenhaus eingeliefert. Uwe Barschel wohnte in der kleinen Stadt Mölln unweit des Schmalsees entfernt und wurde auf dem dortigen Alten Friedhof beigesetzt.

Das Wohnhaus von Uwe Barschel in Mölln: in dieser weißen Villa auf einem knapp 10.000 Quadratmeter große Anwesen inmitten des holsteinischen Waldes wohnte er.

Wahlplakat mit dem CDU-Politiker Uwe Barschel.

Die Grabstätte von Uwe Barschel auf dem Alten Friedhof in Mölln (Schleswig-Holstein).

Uwe Barschel, Lothar Späth und Bernhard Vogel am 4. Februar 1983.

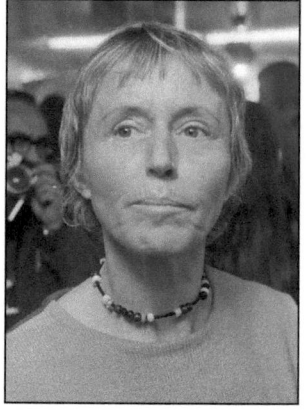

Sie war eine außergewöhnliche Frau mit starker Persönlichkeit: Beate Uhse. Die ostpreußische Gutsbesitzertochter und leidenschaftliche (Deutschlands erste) Pilotin avancierte in der unmittelbaren Nachkriegszeit zur Pionierin der sexuellen Aufklärung. Mit ihren Produkten und Fachgeschäften „für Ehehygiene" gründete Beate Uhse nicht nur den ersten und weltweit einzigartigen Erotik-Konzern, sondern trug als „Unternehmerin der Lust" und „Aufklärerin der Nation" maßgeblich und für über fünf Jahrzehnte zur Emanzipation der Geschlechter und zur Reform der Sitten in der bundesdeutschen Gesellschaft bei. Im Jahr 1962 gründete die umtriebige Unternehmerin mit ihrem Unternehmen in Flensburg den ersten Sex-Shop der Welt. Die Nachfrage nach Sexartikeln war so groß, dass sich daraus in rasanter Weise eine Ladenkette entwickelte. 1989 wurde Beate Uhse das Bundesverdienstkreuz am Bande verliehen, und 1999 durfte sie sich zu ihrem 80. Geburtstag im Goldenen Buch der Stadt Flensburg verewigen. Beate Rotermund, wie sie bürgerlich hieß, starb 2001 an den Folgen einer Lungenentzündung in einer Schweizer Klinik. Sie wurde später auf dem Glücksburger Friedhof begraben.

In Glücksburg (Schausende) hatte Beate Uhse ein 10.000 Quadratmeter großes Anwesen mit Blick auf die Ostsee und einem eigenen Bootsanleger.

Der Eingangsbereich des Anwesens von Beate Uhse.

Die Grabstätte auf dem städtischen Friedhof Glücksburg.

Willy Millowitsch, 8. Januar 1909 bis 20. September 1999 (Schauspieler)

Willy Millowitsch war ein Theaterschauspieler, Sänger und einer der bekanntesten Kölner Volksschauspieler. Außerdem leitete er das private Millowitsch-Theater in Köln. Seit 1949 wirkte er in zahlreichen Kinofilmen mit („Gesucht wird Majora", „Otto ist auf Frauen scharf", „Die wilden Fünfziger"). In den Filmen „Zum Teufel mit der Penne" (1968, als Vater von Hansi Kraus) und in der Hollywood-Produktion „Hilfe, die Amis kommen" (1985, an der Seite von Chevy Chase) wirkte er genauso mit wie in der Serie „Heidi und Ernie". Seine bekannteste Fernsehrolle war die des „Kommissar Klefisch" im WDR-Fernsehen (1990 bis 1996). Millowitsch war auch Sänger: sein größter Hit war das Karnevals- und Stimmungslied „Schnaps, das war sein letztes Wort". Populär war auch „Ich bin ene kölsche Jung". Sein Millowitsch-Theater ist noch heute in der Aachener Straße, privat wohnte er mit seiner Familie in der Vinzenzallee 11 in Köln. Er starb am 20. September 1999 im Kölner St.-Elisabeth-Krankenhaus an Herzversagen. Er wurde auf dem Melaten-Friedhof in Köln beigesetzt. Der Gottesdienst und anschließende Trauerzug über den Kölner Neumarkt und die Aachener Straße bis zum Friedhof wurde durch das WDR-Fernsehen live übertragen.

In dieser Villa in der Vinzenzallee 11 im Stadtteil Lövenich in Köln lebte Volksschauspieler Willy Millowitsch.

Die Grabstätte von Schauspieler Willy Millowitsch auf dem Melaten-Friedhof in Köln.

Schauspieler Willy Millowitsch beim 85. Geburtstag von Heidi Kabel im CCH in Hamburg.

Harry Rowohlt, 27. März 1945 bis 15. Juni 2015 (Autor, Schauspieler)

Harry Rowohlt war vielen Fernsehzuschauern aus der „Lindenstraße“ bekannt. 1995 bot man ihm eine Rolle in der beliebten ARD-Serie (gibt es seit über 30 Jahren) an. „Als mir eine Rolle angeboten wurde habe ich gesagt, bitte als Penner, weil das die einzige Randgruppe ist, die bisher in der ‚Lindenstraße‘ etwas stiefmütterlich behandelt wurde. Und außerdem brauche ich dafür nicht viel Maske“, sagte Harry Rowohlt in einem Interview. In 193 Folgen wirkte Rowohlt als „Penner Harry“ mit. Er machte sich aber auch als Schriftsteller, Kolumnist, Übersetzer und Rezitator einen Namen.
Seine erste professionelle Übersetzung war ein Kinderbuch: „Die grüne Wolke“, geschrieben von A.S.Neill, dem Vater der antiautoritären Erziehung. Er wurde bekannt als Vorleser der von ihm übersetzten Werke, als Autor der Kolumne „Pooh’s corner“ in der Wochenzeitung „Die Zeit“.
Am 15. Juni 2015 starb Harry Rowohlt nach schwerer Krankheit. Er wurde auf dem Friedhof Ohlsdorf, in der so genannten „Dichter-Ecke“, in Hamburg beigesetzt.

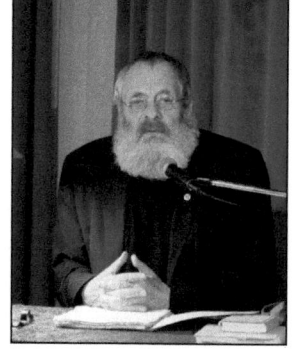

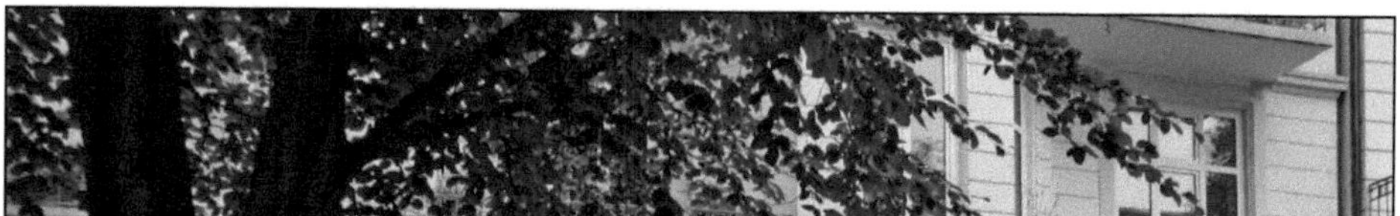

Harry Rowohlt lebte zuletzt in einer Parterrewohnung in diesem Mehrfamilienhaus in der Eppendorfer Landstraße in Hamburg.

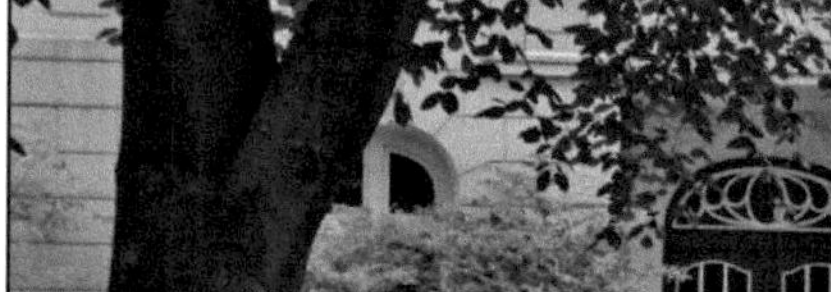

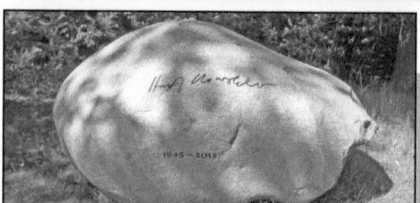

Die Grabstätte von Harry Rowohlt auf dem Friedhof Ohlsdorf in Hamburg. Ein großer Findling erinnert an den großartigen Autor und Schauspieler.

Günter Willumeit war Humorist, Parodist, Moderator, Entertainer und Zahnarzt. Fast 25 Jahre lang praktizierte Willumeit als Zahnarzt in Bad Segeberg. In seiner Freizeit trat er abends in Kneipen als Humorist auf, und hatte mit seinen Witzen und Parodien wachsenden Erfolg. Mitte der 1970er Jahre reifte in ihm sein bekanntes Alter Ego heran: Die Figur des schnoddrigen Treckerfahrers Bauer Piepenbrink. Darin personifizierte er den ihm so vertrauten trockenen, hintergründigen Holsteiner Humor mit plattdeutschem Zungenschlag. Seine Comedy-Reihe „Locker vom Trecker" mit Bauer Piepenbrink wurde regelmäßig im Radio ausgestrahlt. Dadurch (und durch Auftritte im Fernsehen) erlangte Günter Willumeit im ganzen deutschsprachigen Raum Bekanntheit. Seinen größten Liederfolg hatte er mit einer deutschen Coverversion des Village People-Hits Y.M.C.A., L.M.A.A., die sich in den deutschen Charts platzieren konnte. Er beherrschte als Parodist etwa 50 Sprech- und Gesangsstimmen. Bis zuletzt trat Günter Willumeit auf verschiedenen Bühnen auf, lebte in seinem Bungalow im Brahmsweg 8 in Bad Segeberg. Günter Willumeit starb am 17. Oktober 2015 nach schwerer Krankheit. Er wurde auf hoher See bestattet.

Das Wohnhaus von Günter Willumeit im Brahmsweg in Bad Segeberg. Es befindet sich in einem ruhigen Wohngebiet, unweit der Trave.

Tony Sheridan galt als Entdecker der legendären Beatles und war auch Begründer der so genannten Beatmusik. 1960 ging er mit seiner Band „The Jets" nach Hamburg – eine Welt voll Ruhm und Reichtum lag ihm seitdem zu Füßen. „The Jets" war die erste britische Band, die in einschlägigen Rock-Clubs auf der Reeperbahn auftrat. Als seine Bandkollegen zurück nach England zogen, blieb Tony Sheridan in der Hansestadt und trat als Sänger mit verschiedenen Bands auf: unter anderem auch mit den Beatles (1961). Unter dem Namen „The Beat Brothers" präsentierte Sheridan mit den Beatles den Erfolgstitel „My Bonnie".

Auch nach dem Durchbruch der Beatles hielt Sheridan Kontakt: er trat gelegentlich in deren Vorprogramm auf. Zudem habe er mit den Musikern aus Liverpool zusammen gelebt. Tony Sheridan wohnte in den letzten Jahren seines Lebens in Schleswig-Holstein, einem kleinen Dorf namens Seestermühe – nur wenige Hundert Meter von der Elbe entfernt. Am 16. Februar 2013 starb einer der begnadeten Gitarristen der Musikgeschichte im Alter von 72 Jahren in einem Hamburger Krankenhaus nach langer schwerer Krankheit. Sein Grab befindet sich auf dem Friedhof Ohlsdorf in Hamburg.

In der ersten Doppelhaushälfte in der Dorfstraße 30a in Seestermühe wohnte Sheridan bis zu seinem Tod.

Tony Sheridan im August 2011.

Das Foto rechts zeigt die Grabstätte des Künstlers auf dem Friedhof Ohlsdorf in Hamburg.

Larry Evers wurde am 18. April 1951 im nordfriesischen Schwabstedt geboren und war der Mitbegründer Gruppe „Godewind", die 1979 gegründet wurde. Ob organisatorischer oder kreativer Art – bei Larry Evers liefen alle Fäden zusammen. Er galt als treibende Kraft, die maßgeblich zur Entstehung, zum Werdegang und zum Erfolg der plattdeutschen Gruppe beitrug. "Godewind" produzierte etwa 900 Songs und über 40 Alben bis 2014, viele von Larry Evers selbst. Er war sich stets treu geblieben – trotz des Erfolges – und handelte immer gemäß dem Motto „Ich bin Mensch und erst dann Musiker". Außerdem war Larry Evers ein sozial engagierter Mensch: zusammen mit seinen Kollegen der Gruppe „Godewind" übte er mehrere Botschafter-Tätigkeiten wie beipielsweise für die DGzRS (2003, Deutsche Gesellschaft zur Rettung Schiffbrüchiger) und den Weißen Ring (August 2006 bis Dezember 2007, Verein, der sich für Opfer von Straftaten einsetzt) aus. Bei Konzerten sorgte er dafür, dass Menschen mit Handicap gleich vorne an der Bühne saßen. Er hatte ein Bauchgefühl dafür, was Musik alles bewirken kann und gab mit „Godewind" Menschen mit Behinderung die Gelegenheit, an Musik-Workshops für die musikalischen Beschäftigten in Werkstätten für Menschen mit Behinderung (WfbM) teil zu nehmen. Bei gemeinsamen Konzerten wurden die Ergebnisse der Öffentlichkeit präsentiert. Larry Evers wohnte mit seiner Familie in Schwabstedt, einem kleinen Ort an der Treene – etwa 20 Kilometer von Husum entfernt. Er starb am 25. Mai 2016 nach einem Herzinfakt. Die Bandmitglieder veröffentlichten auf der Internetseite von „Godewind" folgenden Nachruf: „Noch können wir uns Godewind ohne Larry nicht vorstellen. Wir – Anja, Heiko, Sven und Shanger – sind uns aber einig, dass wir weitermachen und Larrys Lebenswerk fortsetzen werden; das hätte er so gewollt." Er wurde auf dem Friedhof in Schwabstedt beigesetzt.

Das Wohnhaus von Larry Evers in der Straße Osterende 6 in Schwabstedt. Das Foto rechts zeigt die Grabstätte des Künstlers auf dem Friedhof in Schwabstedt.

Hans Hartz, 22. Oktober 1943 bis 30. November 2002 (Sänger)

Hans Hartz wurde am 22. Oktober 1943 in Lunden geboren und war ein deutscher Sänger und Liedermacher. Seine Stimme war so rau wie seine Heimat an der Nordseeküste. Das Friedenslied „Die weißen Tauben sind müde“ machte ihn Anfang der 1980er-Jahre berühmt. 1991 folgte das Lied „Sail Away“, welches noch heute für eine Biermarke wirbt. Mit „Sail Away“ landete er einen Riesenhit, der täglich im Fernsehen und den Kinos zu hören war. Das „grüne Schiff“ segelte durch sämtliche Wohnzimmer. Der Song „Sail Away“ war weltweit wochenlang die Nr. 2 in den Charts. Alleine in Deutschland verkaufte er über 1,6 Millionen Tonträger. Hans Hartz begann seine musikalische Karriere, indem er in Hamburg als Sänger der Gruppe „Tornados“ (Vorgängerband der Gruppe Lake) auftrat. Eigene, neue Wege gehen, war immer eine Herausforderung für ihn. Sänger Hans Hartz starb im Alter von 59 Jahren am 30.11.2002 nach schwerer Krankheit in Frankfurt am Main. Auf dem dortigen Hauptfriedhof (Lage: Gewann XIV 9) ist seine Grabstätte. Zu seinem ersten Todestag 2003 veröffentlichte seine Plattenfirma das Album „In Memory“.

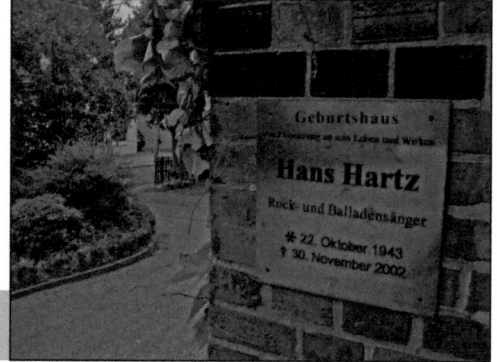

Gedenktafel am Geburtshaus von Hans Hartz in Lunden.

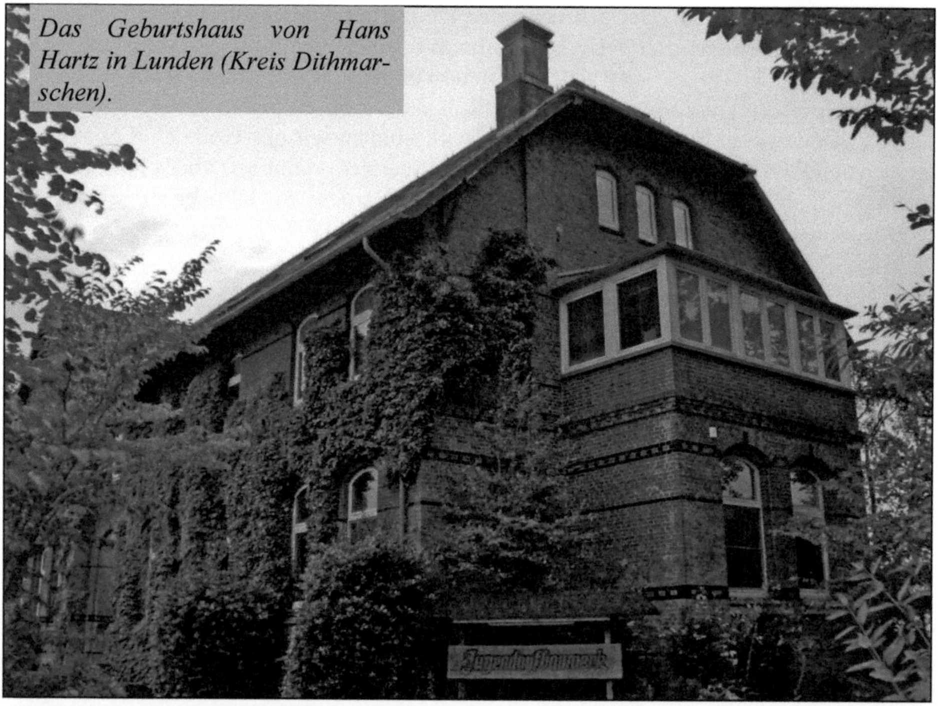

Das Geburtshaus von Hans Hartz in Lunden (Kreis Dithmarschen).

Peter Frankenfeld war ein Schauspieler, Sänger und Entertainer, der die deutsche Radio- und Fernsehunterhaltung nachhaltig prägte. Zunächst versuchte er sich im künstlerischen Bereich als Maler und verkaufte 1938 einige seiner Bilder. Dadurch erlangte er Bekanntheit und bekam Gelegenheit, sein schauspielerisches Talent unter Beweis zu stellen. Frankenfeld kam ans Berliner Varietés und wurde in den 1950er Jahren durch das Radio in ganz Deutschland bekannt. Es folgte eine grandiose TV-Karriere – zu seinen erfolgreichen Sendungen zählten „Wer will, der kann", „Aller Unfug ist schwer", „Toi toi toi", „Heiß oder Kalt", „Vergissmeinnicht" und „Musik ist Trumpf".

Auch als Filmschauspieler trat Frankenfeld auf: Seine größte Rolle hatte er in „Wunschkonzert" (er spielte sich selbst als Showmaster von 1:0 für Sie) und in „Natürlich die Autofahrer". 1959 wurde Peter Frankenfeld mit dem „Goldenen Bildschirm", 1966 mit der „Goldenen Kamera" und 1970 für sein Engagement zugunsten der „Aktion Sorgenkind" mit dem Bundesverdienstkreuz ausgezeichnet. Peter Frankenfeld starb am 4. Januar 1979 im Alter von 65 Jahren nach schwerer Krankheit in Hamburg. Er wurde auf Friedhof Wedel beigesetzt. Dort liegt auch seine Ehefrau Lonny Kellner (Seite 111).

Das Wohnhaus von Peter und Lonny (Kellner-) Frankenfeld im Erlenweg 16 in Wedel. Auf seinem drei Hektar großen Anwesen hielt er mehrere Tiere, die von einem angestellten Gärtner betreut wurden. Außerdem war er begeisterter Modelleisenbahner: im Garten waren Schienen für eine Eisenbahn ausgelegt.

Rechts ist die Grabstätte von Peter Frankenfeld zu sehen. Sie befindet sich auf dem Friedhof in Wedel.

Am 23. November 2010 ging es durch die Presse: Heinz Weiss ist in der Nacht von Sonnabend auf Sonntag gestorben. Einem breiten Publikum war Heinz Weiss als Kapitän in der TV-Serie „Das Traumschiff" bekannt. Von 1983 bis 1999 verkörperte er den Kapitän Heinz Hansen, bekannt geworden war der in Stuttgart geborene Weiss aber schon im Jahr 1959 mit der Rolle des deutschen Soldaten Clemens Forell in Fritz Umgelters Sechsteiler „So weit die Füße tragen". Es folgten 1975 Rollen im „Tatort – Die Rechnung wird nachgereicht" und den Filmen „Der Tödliche Schlag" und „Die Brücke von Zupanja". 1977 spielte Weiss im „Tatort – Feuerzauber", sowie 1979 im „Tatort – Zweierlei Knoten" mit – insgesamt 140 Filme, Theaterstücke und Fernsehserien.

Seine Paraderolle aber war die von Kapitän Heinz Hansen auf dem „Traumschiff", die er 16 Jahre lang spielte.

Heinz Weiss wohnte bis zu seinem Tod in Grünwald bei München, wo er in der Nacht vom 20. auf den 21. November 2010 im Alter von 89 Jahren verstarb. Er wurde auf dem Waldfriedhof Grünwald beigesetzt.

Die Grabstätte von Heinz Weiss auf dem Waldfriedhof Grünwald. Eine schwarze Grabplatte erinnert an den Schauspieler.

In dieser Doppelhaushälfte in der Roßkopfstraße 10 in Grünwald wohnte Schauspieler Heinz Weiss.

Konrad Adenauer war von 1949 bis 1963 der erste Bundeskanzler der Bundesrepublik Deutschland und von 1951 bis 1955 zugleich erster Bundesminister des Auswärtigen. Adenauer gehörte zu den Begründern der CDU, deren Parteivorsitzender er von 1950 bis 1966 war. Als Präsident des Parlamentarischen Rates sowie als erster Bundeskanzler und Bundesaußenminister prägte er eine ganze Ära. Der zum Amtsantritt bereits 73-Jährige setzte sich für Bonn als Bundeshauptstadt ein, stand für eine Politik der Westbindung und der Europäischen Einigung und eine aktive Rolle der Bundesrepublik in der NATO. Adenauer stand wirtschaftspolitisch für das System der Sozialen Marktwirtschaft. Er verfolgte einen antikommunistischen Kurs im Inland wie gegenüber der Sowjetunion und deren Satellitenstaaten. „Man darf niemals ‚zu spät‘ sagen. Auch in der Politik ist es niemals zu spät. Es ist immer Zeit für einen neuen Anfang", war eines seiner berühmten Zitate. 1937 bezog der damalige Oberbürgermeister a. D. Konrad Adenauer mit seiner großen Familie sein neues Haus am Hang des Siebengebirges. Es sollte über drei Jahrzehnte hinweg Adenauers Zuhause sein. Dort verstarb er – im Alter von 91 Jahren – am 19. April 1967. Beigesetzt ist er auf dem nahe gelegenen Waldfriedhof.

Die Grabstätte von Konrad Adenauer.

Das Wohnhaus von Konrad Adenauer. Die Räume des Hauses und die Einrichtung blieben bis heute weitgehend unverändert, so als wenn Konrad Adenauer sie nie verlassen hätte.

Wolfgang Roloff, so der bürgerliche Name des Sängers Ronny, wurde am 10. März 1930 geboren und war ein deutscher Schlagersänger, Komponist und Produzent. Bereits seit Mitte der 1950er Jahre hatte er im Musikgeschäft solistisch und im Ensemble gearbeitet. Nebenbei interessierte er sich – als gelernter Tontechniker – für sämtliche technische Tricks und experimentierte auf dem Gebiet der „Multitrack-Aufnahmen". So gelang es ihm, nur mit Gitarre, Bass und den Möglichkeiten der Technik ein ganzes Orchester auf Platte zu bringen. Er baute ein eigenes Studio auf und erarbeitete sich einen guten Ruf als Tonmeister, der über den norddeutschen Raum hinausreichte.

Seine größten Erfolge hatte er in den 1960er-Jahren mit den Songs „Eine kleine Träne" oder „Hohe Tannen". Auch die Lieder „Kleine Annabell" und „Oh my Darling Caroline" machten ihn popolär. Als Produzent machte Ronny Heintje zum Kinderstar. Seit den 1970iger-Jahren arbeitete Ronny ausschließlich in seinem Tonstudio im Bremer Stadtteil Oberneuland. Dort machten Bands wie die Münchener Freiheit, Mister President und Fettes Brot ihre Aufnahmen. Dort hatte er zudem sein Wohndemizil. Ronny zog sich in den 1970er Jahren langsam von der Bühne zurück, konzentrierte sich danach auf das Komponieren und das Produzieren. In dieser Zeit entstanden Titel unter anderem mit Mel Jersey und dem Kinderstar Heintje. Am 9. Oktober 1981 trat Ronny mit dem Titel „Hohe Tannen" im Rahmen der ZDF-Fernsehshow „Unsere schönsten volkstümlichen Lieder" auf, die in der Dortmunder Westfalenhalle aufgezeichnet wurde. 1984 nahm Ronny nochmals eine neue Langspielplatte mit dem Namen „Stimme des Meeres" auf. Danach widmete er sich nur noch seinem Tonstudio, dem Studio Nord Bremen. Aus Ronnys Feder stammt auch der Titel „Sierra madre del sur", den er 1970 aufnahm. Der Titel war seinerzeit nur ein mäßiger Erfolg. 1987 nahm die Band „Schürzenjäger" das Lied neu auf und landeten einen großen Hit. Daraufhin wurde das Lied auch von zahlreichen anderen Künstlern aufgenommen – so von den Kastelruther Spatzen, von Heino, Tony Marshall und Marianne und Michael. Ronny starb im Alter von 81 Jahren und wurde auf dem Friedhof des Bremer Stadtteils Walle beigesetzt.

In diesem Gebäude in der Mühlenfeldstraße 23 in Bremen hatte Ronny sein eigenes Musikstudio, dort lebte er auch zeitweise. Außerdem gab es eine Musikerwohnung.

Sänger Ronny am Flughafen Schiphol.

Die Grabstätte von Wolfgang Roloff auf dem Friedhof Walle in Bremen.

Peter Struck wurde am 24. Januar 1943 in Göttingen geboren und war ein deutscher Politiker und Vorsitzender des Vorstands der Friedrich-Ebert-Stiftung. Seit 1964 war Struck Mitglied der SPD. Er war von 2002 bis 2005 Bundesminister der Verteidigung, sowie von 1998 bis 2002 und erneut von 2005 bis 2009 Fraktionsvorsitzender seiner Partei im Deutschen Bundestag. In den Jahren 1971 und 1972 war er persönlicher Referent des Präsidenten der Universität Hamburg und arbeitete anschließend in der Finanzbehörde der Freien und Hansestadt Hamburg. In Uelzen wurde er 1973 zum Stadtrat und stellvertretendem Stadtdirektor gewählt. 1983 erhielt er seine Zulassung als Rechtsanwalt beim Amtsgericht Uelzen und Landgericht Lüneburg. Acht Jahre lang war er Parlamentarischer Geschäftsführer der SPD-Fraktion. In den Regierungsjahren der SPD von 1998 bis 2009 stand Peter Struck in der vordersten Reihe der Partei. Seine Glatze, seine Brille, sein Schnauzbart und seine Pfeife im Mund machten ihn zu seinen Markenzeichen. Als Rudolf Scharping 2002 aus dem Kabinett ausgeschlossen wurde, stieg Struck vom Fraktionschef zum Verteidigungsminister auf. Privat lebte Politiker Peter Struck in einem Bungalow in Uelzen. Peter Struck starb am 19. Dezember 2012 im Alter von 69 Jahren an den Folgen eines Herzinfarktes. Am 3. Januar 2013 wurde Struck im Anschluss an eine öffentliche Trauerfeier im engeren Familien- und Freundeskreis auf dem Friedhof in Uelzen beigesetzt.

In diesem Bungalow wohnte Peter Struck. Das Haus befindet sich im Immenweg 47 in Uelzen.

Die Grabstätte von Peter Struck auf dem Friedhof in Uelzen. Dieser Stein erinnert an den großartigen Politiker.

Peter Struck.

Wolfgang Rademann war ein Fernsehproduzent, der als Begründer erfolgreicher Fernsehserien wie „Das Traumschiff" sowie „Die Schwarzwaldklinik" galt. Nach einer Lehre zum Schriftsetzer arbeitete er zunächst als Reporter. Er stellte für den Rundfunk Tanzmusik-Sendungen zusammen und war Veranstalter so genannter „Bunter Abende". Dabei kam er mit Künstlern der Showszene wie Caterina Valente in Kontakt. Im Jahr 1964 gelang Wolfgang Rademann der Durchbruch als Fernsehproduzent: mit der ZDF-Sendung „Das Leben ist die größte Show" begann seine Laufbahn im TV. Es folgten erfolgreiche Musiksendungen wie „Sing mit Horst" (Jankowski), die „Peter Alexander-Show" oder „So schön wie heut". Unvergessen sind auch die erfolgreichen Comedy-sendungen „Lach mal wieder" mit Günter Pfitzmann (Seite 20) sowie „Ein verrücktes Paar" mit Harald Juhnke (Seite 82) und Grit Boettcher.

Wolfgang Rademann lebte in der Beskidenstraße 39 in Berlin und war für seine „Berliner Schnauze" bekannt. In den letzten Monaten seines Lebens war der 81-Jährige schwer gestürzt und hatte sich danach nicht mehr erholt. Laut seiner Lebensgefährtin Ruth Maria Kubitschek habe er bis zuletzt daran geglaubt wieder gesund zu werden. Wolfgang Rademann starb am 31. Januar 2016. ZDF-Intendant Thomas Bellut sagte anlässlich des Todes: „Wolfgang Rademann kannte und liebte sein Millionenpublikum und hatte ein untrügliches Gefühl für neue Unterhaltungsshows und Fernsehserien. Seine Produktionen im ZDF-Programm haben Fernsehgeschichte geschrieben. Wir trauern um einen großen Unterhalter." Er wurde auf dem Evangelischen Kirchhof von Berlin-Nikolassee beigesetzt.

Das Wohnhaus des Fernsehproduzenten Wolfgang Rademann in der Beskidenstraße 39 im Stadtteil Nikolasssee in Berlin.

Helmut Schmidt war mehr als ein halbes Jahrhundert lang eine der prägendsten Persönlichkeiten Deutschlands. Der SPD-Politiker war von 1974 bis 1982 als Nachfolger von Willy Brandt (Seite 41) Bundeskanzler. In der Großen Koalition führte er in den Jahren 1967 bis 1969 die SPD-Bundestagsfraktion und war danach Bundesverteidigungs- und Minister für Wirtschaft und Finanzen. Gegen Ende seiner Amtszeit als Bundeskanzler leitete Schmidt, bedingt durch das Ausscheiden des Koalitionspartners FDP, für knapp zwei Wochen auch das Auswärtige Amt. Helmut Schmidt war als Bundeskanzler der Diplomvolkswirt unter anderem mit der weltweiten Ölkrise in den 1970er Jahren und dem Kampf gegen den Terrorismus der „Roten Armee-Fraktion" (RAF) konfrontiert. Auch die Auseinandersetzung um den Nato-Doppelbeschluss prägte Schmidts Kanzlerschaft. Im September 2015 war die Sorge um Schmidt groß gewesen. Der SPD-Politiker und Mitherausgeber der Wochenzeitung „Zeit" war am 1. September auf die Intensivstation der Asklepios-Klinik in Hamburg-St. Georg gebracht worden. Dort mussten Ärzte einen Gefäßverschluss eines Beines beseitigen. In Anbetracht des hohen Alters des Patienten fürchteten Freunde und Ärzte um das Leben Schmidts. Nach zwei Wochen konnte Schmidt die Klinik aber wieder verlassen und war seitdem wieder in seinem Haus in Hamburg-Langenhorn.

Der Gesundheitszustand des Altkanzlers hatte sich seit dem Wochenende 7. und 8. September noch einmal „dramatisch zugespitzt". Helmut Schmidt habe sich nach Medienberichten zusätzlich zu weiteren Beschwerden in Folge der Operation im September eine unklare Infektion zugezogen und habe hohes Fieber bekommen. Am 9. und 10. November sei Schmidt nicht mehr ansprechbar gewesen, er verstarb gegen 14.30 Uhr am 10. November friedlich in seiner Wohnung. Er wurde auf dem Friedhof Ohlsdorf, neben seiner Ehefrau Loki Schmidt (Seite 81), beigesetzt.

In diesem rotgeklinkerten Doppelhaus im Neubergerweg in Hamburg-Langenhorn wohnte der Bundeskanzler a. D. Helmut Schmidt (links) mehrere Jahrzehnte. Das Foto links zeigt den Grabstein von Loki und Helmut Schmidt auf dem Ohsdorfer Friedhof.

Christa Siems, 28. Mai 1916 bis 27. Mai 1990 (Volksschauspielerin)

Die gebürtige Hamburgerin Christa Siems war eine deutsche Volksschauspielerin. Sie besuchte nach Angaben von Hamburgerpersönlichkeiten.de eine Schauspielschule in Düsseldorf, hatte danach Engagements bei der Niederdeutschen Bühne in Flensburg, an Theatern in Neuss und Halle und war seit 1946 in Hamburg, vor allem am St. Pauli-Theater, aktiv. Zudem spielte Christa Siems parallel in zahlreichen Spielfilmen mit, wie zum Beispiel „Für die Katz" (1940) und „Pension Schöller" (1960) und wirkte in Fernsehstücken und -serien wie „Stahlnetz", „Hafenkrankenhaus", „Tatort", „Gestatten, mein Name ist Cox", „Hafenpolizei", „Ein Fall für TKKG" oder „Polizeirevier Davidswache" mit.

Neben Witta Pohl (S. 14) hatte sie die Rolle der Trude Jantzen in der TV-Serie „Diese Drombuschs" gespielt. Außerdem spielte sie von 1975 bis 1982 in der Kindersendung „Sesamstraße" die Oma Kluge. Als im Jahr 1978 der Betrieb der Hamburger Straßenbahn (wurde von U-und S-Bahnen ersetzt) eingestellt wurde, erschien aus diesem Anlass eine Schallplatte, auf der Christa Siems zusammen mit dem Schauspieler Günter Lüdke (S. 106) die Geschichte der Hamburger Straßenbahn nacherzählte. Christa Siems wohnte einen Großteil ihres Lebens in einem der Grindelhochhäuser in der Hallerstraße 5 im Grindelviertel in Hamburg. Am 27. Mai 1990 starb Christa Siems nach schwerer Krankheit in ihrer Heimatstadt, dort (auf dem Friedhof Ohlsdorf) wurde sie auch beigesetzt.

Die letzte Meldeadresse von Christa Siems: In dieser Seniorenwohnanlage in der Isfeldstraße 30 lebte sie bis zu ihrem Tod.

In diesem Grindelhochhaus in der Hallerstraße 5 in Hamburg wohnte Schauspielerin Christa Siems.

Die Grabstätte von Christa Siems auf dem Friedhof Ohlsdorf.

Emil Nolde (eigentlich Hansen) zählt zu den führenden Malern des Expressionismus. Nolde ist einer der großen Aquarellisten in der Kunst des 20. Jahrhunderts und bekannt für seine ausdrucksstarke Farbwahl. 1888 bis 1891 verbrachte Nolde (nach dem Dorf Nolde im deutsch-dänischen Grenzland benannt) seine Wanderjahre als Schnitzer und Zeichner in Möbelfabriken in München, Berlin und Karlsruhe. Abends besuchte er Kurse an der Kunstgewerbeschule. Emil Nolde erhielt 1892 bis 1897 in St. Gallen eine Stelle als Lehrer für gewerbliches Zeichnen am Industrie- und Gewerbemuseum.

Die Zeit der Nationalsozialisten bedeutete auch für Emil Nolde die Diffamierung. Seine Werke in Museen wurden beschlagnahmt, auf der Ausstellung „Entartete Kunst" hingegen wurden seine Bilder besonders im Mittelpunkt präsentiert. Emil Nolde wurde mit dem Professortitel (1946), der Lochner-Medaille der Stadt Köln (1949) und unter anderem dem Graphik-Preis der Biennale von Venedig (1950) ausgezeichnet.

Emil Nolde starb am 13. April 1956 in Seebüll, wo er – neben seiner 1946 verstorbenen ersten Frau Ada – im von beiden geliebten Garten seine letzte Ruhestätte fand.

Emil Nolde machte sich als Maler einen Namen. Bis 1951 malte er noch über 100 Gemälde und bis 1956 viele Aquarelle. Emil Nolde war Teilnehmer der „Documenta 1" (1955).

Die Begräbnisstätte des Künstlers Emil Nolde auf dem Grundstück seines ehemaligen Wohnhauses in Seebüll, Gemeinde Neukirchen, in Schleswig-Holstein.

Günter Lüdke wurde am 22. August 1930 geboren und war ein deutscher Schauspieler, Autor, Hörspiel- und Synchronsprecher.

Günter Lüdke stand als Schauspieler unter anderem im Altonaer Theater, dem Theater im Zimmer, dem Ernst-Deutsch-Theater, St.-Pauli-Theater und Kammerspielen (all diese Theater befinden sich in Hamburg) auf der Bühne. Bis 1963 gehörte Lüdke dem Ensemble des legendären Ohnsorg-Theaters an. Es folgten Engagements in zahlreichen Fernsehserien. Oft wirkte er dabei in Kriminalfilmen und -serien aus dem Hamburger Raum mit. So war Günter Lüdke in Folgen der „Hafenpolizei", „Stahlnetz", „Hamburg Transit", „Dem Täter auf der Spur" oder dem „Großstadtrevier" zu sehen. Einem breiten Publikum wurde er in der Serie „Polizeifunk ruft" als Kriminalassistent Bollmann bekannt. Zudem war er als Synchronsprecher für Hörspiele wie „Ein Fall für TKKG", „Scotland Yard" oder „Edgar Wallace" aktiv. Günter Lüdke war auch immer wieder als

Autor für den Rundfunk tätig. Am 3. Mai 2011 starb Günter Lüdke. Seine letzte Ruhestätte fand der sympathische Schauspieler mit der markanten Stimme auf dem Friedhof Groß-Flottbek in Hamburg. Allerdings erinnert weder eine Gedenktafel, noch ein Grabstein an den Schauspieler: er wurde dort anonym in einem Baumgrab beigesetzt.

Schauspieler Günter Lüdke wurde anonym in einer Baumgrabanlage auf dem Friedhof Groß Flottbek beigesetzt. Das Foto oben zeigt die Lage, an der er seine letzte Ruhe fand.

In diesem Reihenhaus im Schäperstück 12 im Stadtteil Osdorf in Hamburg lebte Günter Lüdke bis zu seinem Tod im Jahr 2011.

Max Greger, 2. April 1926 bis 15. August 2015 (Musiker, Big-Band-Leader)

Max Greger war Jazz-Musiker, Saxophonist, Big-Band-Leader und Dirigent und nahm mehr als 150 Schallplatten auf. In hunderten Konzerthallen (unter anderem mit Louis Armstrong, Duke Ellington und Ella Fitzgerald) trat Greger auf und produzierte etwa 3.000 Musikstücke. Max Greger lernte bereits in frühen Jahren das Akkordeonspiel, später kamen Klavier und Saxofon hinzu. Nach dem Krieg spielte er in kleinen Jazz-Orchestern oder machte Tanzmusik in US-Offizierskasinos. 1948 gründete er seine erste eigene Band. Sein Durchbruch kam 1959, als er mit seinem Orchester als erste westliche Band seit 35 Jahren in der Sowjetunion gastierte. Alle 36 Konzerte waren ausverkauft. Mit seiner Musik prägte Max Greger auch das deutsche Fernsehen. Besonders stolz war er auf die Melodie des „Aktuellen Sportstudios". 1970 spielte seine Band als einziges deutsches Orchester beim Deutschlandtag auf der Weltausstellung im japanischen Ōsaka. 1987 bekam Greger das Bundesverdienstkreuz I. Klasse verliehen.

In der Nacht zum 15. August 2015 starb Max Greger in München an einer Krebserkrankung. Noch gut einen Monat zuvor, am 13. Juli 2015, hatte Max Greger sein letztes Konzert im Münchner Brunnenhof gegeben. Dort stand er noch einmal zusammen mit seinem Sohn Max Greger junior und seinem ältesten Freund Hugo Strasser (verstarb am 17. März 2016) auf der Bühne. Am 21. August 2015 wurde Max Greger auf dem Waldfriedhof Grünwald beigesetzt.

Max Greger bei einem Auftritt in Bremen 2012.

In dieser Villa in Grünwald (Stadtteil Geiselgasteig) wohnte Max Greger. An der Klingel waren seine Initialien „MG" in schwarzen Buchstaben zu sehen.

Am 27. Juli 2000 kam die traurige Meldung: Der Schauspieler Henning Schlüter, der in Kinoklassikern wie Billy Wilders „Eins, zwei, drei" (1961) und Volker Schlöndorffs „Die Blechtrommel" (1978) mitspielte, ist tot. Zeitungen, Radio und Fernsehen – alle berichteten über den beliebten Schauspieler mit seiner markanten Stimme, der bereits am 20. Juli 73-jährig nach langer Krankheit in seiner Geburtsstadt Hamburg verstarb. Dem breiten Publikum war Henning Schlüter aus der ZDF-Krimiserie „Der Alte" bekannt, in der Schlüter den Vorgesetzten Franz Millinger von Kommissar Köster (Siegfried Lowitz) verkörperte. Von 1949 bis 1952 gehörte er zum Ensemble am Deutschen Theater (Ost-)Berlin und spielte auch am Berliner Ensemble. In Hamburg stand er später am Thalia Theater und am Deutschen Schauspielhaus auf der Bühne. Daneben lieh Henning Schlüter seine Stimme zahlreichen Hörspielen und Synchronfassungen. Dem jungen Publikum wurde er durch seine tragende Rolle als Käpt`n Buddelmann in der Kinder-Hörspielreihe „Flitze Feuerzahn" bekannt.

Henning Schlüter hatte seine Wohnung in der Fontenay-Allee 2 im Hamburger Stadtteil Rotherbaum. Die Wohnung lag nur wenige Meter von der Außenalster entfernt – in bester Lage. Der Schauspieler mit seiner unverwechselbaren Stimme starb am 20. Juli 2000, er wurde auf dem Friedhof Ohlsdorf beerdigt.

Zu Lebzeiten wohnte der Schauspieler in diesem Mehrfamilienhaus nahe der Alster.

Die Grabstätte von Henning Schlüter auf dem Friedhof Ohlsdorf in Hamburg.

Sein Sound galt als einmalig, in den 1950er und 60er Jahren war er der ungekrönte „deutsche Tango-König": Alfred Hause. Er war Violinist, Dirigent und Kapellmeister. Der „deutsche Tango-König" hatte großen Anteil an der Ausrichtung der Unterhaltungsmusik in Deutschland nach dem Zweiten Weltkrieg. Bekannt wurde Alfred Hause durch zahlreiche Rundfunk- und Schallplattenaufnahmen, sowie durch Auftritte in den Fernsehsendungen von Peter Frankenfeld („Toi, toi, toi") und Hans-Joachim Kulenkampff („Einer wird gewinnen"), sowie in zahlreichen Hörfunksendungen von Hans Rosenthal („Wer fragt, gewinnt", „Allein gegen alle", „Spaß muss sein"), später auch in der Sonntagmorgen-Sendung „Hamburger Hafenkonzert" als Nachfolger von Hans Freese und Vorgänger von Günter Fuhlisch. 1961 gewann er mit seinem Orchester und dem Titel „Bailando a dos" den 1. Platz bei den ersten Deutschen Schlager-Festspielen in Baden-Baden. Alfred Hause begleitete bekannte Schlagersänger wie beispielsweise Freddy Quinn, Rudi Schuricke, René Carol, Peter Beil, Lonny Kellner und Friedel Hensch. Mit seinem Orchester war Hause in Japan, Südafrika, Marokko, Italien, Spanien, Skandinavien, Argentinien unterwegs war mit seiner Musik erfolgreich.

Alfred Hause wohnte mit seiner Familie im Hamburger Stadtteil Wellingsbüttel. Den Grundriss für sein Einfamilienhaus hatte er nach eigenen Vorstellungen selbst angefertigt. Am 14. Januar 2005 starb Alfred Hause nach langer, schwerer Krankheit im Alter von 84 Jahren in Hamburg. Seine Urne befindet sich auf dem nahegelegenen Hamburger Friedhof Ohlsdorf im Kolumbarium der Kapelle 11 an der Stirnseite rechts.

Bis zu seinem Tod lebte Alfred Hause in diesem Haus in der Friedrich-Kirsten-Straße 34 im Hamburger Stadtteil Wellingsbüttel.

Das Einfamilienhaus (hinter hoher Hecke) soll Alfred Hause nach eigenen Vorstellungen selbst angefertigt haben.

Urnenfach für den Violinisten und Kapellmeister Alfred Hause im Kolumbarium neben Kapelle 11 auf dem Hamburger Ohlsdorfer Friedhof, errichtet 2004.

Günter Grass war Schriftsteller, Bildhauer, Maler und Grafiker und seit 1957 Mitglied der „Gruppe 47" (Autorenzirkel) und wurde mit seinem Debütroman „Die Blechtrommel" 1959 zu einem international geachteten Autor der deutschen Nachkriegsliteratur. Werk und Rolle von Günter Grass als Autor und politischer Intellektueller war und ist Gegenstand umfangreicher Forschung, sowie des Medieninteresses im In- und Ausland. Seine zentrale Motivation war der Verlust seiner Heimat Danzig und die Auseinandersetzung mit der nationalsozialistischen Vergangenheit, die sich vielfach in seinen Werken widerspiegelt. Seine Popularität als Schriftsteller nutzte er häufig, um das politische und gesellschaftliche Tagesgeschehen öffentlich zu kommentieren. Er war ebenso langjährig für sozialdemokratische Politiker in Wahlkämpfen aktiv. Seine Bücher („Die Rättin", „Ein weites Feld") wurden in zahlreiche Sprachen übersetzt und teilweise verfilmt. Im Jahr 1999 erhielt er den Nobelpreis für Literatur, er wurde mit einer Vielzahl weiterer Auszeichnungen geehrt. Mit der Dokumentation „Der Unbequeme" kamen im

April 2007 Momentaufnahmen des streitbaren Nobelpreisträgers in die deutschen Kinos. Günter Grass lebte seit 1995 bis zu seinem Tod in Behlendorf. Grass starb am 13. April 2015 im Alter von 87 Jahren.
Er wurde auf dem Friedhof von Behlendorf beigesetzt.

Das Anwesen von Schriftsteller Günter Grass. Hier (nahe Ratzeburg) lebte er mit seiner zweiten Ehefrau Ute Grunert, einer Organistin.

Das Grab von Schriftsteller Günter Grass in Behlendorf.

An der Seite von Peter Frankenfeld (Seite 97) trat Lonny Kellner in den 1960er und 1970er Jahren in zahlreichen Fernsehshows („Welt der Melodie", „Stars in der Manege") auf. Zuvor machte sie sich in den 1950ern als Schlagersängerin („So ein Tag, so wunderschön wie heute", „Du, du, du, lass mein kleines Herz in Ruh", „Im Hafen von Adano") einen Namen. Im Jahr 1956 heiratete sie den legendären Entertainer Peter Frankenfeld. Trauzeugen waren Max Schmeling (Seite 115) und seine Frau, die Schauspielerin Anny Ondra. In ihrem Haus hatten die Eheleute ein Studio und realisierten dort Sketche für Funk– und TV–Sendungen. Nach dem Tod Frankenfelds 1979 war Lonny Kellner als Schauspielerin in „Unsere Hagenbecks", „Ein unvergessliches Wochenende", „Heimatgeschichten" oder „Das Traumschiff" tätig. Ihre letzte Fernsehrolle hatte sie im Jahr 2001 in einer Folge der Serie „Großstadtrevier". Am 22. Januar 2003 starb Lonny Kellner im Alter von 72 Jahren an einem Krebsleiden. Sie wurde neben Peter Frankenfeld auf dem Friedhof Wedel bestattet.

Das Wohnhaus von Peter und Lonny (Kellner-) Frankenfeld im Erlenweg 16 in Wedel.

Schauspielerin Lonny Kellner bei einer Veranstaltung 1955 in Frankfurt am Main anlässlich der Veröffentlichung des Films „Musik, Musik und nur Musik".

Das gemeinsame Grab von Peter und Lonny (Kellner-) Frankenfeld auf dem Friedhofsteil Egenbüttelweg auf dem Friedhof Wedel.

Otto Ernst, eigentlich Otto Ernst Schmidt, war ein deutscher Dichter und Schriftsteller. Als Sohn eines Zigarrenarbeiters wurde Otto Ernst am 7. Oktober 1862 in Ottensen (Holstein) geboren und besuchte von 1877-1880 die Präparandenanstalt und von 1880-1883 das Lehrerseminar in Hamburg. Danach arbeitete Otto Ernst 17 Jahre lang als Volksschullehrer. Parallel gründete Ernst die Hamburger „Literarische Gesellschaft" und war 1893 Mitherausgeber der literaturkritischen Zeitschrift „Der Zuschauer". Ab 1901 war Ernst als freier Schriftsteller tätig und lebte zunächst einige Zeit in Eimsbüttel. Ab 1903 wohnte er in Groß-Flottbek in einem Haus in der Klein-Flottbeker-Straße (seit 1928 Otto-Ernst-Straße), in dem er mit seiner Frau und seinen fünf Kindern bis zu seinem Tod 1926 lebte. Sein Arbeitszimmer befand sich im Erdgeschoss. Bekannt ist bis heute die Kindheitsgeschichte seiner Tochter Senta-Regina Möller-Ernst, genannt Appelschnut, erschienen im Jahre 1905. Die Einrichtung seines Arbeitszimmers ist noch erhalten, sie wurde ins Gymnasium Christianeum gebracht, dort neu aufgebaut und restauriert. Seine Grabstätte ist auf dem Friedhof Groß-Flottbek in Hamburg.

Schriftsteller Otto Ernst blickt auf sein ehemaliges Wohnhaus in der heutigen Otto-Ernst-Straße 17 im Stadtteil Othmarschen in Hamburg.

Das Wohnhaus von Schriftsteller Otto Ernst in der gleichnamigen Straße (früher Klein-Flottbeker-Straße, seit 1928 Otto-Ernst-Straße). Hier lebte er bis zu seinem Tod im Jahr 1926.

Die Grabstätte von Otto Ernst auf dem Friedhof Groß-Flottbek in Hamburg.

Der gebürtige Berliner Egon Monk besuchte von 1945 bis 1947 die Schauspielschule. Zudem studierte er Regie bei der DEFA. Im Jahr 1949 wurde Monk Mitglied des Berliner Ensembles und arbeitete für mehrere Jahre als Regisseur. Es folgte ab dem Jahr 1954 eine intensive Arbeit als Hörspielautor und -regisseur für den RIAS Berlin und ab 1957 beim NDR in Hamburg. Dort leitete Monk bis 1968 die Fernsehspielabteilung. Er setzte mit seinen Literaturverfilmungen („Die Geschwister Oppenheim" oder beispielsweise „Bauern, Bonzen und Bomben") neue Maßstäbe für die „anspruchsvolle Fernsehkunst", wie die Berliner Akademie der Künste zu seinem Tod mitteilte. Monk feierte 1988 einen großen Erfolg mit seinem Mehrteiler „Die Bertinis". Zudem zeichnete sich Egon Monk auch als Produzent der Serie „Die Unverbesserlichen" mit Inge Meysel in der Hauptrolle aus und war 1968 für kurze Zeit Intendant des Deutschen Schauspielhauses Hamburg. Egon Monk starb im Alter von 79 Jahren. Der erfolgreiche Theater- und Filmregisseur (wurde 1965 mit dem Adolf-Grimme-Preis und 1966 mit der Goldenen Kamera ausgezeichnet) wohnte bis zu seinem Tod im Mittelweg 47 in Hamburg. Egon Monk starb am 28. Februar 2007 in Hamburg. Er wurde auf dem Friedhof Ohlsdorf beigesetzt, das Foto rechts zeigt seine Grabstätte.

In diesem Haus in Hamburg lebte Egon Monk bis zu seinem Tod.

Mareike Carrière wurde 1954 in Hannover geboren, wuchs in Lübeck auf und stand bereits als Kind mit ihren Brüdern Mathieu und Till auf der Bühne. Im Alter von 16 Jahren begann sie ihre Ausbildung an der Lübecker Schauspielschule und studierte im Anschluss an der Pariser Sorbonne Französisch und Englisch und erwarb ein Diplom als Übersetzerin. Danach folgten erste Bühnenengagements in Lübeck, Paris und Berlin. 1977 drehte sie ihren ersten internationalen Spielfilm „Taugenichts".

In der Fernsehserie „Großstadtrevier" wurde Mareike Carrière 1986 als Streifenpolizistin Ellen Wegener, die erste Polizistin im deutschen Fernsehen, einem Millionenpublikum bekannt. Es folgten Engagements in zahlreichen Kino- und Fernsehfilmen, sowie in Serien wie „Praxis Bülowbogen", „Die Schule am See" und „Was nicht passt, wird passend gemacht", in denen sie mehrfach mitspielte.

Mareike Carrière erlag in der Nacht zum 17. März den Folgen einer schweren Krebserkrankung. Sie wurde nur 59 Jahre alt. Am 28. März 2014 fand in der Fritz-Schumacher-Halle auf dem Hamburger Friedhof Ohlsdorf eine Trauerfeier statt, zu der zahlreiche Familienangehörige, Freunde und Weggefährten kamen. Laut Angaben eines Sprechers der Familie war zunächst geplant, sie in der Familiengrabstätte auf dem Hauptfriedhof in Lübeck zu bestatten, wo auch ihre Mutter Jutta Carrière ihre letzte Ruhestätte fand. Letztendlich ist ihre Grabstätte auf dem Friedhof Ohlsdorf zu finden. Dort erinnert ein Grabstein an die Schauspielerin.

In diesem Mehrfamilienhaus (links) in Hamburg lebte Mareike Carrière (Foto oben). Ihre letzte Ruhe fand die beliebte Schauspielerin auf dem Friedhof Ohlsdorf in Nähe der Kapelle 13 (Grabstein oben).

Max Schmeling ging als erster deutscher Boxweltmeister im Schwergewicht in die Geschichte ein. Bis heute gilt er als einer der populärsten Sportler Deutschlands. Spektakulär: Beim Kampf gegen Jack Sharkey (1930) erhielt Schmeling einen regelwidrigen Tiefschlag – er konnte daraufhin nicht weiterkämpfen und wurde durch dessen Disqualifikation zum Weltmeister erklärt. Max Schmeling ist bis heute der einzige Weltmeister, der seinen Titel durch eine Disqualifikation seines Gegners erhielt. Mit seiner Max-Schmeling-Stiftung setzte er sich für Bedürftige ein und spendete seinem Wohnort Hollenstedt mehrere großzügige Geldbeträge, mit denen unter anderem die Sporthallen und eine Riesenrutsche im Freibad finanziert wurden. 1971 wurde Max Schmeling das Große Bundesverdienstkreuz verliehen. Im Alter von 99 Jahren verstarb der legendäre Boxer am 2. Februar 2005. Die Trauerfeier fand im Hamburger Michel statt. Seine letzte Ruhestätte fand er auf dem Friedhof Hollenstedt neben seiner Gattin Anny Ondra. Aus Anlass seines Todes gab die Österreichische Post AG am 1. März, dem Tag der Trauerfeier für die Box-Legende, eine Sonderbriefmarke mit dem Schmeling-Porträt von George Grosz im Wert von 1 Euro heraus.

Das Wohnhaus von Max Schmeling in Hollenstedt.

Die letzte Ruhestätte fand Max Schmeling auf dem Friedhof Hollenstedt neben seiner Gattin Anny Ondra. Das Foto zeigt den Grabstein.

Das Schmeling-Denkmal von Bildhauer Carsten Eggers in Hollenstedt.

Hans Leip wurde am 22. September 1893 in der Freiligrathstraße im Hamburger Stadtteil Hohenfelde geboren. Er war Sohn eines Hafenarbeiters im Hamburger Hafen und wuchs in verschiedenen Wohnungen in St. Georg auf. In diesem Stadtteil betrieben seine Eltern einen kleinen Lebensmittelladen. Ab 1900 besuchte er eine Volksschule, von 1905 an eine Seminarschule und von 1909 bis 1914 eine Präparandenschule, an der er 1914 die Lehrbefugnis für die Fächer Sport und Religion erlangte. 1914 unterrichtete Hans Leip in einer Schule in Hamburg-Rothenburgsort. 1915 rief das Militär, es folgten Einsätze an der Ostfront. Nach einer Verwundung im Jahre 1917 wurde er für dienstuntauglich erklärt. Danach kehrte Leip in seinen Lehrerberuf zurück und begann zeitgleich, in Hamburger Zeitungen Kurzgeschichten zu veröffentlichen.

Er schrieb seinen ersten Roman „Der Pfuhl", in dem er vieles über seinen Stadtteil St. Georg verarbeitete. Hans Leib wurde mit seinen Romanen, Gedichten, Erzählungen,

Theaterstücken, Hörspielen und Filmdrehbüchern so erfolgreich, dass er sich neben seiner Wohnung in der Langen Reihe 91 (Foto links) zwischendurch auch ein eigenes Atelier in einem Geschäftshaus im Neuen Wall 2 / Ecke Jungfernstieg und später in der Blankeneser Süllbergterrasse 37 leisten konnte. Hans Leips literarisches Werk besteht aus Romanen, Erzählungen, Gedichten, Theaterstücken, Hörspielen und Filmdrehbüchern. Vorherrschende Themen sind das Meer und die Seefahrt. Leips frühe Werke standen unter dem Einfluss des Expressionismus und schlugen häufig ekstatische Töne an. Mit fabulierfreudigen und vor allem unterhaltsamen erzählerischen Werken erzielte Hans Leip in späteren Jahren große Publikumserfolge. Sein Nachruhm beruht allerdings hauptsächlich auf dem Gedicht „Lili Marleen", das er 1915 verfasste und 1937 in den Gedichtband „Die kleine Hafenorgel" aufnahm. Mit diesem Liedtext wurde Leip weltberühmt. Hans Leip starb 1983 in Fruthwilen im Thurgau. Sein Grab befindet sich auf dem Friedhof der Katholischen Pfarrkirche St. Johann in Horn am nordwestlichen Rand des über dem Untersee liegenden Friedhofs.

Auch der Komponist Alfred Schnittke lebte in der Hansestadt Hamburg. Bekannt wurde Schnittke vorwiegend durch seine Filmmusiken („Die Abenteuer eines Zahnarztes", „Die Kommissarin", „Onkel Wanja", „Agonia"), erhielt 1986 den Krupskaya-Preis und wurde 1989 mit dem Filmpreis Nika geehrt. 1990 siedelte Schnittke, nachdem er über 40 Jahre in Russland gelebt und gearbeitet hatte, mit seiner Familie nach Hamburg über, wo er an der Musikhochschule eine Professur für Komposition übernahm. 1995 wurde Schnittke Preisträger des Staatspreises der Russischen Föderation. Im selben Jahr erhielt er das Österreichische Ehrenzeichen für Wissenschaft und Kunst.

Am 3. August 1998 starb Alfred Schnittke in der Universitätsklinik Eppendorf im Alter von 63 Jahren durch die Folgen eines schweren Schlaganfalles. Sieben Tage später wurde Schnittke in Moskau mit einem Staatsbegräbnis geehrt und dort beigesetzt. Alfred Schnittke wurde auf dem Moskauer Nowodewitschi-Friedhof begraben. Neben dem Eingang seines ehemaligen Wohnhauses in Hamburg-Eppendorf erinnert eine Gedenktafel an den Komponisten.

Der Komponist Alfred Schnittke im Profil.

Gedenktafel an seinem Wohnhaus.

Reliefstein vor dem Grab Alfred Schnittkes.

In diesem Mehrfamilienhaus in Hamburg-Eimsbüttel lebte Alfred Schnittke, bis er am 3. August 1998 verstarb.

Rolf Bohnsack wurde am 3. März 1937 in Husum (Nordfriesland) geboren und war ein deutscher Volksschauspieler. Im Laufe seiner Karriere hat er sich vom Naturburschen, vom jungen Knecht und Liebhaber zu einem Charakterkomödianten entwickelt und war auf der Bühne des Ohnsorg-Theaters in über 120 Rollen zu sehen. Der damalige Intendant des Ohnsorg-Theaters Hans Mahler (Seite 52) wurde auf Bohnsack aufmerksam und engagierte ihn für die Spielzeit 1961/62 – der Beginn der Karriere. Das in Hamburg beheimate Ohnsorg-Theater war seitdem sein zweites Zuhause – sein ganzes Theaterleben spielte sich dort ab. Über 45 Jahre blieb er dem Theater verbunden, davon 34 Jahre als fest angestellter Schauspieler. Durch zahlreiche Fernsehübertragungen wurde Rolf Bohnsack jedoch einem breiteren Publikum bekannt. Mitte der 1980er Jahre kaufte Bohnsack sich ein Stück Land in Lutzhorn (Kreis Pinneberg in Schleswig-Holstein). Die Anschrift war Wendlohe 8, Lutzhorn – war aber kaum auffindbar. Mehrere kleine Seen waren um seine kleine Holzhütte herum – hier fühlte er sich wohl, kam zur Ruhe. Mit seiner Lebensgefährtin Ilka Allwardt lebte der beliebte Volksschauspieler zeitweise im Nachbarort Groß Offenseth-Aspern und betrieb hier eine Gastwirtschaft. In der Kneipe gab er sein schauspielerisches Talent zum Besten: Rolf Bohnsack gab in seiner Dorfkneipe Lesungen und betätigte sich als begehrter Auktionator bei Flohmarkt-Versteigerungen. Bohnsack kehrte noch einmal 2007/08 zum Ohnsorg-Theater zurück und war in dem Stück „Mien Mann de fohrt to See" zu erleben – seine letzte Rolle. Er starb am 8. August 2009 in einem Hamburger Krankenhaus.

In diesem Haus in der Dorfstraße 10 in Groß Offenseth-Aspern lebte der Volkksschauspieler Rolf Bohnsack zeitweise.

Rolf Bohnsack, Dorfstraße 10, Groß Offenseth-Aspern

Fast jeder kennt sie, die rororo-Taschenbücher und die tollen Kinder- und Jugendbücher mit dem Rotfuchs-Comic auf der Rückseite. Der Erfinder: Ernst Rowohlt. Er war erst 21 Jahre alt als er seinen eigenen Verlag 1908 in Leipzig gründete. Nach dem ersten Weltkrieg entstand ein zweiter Verlag mit Sitz in Berlin. Ab 1919 entdeckte Ernst Rowohlt, der zu den großen deutschen Verlegerpersönlichkeiten des 20. Jahrhunderts zählte, die amerikanische Literatur für seinen Verlag. Unter anderem verlegte er „Fiesta" von Ernest Hemingway.

Nach der Machtergreifung der Nationalsozialisten 1933 in Deutschland wurden über die Hälfte, der von seinem Verlag aufgelegten Bücher beschlagnahmt. Im Jahr 1938 erhielt Ernst Rowohlt sogar Berufsverbot.

Nach dem zweiten Weltkrieg zog es Rowohlt in die Hansestadt Hamburg, wo er einen weiteren Anlauf mit seinem Buchverlag nahm. 1946 erhielt Ernst Rowohlt die britische Verlagslizenz und durfte somit wieder Bücher drucken. Zu dieser Zeit erschien die Jugendzeitschrift „Pinguin. Für junge Leute" von Erich Kästner in seinem Verlag. Die Idee, gute Literatur zu niedrigen Preisen für jedermann auf den Markt zu bringen, wurde geboren. Im Rotationsverfahren hergestellte Taschenbücher unter dem Namen rororo brachte er 1950 als erster deutscher Verleger auf den Markt.

Der Gründer des Rowohlt-Verlags lebte in Hamburg unter anderem in der Wellingsbüttler Landstraße (Klein Flottbek) und Mellenbergweg (Volksdorf). In der Heimhuder

Straße 37 wohnte Ernst Rowohlt mehrere Jahre im ersten Stock einer historischen Villa. Im Dezember 1960 starb Ernst Rowohlt an den Folgen eines Herzinfarktes. Er wurde auf dem Waldfriedhof Volksdorf in Hamburg beigesetzt.

Die Grabstätte des Verlegers Ernst Rowohlt auf dem Waldfriedhof Volksdorf in Hamburg.

Im ersten Stock dieser noblen Villa in der Heimhuder Straße 37 in Hamburg wohnte der Verleger Ernst Rowohlt.

Annemarie Schradiek wurde am 23. Oktober 1907 in Hamburg geboren und war eine deutsche Schauspielerin. Sie war unter anderem bekannt aus den Filmen „Das Millionenspiel" und „Der Besuch der alten Dame" und gehörte zu Hamburgs beliebten Schauspielerinnen. Sie kam in jungen Jahren nach privatem Schauspielunterricht als Anfängerin zum Stadttheater Bremen, es folgten weitere Engagements. Von 1929 bis 1936 war sie beispielsweise Ensemblemitglied des Nationaltheaters Mannheim, danach wechselte sie zum Deutschen Volkstheater Altona und wurde nach der Fusion bis 1947 am Hamburger Schauspielhaus engagiert.

„Die Galerie der großen Detektive" war im Jahr 1954 eine der ersten Kriminalserien des deutschen Fernsehens. Annemarie Schradiek spielte in dieser Serie die Rolle der Mrs. Hudson. In sieben voneinander unabhängigen Folgen ermittelten die großen Detektive der Literaturgeschichte in dieser Serie, die Schradiek bundesweit bekannt machten. 1945 machte sie bei einer Jedermann-Aufführung in der Eppendorfer Johanniskirche mit. Es handelte sich um die erste Theateraufführung nach dem Krieg in Hamburg. Außerdem hatte sie diverse Rollen in Theaterstücken in Heidelberg, Köln, Kassel, Bamberg, Berlin und Braunschweig. Ihre Tätigkeit umfasste neben dem Theater Radio, Synchron und Fernsehen (schon seit 1952 Mitarbeit am Testfernsehen des NWDR im Luftschutzbunker auf dem Heiligengeistfeld). 1987 kam sie wieder nach Hamburg zurück. Seitdem lebte die Schauspielerin im Stadtteil Winterhude. In der Dorotheenstraße 178 hatte sie eine schöne Wohnung. Dort lebte sie bis zu ihrem Tod am 2. März 1993.

In diesem Haus in der Dorotheenstraße in Hamburg-Winterhude hatte sie zuletzt gelebt.

Ida Dehmel wurde am 14. Januar 1870 geboren und war eine Lyrikerin und Frauenrechtlerin. Sie wurde als Tochter des wohlhabenden Kaufmanns Kommerzienrat Simon Zacharias Coblenz und seiner Frau Emilie in Bingen am Rhein geboren. Zusammen mit ihrem Mann Richard Dehmel (Seite 123) zog sie in das als Dehmelhaus bekannt gewordene Domizil in Hamburg-Blankenese. 1916 gründete sie den Frauenbund zur Förderung deutscher bildender Kunst und zehn Jahre später die Vereinigung Hamburger Künstlerinnen. Ebenfalls 1926 gründete Ida Dehmel das Kunstforum „Gedok" (Gemeinschaft deutscher und österreichischer Künstlerinnen aller Kunstgattungen) als öffentliches Forum und Fördergruppe. Gemeinsam mit ihrem Mann, dem damals gefeierten Dichter Richard Dehmel, verwandelte sie ihr Haus in den gesellschaftlichen Mittelpunkt Hamburgs. In dem Haus sollen, wie der Hamburger Autor Matthias Wegner in seinem Buch „Aber die Liebe – Der Lebenstraum der Ida Dehmel" schreibt, sowohl die Urne von Richard Dehmel und nach dem Suizid (am 29. September 1942 mit einer Überdosis Schlaftabletten) die Urne von Ida Dehmel stehen. „Im Haus, auf dem Regal im Salon,...(steht) noch immer die Urne, in der Ida die Asche ihres Mannes aufbewahrte und in der auch, wohl mit Einwilligung der NS-Stadtregenten, ihre sterblichen Überreste aufbewahrt sind für alle Zeit."

Das Haus in der Richard-Dehmel-Straße 1 in Blankenese wurde 1911 von dem Architekten Walther Baedeker für Richard Dehmel als Geburtstagsgeschenk zu seinem 50. Geburtstag erbaut. Bis zu seinem Tod am 8. Februar 1920 wohnte er hier.

Foto rechts: Ida Dehmel auf einer Fotografie von Jacob Hilsdorf.

Das denkmalgeschützte Haus blieb bis 1993 im Besitz der Familie. Im Inneren soll es noch heute originaltreu erhalten sein.

Sie war eine Grande Dame des deutschen Journalismus: Marion Gräfin Dönhoff. Sie wurde am 2. Dezember 1909 auf dem Familiensitz Friedrichstein in Ostpreußen geboren. 1945 flüchtete Marion Gräfin Dönhoff vor der russischen Armee nach Westen. Ein Memorandum über ihre getöteten Freunde des 20. Juli brachte sie 1946 zu der Wochenzeitung „Die Zeit". In Hamburg drang sie in eine typische Männerdomäne ein und arbeitete dort zeitlebens ohne Vertrag, weil sie „frei" sein wollte. Ihre Sprachkenntnisse, Auslandsaufenthalte und Beziehungen brachten sie nach oben. Zufrieden hatte sie zu ihrem 90. Geburtstag auf ihr Leben zurückgeblickt: „Ich würde alles wieder genau so machen." Auch im hohen Alter verbrachte die große Publizistin, die von ihren Kollegen stets respektvoll „die Gräfin" genannt wurde, viele Stunden an ihrem Schreibtisch im Verlagsgebäude am Speersort. Marion Gräfin Dönhoff starb am 11. März 2002 im Alter von 92 Jahren auf Schloss Crottorf (Rheinland-Pfalz), dem Wohnsitz ihres Neffen Hermann Graf Hatzfeldt, wo ihr seit langer Zeit ein Zimmer zur Verfügung stand und wo sie die letzten Wochen ihres Lebens verbracht hatte. Marion Gräfin Dönhoff wurde auf dem Friedhof in Friesenhagen (Kreis Altenkirchen) beigesetzt.

Das Foto links zeigt ihre Grabstätte.

Das ehemalige Wohnhaus von Marion Gräfin Dönhoff in der Straße Am Pumpenkamp 4 im Stadtteil Blankenese in Hamburg. 40 Jahre lang war das Haus Treffpunkt vieler Politiker, wie zum Beispiel Ex-Bundeskanzler Helmut Schmidt. Dönhoff war gemeinsam mit Schmidt Herausgeberin der Wochenzeitung „Die Zeit".

Richard Dehmel, 18. November 1863 bis 8. Februar 1920 (Schriftsteller)

Richard Dehmel wurde am 18. November 1863 in Hermsdorf (bei Wendisch Buchholz) geboren und war ein deutscher Dichter und Schriftsteller. Aber er war mehr als ein Dichter: denn auch im politischen Leben hat er Spuren hinterlassen, ebenso in der deutschen Arbeiterbewegung. Dehmel galt in der Zeit vor dem Ersten Weltkrieg als einer der bedeutendsten deutschsprachigen Lyriker. Seine Gedichte wurden von berühmten Komponisten wie Max Reger, Richard Strauss, Hans Pfitzner, Arnold Schönberg oder Kurt Weill vertont oder wurden durch diese zu Kompositionen angeregt.

Im Jahr 1889 heiratete Dehmel die Märchendichterin Paula Oppenheimer, mit der zusammen er auch Kinderbücher verfasste. Seine ersten Gedichtbände „Erlösungen" (1891) und „Aber die Liebe" (1893) erschienen. 1894 gehörte er zu den Mitbegründern der Zeitschrift „PAN". Er lebte seitdem als freier Schriftsteller, lernte seine spätere zweite Frau Ida Auerbach kennen. Das 1896 in dem Gedichtband „Weib und Welt" veröffentlichte Gedicht „Venus Consolatrix" trug ihm eine Verurteilung wegen „Verletzung religiöser und sittlicher Gefühle" ein, der Text musste geschwärzt werden. Allerdings wurde Dehmel durch diesen Skandal noch bekannter.

Ab 1899 unternahm Dehmel mit Ida Auerbach viele Reisen durch Europa. 1901 nahm er seinen Wohnsitz in Hamburg in der Nähe seines engen Freundes Detlev von Liliencron, und er heiratete Ida Auerbach. Richard Dehmel wohnte zunächst in der Palmaille (Altona) und arbeitete wie Franz Kafka anfangs in der Versicherungswirtschaft. 1891 erschien sein erster Lyrikband, er gab 1895 seinen erlernten Beruf auf – der Beginn einer großen, von Skandalen begleiteten Karriere. Seine freizügigen Liebesgedichte erregten zunächst großen Anstoß, fanden aber dann viele begeisterte Leser.

Richard Dehmel starb am 8. Februar 1920 in Hamburg. Seine Urne soll jahrelang in seinem Haus aufbewahrt worden sein. „Im Haus, auf dem Regal im Salon,...(steht) noch immer die Urne, in der Ida die Asche ihres Mannes aufbewahrte und in der auch, wohl mit Einwilligung der NS-Stadtregenten, ihre sterblichen Überreste aufbewahrt sind für alle Zeit."

Das denkmalgeschützte Haus blieb bis 1993 im Besitz der Familie. Im Inneren soll es noch heute originaltreu erhalten sein.

Richard Dehmel, Richard-Dehmel-Straße 1, Hamburg-Blankenese

Dorothea Ackermann wurde am 12. Februar 1752 in Danzig geboren und war eine deutsche Schauspielerin. Sie war die Tochter des Schauspielers Konrad Ernst Ackermann (Seite 141) und der Schauspielerin Sophie Charlotte Biereichel. Nach Meinung ihres Halbbruders Friedrich Ludwig Schröder war sie zur damaligen Zeit die „erste Schauspielerin Deutschlands". Trotz ihrer Begabung und ihres Erfolges behielt sie ein Leben lang einen unüberwindlichen Abscheu gegen die Bühne und betrat dieselbige seit ihrer Hochzeit im Jahr 1778 mit dem Altonaer Arzt und Schriftsteller Johann Christoph Unzer nie wieder. Spekulative Gründe: jährlich hätte sie etwa 25 bis 30 Rollen gespielt. Außerdem sei sie pantomimisch und choreographisch sehr gefordert worden, so dass es teils negative Stimmen aus dem Publikum gegeben hätte, die sie „herunter gemacht" hätten. Für viele jedoch war sie eine großartige Schauspielerin mit vielen Fassetten. Sie lebte mehrere Jahre unweit ihrer Wirkungsstätte, dem Comödienhaus, in einer Wohnung am heutigen Gänsemarkt in Hamburg. Von 1797 bis zu ihrem Tod wohnte Dorothea Ackermann, die auch als „Doktorin Unzer" bekannt war, bei ihrem Stiefbruder, dessen Landsitz sich in Rellingen befand. Sie starb am 21. Oktober 1821 in Altona.

Am Gänsemarkt (heute etwa in Höhe der Hausnummer 50) in der Innenstadt von Hamburg lebte die Schauspielerin Dorothea Karoline Ackermann. Zwei Weltkriege und zwei Jahrhunderte später lebte an ähnlicher Stelle (Gänsemarkt 53) Sängerin Eugenie Ballin, die am 11. Mai 1924 in Los Angeles verstarb.

Max Brauer, 3. September 1887 bis 2. Februar 1973 (Politiker)

Max Brauer war Erster Bürgermeister Hamburgs und führte die Stadt von 1946 bis 1953 und von 1957 bis 1961 durch die schwierigen Nachkriegsjahre und die Zeit des Wiederaufbaus. Bereits als 16-Jähriger war Max Brauer politisch engagiert: er trat 1904 in die Gewerkschaft ein, gründete ein Jahr später im mecklenburgischen Damgarten (dort wohnte er zeitweise) die erste Ortsgruppe der SPD. Ab 1958 machte er sich überregional einen Namen als Sprecher der Bewegung „Kampf gegen den Atomtod", die sich gegen eine atomare Bewaffnung der Bundesrepublik einsetzte. Max Brauer zog 1961 als Abgeordneter in den Bundestag ein. Für seine Verdienste wurde Max Brauer mit zahlreichen Ehrungen bedacht. 1960 wurde er Ehrenbürger der Stadt Hamburg, 1965 erhielt er die Bürgermeister-Stolten-Medaille und 1967 die Hamburgische Ehrengedenkmünze in Gold verliehen. Ende 1972 kam Max Brauer in ein Krankenhaus und starb dort am 2. Februar 1973. Seine letzte Ruhestätte fand er zusammen mit seiner Frau Erna auf dem Hauptfriedhof Altona in Hamburg. Dort erinnert eine Stehle an den Politiker Max Brauer.

Das Foto links zeigt das Wohnhaus an Hamburgs Außenalster. Das Foto rechts zeigt die Grabstätte auf dem Hauptfriedhof Altona in Hamburg.

Ottmar Schreiner, 21. Februar 1946 bis 6. April 2013 (Politiker)

Ottmar Schreiner wurde am 21. Februar 1946 geboren und war ein deutscher Politiker. Er galt als einer der profiliertesten Vertreter des linken Parteiflügels der SPD. Von 1980 bis zu seinem Tode war er Bundestagsabgeordneter, von 1997 bis 1998 stellvertretender Fraktionsvorsitzender der SPD-Bundestagsfraktion und von 1998 bis 1999 Bundesgeschäftsführer der SPD. Zwölf Jahre lang war er Bundesvorsitzender einer der größten Arbeitsgemeinschaften innerhalb der Sozialdemokratischen Partei Deutschlands (Arbeitsgemeinschaft für Arbeitnehmerfragen (AfA)).

Der ehemalige Fallschirmjäger und spätere Jurist stammte aus Merzig (Saarland), wo er trotz seines späteren Umzugs nach Saarlouis bis zuletzt auch ein Wahlkreisbüro unterhielt. Der Katholik trat 1969 in die SPD ein und wurde 1980 in der Regierungszeit Helmut Schmidts erstmals in den Bundestag gewählt. Im Januar 2013 verzichtete Schreiner wegen seines Krebsleidens auf eine erneute Kandidatur zur Bundestagswahl 2013.

In Berlin wohnte Ottmar Schreiner im selben Haus wie Bundeskanzlerin Angela Merkel (CDU). Nach Medienberichten sollen die mächtigste Frau und ihr Gatte Joachim Sauer

nicht immer glücklich gewesen sein: Schreiner soll gern und laut französische Chansons bis spätabends gehört haben. Seinen Hauptwohnsitz hatte Ottmar Schreiner Im Blumenfeld 20 in Saarlouis. Dort wurde er auf dem Alten Friedhof beerdigt, nachdem er am 6. April 2013 nach einem schweren Krebsleiden starb.

Der Bundestagsabgeordnete Ottmar Schreiner besuchte am 10. Dezember 2007 das Justus-Liebig-Haus in Darmstadt. Dort entstand das Foto.

Willem Fricke wurde am 10. August 1928 in Winsen an der Luhe (Niedersachsen) geboren und war ein deutscher Schauspieler und Hörspielsprecher. Er absolvierte ab 1947 die Schauspielschule in Hamburg. Sein erstes Engagement brachte ihn zum Theater nach Cuxhaven, später trat er am Ernst-Deutsch-Theater in Hamburg auf. 1971 zählte Fricke zum Ensemble der deutschen Erstaufführung der Skandal-Musicalrevue „Oh! Calcutta!" von Kenneth Tynan im Hamburger Operettenhaus an der Reeperbahn. Wie er in einem Artikel des Spiegel gestand, sei es zunächst befremdlich gewesen, vor Publikum „Pimmel zu zeigen." In der Spielzeit 1984/85 wechselte Willem Fricke zum Ohnsorg-Theater – in über 40 Stücken wirkte er mit. Da ein Großteil vom NDR Fernsehen aufgezeichnet wurde, erlangte Fricke auch bundesweit durch Fernsehzuschauer Berühmtheit.

Seit Ende der 1950er Jahre stand Fricke daneben häufig vor der Kamera, erstmals in drei Folgen der Reihe „Stahlnetz", ferner in Fernsehfilmen oder Serien wie „Cliff Dexter", „Percy Stuart" und „Hotel Elfie". Es folgten Fernsehauftritte in Serien und Reihen wie „Polizeirevier Davidswache", „Die Unverbesserlichen", „Sonderdezernat K1", „Strandräuber" oder beispielsweise „St. Pauli-Landungsbrücken". Er lebte zurückgezogen in einer Wohnung im Hamburger Stadtteil Eppendorf, nur wenige Meter vom Eppendorfer Marktplatz entfernt. Er starb am 24. Juli 2009 im Alter von 80 Jahren.

In diesem Mehrfamilienhaus in der Schottmüllerstraße 36 in Hamburg wohnte der Schauspieler Willem Fricke in den letzten Jahren seines Lebens.

Hildburg Frese wurde am 26. August 1915 geboren und war eine Schauspielerin und Theaterlehrerin. Sie begann ihre Karriere am Stadttheater Bremerhaven. Von 1930 bis 1950 war die Charakterdarstellerin engagiert an den großen Theatern in Berlin, Bremen, Dresden, Breslau und Hamburg. Sie arbeitete mit berühmten Kollegen wie Martin Held, Rudolf Platte und Erik Ode; mit letzteren beiden an der Berliner Volksbühne unter Eugen Klöpfer.

1958 begann sie ihre zweite Karriere: sie gründete das Schauspiel-Studio Frese, das viele bekannte Schauspieler hervorbrachte. Als älteste Schauspielschule Hamburgs hat "die Frese" bis heute einen festen Platz in der Theaterwelt der Stadt. Die Grande Dame des Theaters brachte viel Erfahrung mit. Über dreißig Jahre lang spielte sie große Charakterrollen an den bedeutenden Theatern Deutschlands. 40 Jahre lang leitete sie das Studio mit harter Hand. Der Spruch „Wer's bei Frese schafft, der schafft's auch beim Theater" wurde legendär. Zu Ihren Schülern zählen unter anderem Jens Wawrczek, Edgar Bessen, Imke Büchel, Till Demtrøder, Marlies Engel, Stephan Kampwirth, Melanie Marschke, Karim Köster, Doris Kunstmann, Volker Lechtenbrink, Milan Pešl, Peter Roggisch, Jens Scheiblich (Seite 140), Marion von Stengel, Victoria Voncampe und Helmut Zierl. Zu ihrem 80. Geburtstag wurde Hildburg Frese für ihr Lebenswerk die Biermann-Ratjen-Medaille verliehen, die höchste kulturelle Auszeichnung der Stadt Hamburg. 1999 übertrug sie die Leitung des Schauspiel-Studios dem Regisseur Jürgen Hirsch. Privat lebte Hildburg Frese zeitweise in einer Altbauwohnung in der Peter-Marquard-Straße 9 im Hamburger Stadtteil Winterhude. Sie starb am 16. Juni 2002 nach schwerer Krankheit. Am 28. Juni 2016 wurde sie auf dem Friedhof Ohlsdorf in Hamburg beigesetzt. Zahlreiche ehemalige Schauspielschüler nahmen von der Grand Dame Abschied – darunter auch Volker Lechtenbrink.

In diesem Haus in der Peter-Marquard-Straße 9 im Hamburger Stadtteil Winterhude lebte Hildburg Frese zeitweise. Rechts: Die Grabstätte auf dem Friedhof Ohlsdorf.

Er war ein echter Hamburger und machte sich als Reeder einen Namen: Albert Ballin. Er gehörte zu den bedeutendsten und größten Unternehmerpersönlichkeiten in der Zeit des deutschen Kaiserreiches. Auf seine Anregung hin entstanden die so genannten Zwischendecks auf den Überseepassagierschiffen, um somit Auswanderer billiger und bequemer transportieren zu können. Albert Ballin fing 1891 an, in den Wintermonaten Kreuzfahrten zu veranstalten. So erlangten die Schiffe eine verbesserte Auslastung – damit gilt Ballin als „Erfinder" der modernen Kreuzfahrt. Von 1886 bis 1907 gehörte Ballin zum Vorstand der Hapag (heute Hapag-Lloyd), eine der größten Container-Reedereien der Welt. Am 9. November 1918 starb Ballin in einem Hamburger Krankenhaus. Einen Tag zuvor hatte Ballin in seiner Villa im Stadtteil Rotherbaum eine Überdosis Schlafmittel genommen. Als Grund für seinen Suizid wird der Zusammenbruch der Monarchie durch Wilhelm II. und seine durch den Ersten Weltkrieg fast ruinierte Reederei genannt. Nach ihm ist die

Straße Ballindamm in Hamburg benannt worden, an der die Hauptverwaltung der Hapag angesiedelt ist. Ballins Grabstätte ist auf der Familiengrabstätte auf dem Friedhof Ohlsdorf in Hamburg zu finden.

Albert Ballins Villa in der Feldbrunnenstraße in Hamburg.

Gorch Fock, 22. August 1880 bis 31. Mai 1916 (Schriftsteller)

Gorch Fock wurde am 22. August 1880 in Finkenwerder geboren und war ein deutscher Schriftsteller. 1917 wurde das Vorpostenboot „Gorch Fock" nach ihm benannt, später zwei Segelschulschiffe der deutschen Marine, die 1933 gebaute „Gorch Fock" und die 1958 gebaute „Gorch Fock". Weitere Pseudonyme des Autors waren Jakob Holst und Giorgio Focco.

Nach einer Kaufmannslehre arbeitete Gorch Fock (eigentlich Johann Wilhelm Kinau) als Buchhalter. Er verfasste viele volkstümliche Erzählungen und Gedichte, welche er zumeist in seiner Heimatsprache Plattdeutsch unter den Pseudonymen Gorch Fock, Jakob Holst und Giorgio Focco veröffentlichte. Gorch Fock lebte zeitweise im Grevenweg 61 und Dobbelersweg 37 im Stadtteil Hamm in Hamburg. Beide Wohnanschriften wurden allerdings im Krieg zerstört. Nach ihm wurden der Gorch-Fock-Park, Gorch-Fock-Wall und Gorch-Fock-Straße, sowie Gorch-Fock-Schule benannt. Der Schriftsteller diente auf eigenen Wunsch im Ersten Weltkrieg in der Marine. In der Seeschlacht am Skagerrak versank sein Schiff „Wiesbaden", seine Leiche wurde im August 1916 nahe Göteborg an Land getrieben.

Auf der schwedischen Insel Stensholmen wurde er bestattet.

Der niederdeutsche Schriftsteller Johann Wilhelm Kinau (Künstlername Gorch Fock).

Das 1880 errichtete Finkenwerder Fischerhaus war seit 1892 das Elternhaus des niederdeutschen Schriftstellers Johann Wilhelm Kinau (Künstlername Gorch Fock) und seinen Brüdern. Auf einer Gedenktafel steht: „Hier verlebte der Dichter der Nordsee seine Jugendjahre".

Gorch Fock, Neßdeich 6, Hamburg-Finkenwerder

Gustaf Gründgens, 22. Dezember 1899 bis 7. Oktober 1963 (Schauspieler)

Gustav Gründgens war ein Schauspieler, Regisseur und Intendant. In der Zeit des Nationalsozialismus wurde Gründgens zu einer der bedeutendsten Persönlichkeiten des deutschen Theaters. In den 1950er Jahren erreichte Gustav Gründgens den Höhepunkt seiner Karriere: durch seine Inszenierung von Goethes Tragödie „Faust", in der er selbst 1941, 1957 und 1958 die Rolle des Mephistos übernahm, wurde er weltbekannt. Zugleich avancierte Gustaf Gründgens zu einem der bedeutendsten und umstrittensten Mimen des Theaters. Von 1923 bis 1928 war er an den Hamburger Kammerspielen (damals am Besenbinderhof) beschäftigt. Ab 1933 war Gründgens als NS-Staatsschauspieler und Generalintendant der Staatlichen Schauspiele in Berlin aktiv. Er faszinierte durch vielseitige Ausdruckskraft, seine präzise Klarheit und den geringen Einsatz von technischen Mitteln. Gründgens starb überraschend in Manila, sein Leichnam wurde nach Hamburg überführt. Das Grab ist auf dem Friedhof Ohlsdorf in Hamburg.

Die Grabstätte von Gustav Gründgens auf dem Friedhof Ohlsdorf in Hamburg. Die Grablage ist O6 (Grablage 5).

Schauspieler Gustav Gründgens in der Rolle als Hamlet im Jahr 1936.

Die Stadtvilla aus dem 19. Jahrhundert, in der Schauspieler Gustaf Gründgens gewohnt hatte. Das Gebäude befindet sich in der Oberstraße 125 in Hamburg.

Sie galt als Deutschlands prominenteste ehemalige Prostituierte und machte sich für die Anerkennung und Legalisierung des Berufsstands der Prostituierten stark. Als 27-Jährige begann sie als Prostituierte in der Hamburger Herbertstraße zu arbeiten und galt als „Königin von St. Pauli". Vor allem in den 1970er und 80er Jahren wurde Domenica Niehoff bundesweit durch Fernsehauftritte bekannt, weil sie sich dort als Hure outete. In den Talkshows inszenierte sich Niehoff selbstironisch beispielsweise mit dem Lied „Alle meine Freier, hießen alle Meier" oder ihrem Gastauftritt in dem Video des Liedes „Bumm Bumm" der Band „Trio". Legendär war ihre Aktion anlässlich des Besuches von Papst Johannes Paul II in Berlin 1996: Niehoff sprach in einem papstähnlichen Gewand den Transvestiten Charlotte von Mahlsdorf „heilig". Domenica Niedhoff lebte mehrere Jahre in einem Haus in der Eifelgemeinde Boos, das sie geerbt hatte. Dort feierte sie 2005 ihren 60. Geburtstag. 2008 zog sie in ihre Wahlheimat Hamburg zurück. Dort starb sie am 12.02.2009. Unter großer Anteilnahme wurde Domenica Niedhoff auf dem Ohlsdorfer Friedhof in Hamburg beigesetzt.

In diesem Wohnhaus in der Talstraße 69 (Ecke Simon-von-Utrecht-Straße) lebte Domenica Niehoff von 2008 bis zu ihrem Tode.

Das Urnengrab von Domenica Niehoff im „Garten der Frauen" auf dem Friedhof Ohlsdorf in Hamburg.

Casper Voght, 17. November 1752 bis 20. März 1839 (Kaufmann)

Caspar Freiherr von Voght wurde 1752 in Hamburg geboren, 1765 trat er in das Kontor seines Vaters (hanseatischer Kaufmann und Senator) ein. Voght unternahm von 1772 bis 1775 seine „Grand Tour" und bereiste England, Frankreich, die Niederlande, Spanien, Österreich, Italien und die Schweiz. 1785 gründete Casper Voght die Hamburger Armenanstalt mit Suppenküchen, Sonntags- und Industrieschulen. Er führte eine Befragung mit umfangreichem Fragebogen durch, um die Situation der Armen exakt erfassen zu können. Die Ergebnisse veröffentlichte er in Englisch in einem Account 1796 in London. 1787 erwarb er ein Grundstück im heutigen Stadtteil Flottbek und baute dort ein landwirtschaftliches
Versuchsgut auf. In Anerkennung seiner Verdienste erhielt er den Titel eines Reichsfreiherrn. 1838 verfasste Casper Voght zum 50jährigen Bestehen seiner Armenanstalt ein umfangreiches Werk über deren Geschichte. 1839 starb er im Alter von 86 Jahren in Hamburg. Das Grab des engagierten Bürgers Casper „Baron" Voght ist auf dem Nienstedtener Friedhof in Hamburg.

In diesem Landhaus unweit des Jenisch-Parks im heutigen Hamburger Stadtteil Othmarschen wohnte Casper Reichsfreiherr von Voght (auf dem Gemälde oben).

Das Grab von Casper Voght auf dem Nienstedtener Friedhof in Hamburg.

Lothar Hemshorn wurde am 29. April 1924 geboren und war ein Hamburger Kaufmann und Stiftungsgründer. „Als Arme-Leute-Kind weiß ich, wie schwer es ist, sich alles selbst erarbeiten zu müssen. Darum habe ich mir schon früh geschworen: Wenn ich es einmal zu etwas bringe, werde ich etwas für Kinder, Jugendliche und junge Erwachsene tun", sagte Hemshorn einmal in einem Interview. Lothar Hemshorn hat Wort gehalten. Mit viel Verstand, Cleverness und einer Portion norddeutscher Sturheit baute er sich mit kaufmännischem Handeln ein Vermögen auf. 1998 gründete der wohlhabende Unternehmer mit seiner Ehefrau Ingrid die Hemshorn Stiftung. Eine Stiftung, die besonders begabte Kinder aus sozial schwachen Familien unterstützt. „Es ist wichtig, in die Bildung zu investieren, denn die Jugend ist unser aller Zukunft. Deshalb geben wir Zuschüsse für Schulausbildung, Studium und Stipendien", sagte Lothar Hemshorn. Die geförderten Kinder schrieben persönliche Briefe und hielten die Hemshorns über ihre Schulleistungen stets auf dem Laufenden. Das gab Lothar Hemshorn Kraft.

Er wuchs in den kargen Zeiten nach dem Ersten Weltkrieg auf und durchlebte die Schrecken des Zweiten Weltkrieges. In diesen Zeiten konnten Potentiale nicht gefördert werden. Lothar Hemshorn machte seinen Weg: er war erfolgreicher Verleger und Kaufmann in Deutschland und den USA. Auch im sozialen Bereich war er engagiert, er baute Sozialwohnungen (jüngst auf der Insel Sylt) um komfortablen Wohnraum für weniger privilegierte Mitbürger zu schaffen. „Ich bin glücklich, im Alter noch so eine schöne Aufgabe gefunden zu haben. Die Dankbarkeit der Geförderten erfüllt mich mit Freude", sagte Hemshorn. Der erfolgreiche Kaufmann starb am 24. Oktober 2012 und wurde auf dem Friedhof Ohlsdorf beigesetzt.

In dieser Stadtvilla in der Arnold-Heise-Straße 8 in Hamburg lebte Lothar Hemshorn.

Die Grabstätte des Kaufmanns Lothar Hemshorn auf dem Friedhof Ohlsdorf in Hamburg.

Werner Riepel wurde am 18. Mai 1922 in Hamburg geboren und war ein deutscher Schauspieler, Sänger, Hörspiel- und Synchronsprecher.

Mehr als 30 Fernsehaufzeichnungen machten ihn einem Publikum in ganz Deutschland bekannt. Der Schauspieler, Sänger und Synchronsprecher hatte nach seiner Ausbildung bei Helmuth Gmelin (Seite 142) viele Jahre in Hamburg und Bonn Engagements an verschiedenen Spielstätten als Bass-Buffo. Ende der 1940er Jahre kam Werner Riepel zum Film und hatte seine erste große Nebenrolle 1949 in „Das Fräulein und der Vagabund". Ab 1958 war er unter anderem am Staatstheater Darmstadt unter Vertrag. Es folgten in den 1950er Jahren Produktionen wie „Lockende Gefahr", „6 Stunden Angst" oder „Des Teufels General" mit Curd Jürgens. Im Fernsehen war Werner Riepel unter anderem in „Das Sparschwein", „Brandstiftung", „Genosse Generaldirektor", „Sparks in Neu Grönland" oder „Tante Tilly" zu

Die Grabstätte des Ehepaares Lotti und Werner Riepel befindet sich auf dem Hauptfriedhof Altona in Hamburg.

sehen. Ab 1964 gehörte Riepel zum Ensemble des Ohnsorg-Theaters in Hamburg. Das Theater, an dem er zum beliebten Volksschauspieler avancierte, wurde seine berufliche Heimstätte. An der Seite von Heidi Kabel (Seite 50) oder Jürgen Pooch (Seite 143) war er Film- und Bühnenpartner. Bis 1990 stand Werner Riepel auf der Bühne des Ohnsorg-Theaters. Riepel wohnte in einem weißen Bungalow im Zaunweg 31 im Hamburger Stadtteil Lurup. Das Grundstück umfasst einen weiträumigen Garten und liegt im Nordwesten der Millionenmetropole. Werner Riepel starb am 18. August 2012. Er wurde auf dem Hauptfriedhof Altona in Hamburg beigesetzt.

In diesem Bungalow im Zaunweg 31 wohnte Schauspieler Werner Riepel.

"Ida Ehre tot. Um Mitternacht blieb ihr Herz stehen" verkündete die „Bild-Zeitung" am Tag nach dem Tod der Schauspielerin, Regisseurin und Theaterleiterin. Ida Ehre galt als „Mutter Courage" des hamburgischen und deutschen Theaters, ist Hamburgs erste Ehrenbürgerin (1985) und für viele Hamburger war sie ein „Tor zur Welt", wie Bundeskanzler a. D. Helmut Schmidt es beim Staatsakt anlässlich ihres Todes sagte. Ida Ehre war Gründerin und Intendantin der Kammerspiele in der Hartungstraße und war zudem als Regisseurin und Schauspielerin tätig. Ihre größten Rollen: Brechts „Mutter Courage" und die Hekuba in den „Troerinnen". Ida Ehre wurde für ihr Engagement für die deutsche Theaterlandschaft 1971 mit dem Schillerpreis der Stadt Mannheim, 1983 mit dem Großen Bundesverdienstkreuz und von der Hamburger Universität 1988 mit der Ehrendoktorwürde ausgezeichnet. 1983 trat sie mit 83 Jahren auf einer Friedens-veranstaltung im St.-Pauli-Stadion auf. Bis zu ihrem Tod 1989 war Ehre Leiterin der Hamburger Kammerspiele in der Hartungsstraße, nur wenige Gehminuten von dort entfernt hatte sie eine Wohnung in der Hallerstraße 74. Sie starb am 16. Februar 1989 und wurde in Hamburg auf dem Friedhof Ohlsdorf (am äußersten südöstlichen Rand des Althamburgischen Gedächt-nisfriedhofs) in einem Ehrengrab neben Gustaf Gründgens (Seite 131) beigesetzt.

Schauspielerin Ida Ehre wurde in Hamburg auf dem Friedhof Ohls-dorf in einem Ehrengrab neben Gustaf Gründgens begraben.

Ida Ehre wohnte von 1945 bis zu ihrem Tod am 16.02.1989 in diesem Haus in der Haller-straße 74. Eine Namenstafel erinnert daran.

Sievekingsallee, Sievekingdamm, Sievekingplatz – allein in Hamburg gibt es diese drei Straßen und Plätze, die nach der Familie Sieveking benannt wurden. Zur Sieveking-Dynastie gehört auch Kurt Sieveking: er wurde am 21. Februar 1897 in Hamburg geboren und war ein deutscher Politiker der CDU. Von 1953 bis 1957 amtierte er als Erster Bürgermeister der Freien und Hansestadt Hamburg.

Kurt Sieveking stammte aus einer alteingesessenen Hamburger Senatorenfamilie und trat in die Fußstapfen seiner Vorfahren. Er studierte Rechtswissenschaften und promovierte zum Doktor iuris und war von 1925 bis 1934 als Rechtsanwalt tätig. Am 2. Dezember 1953 wurde Kurt Sieveking als Nachfolger von Max Brauer (Seite 125) zum Ersten Bürgermeister von Hamburg gewählt. Bis 1957 bekleidete der CDU-Politiker Sieveking das Amt in Hamburg. Bei der Bürgerschaftswahl 1957 musste Sieveking aufgrund absoluter Mehrheit der SPD das Amt an Max Brauer zurückgeben. Sieveking selbst war danach Mitglied der Hamburgischen Bürgerschaft und wurde Oppositionsführer. Sieveking wurde 1960 zum Ehrensenator der Universität Hamburg ernannt. Kurt Sieveking wurde im Familiengrab auf dem Friedhof Ohlsdorf in Hamburg beigesetzt.

In diesem Haus lebte Kurt Sieveking bis zu seinem Tod am 16. März 1986.

Kurt Sieveking (Foto links) wurde auf der Familiengrabanlage auf dem Friedhof Ohlsdorf in Hamburg beigesetzt.

Ernst Thälmann als Kandidat bei der Reichspräsidentenwahl 1932.

Ernst Thälmann wurde am 16. April 1886 in Hamburg geboren und war ein deutscher Politiker in der Weimarer Republik. Er war von 1925 bis zu seiner Verhaftung im Jahr 1933 Vorsitzender der Kommunistischen Partei Deutschlands (KPD), die er von 1924 bis 1933 im Reichstag vertrat. Ernst Thälmann wurde im Haus seiner Eltern im Alter Wall 68 in Hamburg geboren. Bereits im Alter von 17 Jahren wurde er Mitglied einer Partei, engagierte sich für die einfachen Leute – schließlich war er selbst einer von ihnen und arbeite selbst als Kutscher, Tagelöhner am Hafen und in einer Fischmehlfabrik. Es folgte der Aufstieg zum Hamburger Sekretär der Kommunistischen Partei Deutschlands (KPD, 1921), zu deren Reichstagsabgeordneten in der Weimarer Republik (1924-1933) und deren Vorsitzenden (1925-1933). Thälmann wurde am 3. März 1933 in Berlin-Charlottenburg festgenommen und war bis 1944 inhaftiert. Am Morgen des 18. August 1944 wurde Ernst Thälmann nach elf Jahren Haft im Konzentrationslager Buchenwald erschossen. Die Aktion war „Geheime Reichssache". Ein paar Tage später wurde vom Regime bekanntgegeben, dass der Kommunistenführer Ernst Thälmann bei einem Angriff der Alliierten ums Leben gekommen sei. Ernst Thälmann wurde 58 Jahre alt. Thälmann wurde vermutlich auf direkten Befehl Adolf Hitlers erschossen.

Mit dieser Gedenktafel an seinem Wohnhaus (links) in der Tarpenbekstraße 66 in Hamburg wird dem Politiker Ernst Thälmann gedacht. Es wurde in der Hansestadt auch eine Straße nach ihm benannt. Nach der blutigen Niederschlagung des Aufstandes in Budapest 1956 wurde die Straße allerdings in Budapester Straße umbenannt, da man in dieser Zeit keine westdeutsche Straße nach Kommunisten benannt haben wollte.

Fritz Schumacher, 4. November 1869 bis 5. November 1947 (Architekt)

Fritz Schumacher (eigentlich Friedrich Wilhelm Schumacher) bestimmte wie kaum ein anderer deutscher Architekt die Reformdebatten der Großstadt und des Wohnungswesens. 1909 wurde Schumacher zum Baudirektor von Hamburg ernannt. Bis 1933 prägte er maßgeblich an der städtischen Entwicklung der Hansestadt bei. Etwa 200 moderne Bauwerke Schumachers gibt es noch heute in Hamburg, darunter die Finanzbehörde am Gänsemarkt, das Johanneum, sowie den Stadtpark. Fritz Schumacher machte sich einen Namen durch seine Entwürfe und öffentlichen Bauwerke, indem er als Baumaterial den „roten Backstein" einsetzte. Von der Zerstörung seiner Bauten betroffen und nach langer Krankheit starb Fritz Schumacher am 5. November 1947 in Hamburg. Er gehörte zu den herausragenden Wegbereitern der modernen Architektur. Seine Grabstätte befindet sich auf dem Friedhof Ohlsdorf in Hamburg.

Die Radierung von Leopold von Kalckreuth zeigt den Architekten Kurt Schumacher. Ihm hat die Stadt Hamburg unter anderem die Volksschule Wendenstraße, das Museum für Hamburgische Geschichte und die Kunstgewerbeschule zu verdanken, die er entworfen hat. Das Foto unten zeigt sein ehemaliges Wohnhaus mit Balkon und Blick auf die Außenalster in Hamburg.

Die Grabstätte von Hamburgs Oberbaudirektor Fritz Schumacher ist auf dem Friedhof Ohlsdorf auf dem so genannten Gedächtnisfriedhof zu finden. Dort erinnert eine große Grabplatte an den Architekten, Stadtplaner, Baubeamten und Hochschullehrer.

Fritz Schumacher, An der Alster 39, Hamburg St-Georg

Am 2. November 1942 kam Jens Scheiblich als ein „echt Hamborger Jung" auf die Welt. Er besuchte die Schauspielschule von Hildburg Frese in Hamburg und feierte 1965 sein Bühnendebüt am Thalia Theater. In der Folgezeit folgten Engagements in München (Kabarett "Die Zwiebel") und dem Thalia Theater. 1971 betrat Scheiblich das erste Mal die Bühne am Ohnsorg-Theater, wo er von 1974 bis 1983 festes Ensemblemitglied wurde und unter anderem mit Heidi Kabel, Heidi Mahler und Jürgen Pooch auftrat.

Seit 1983 war er als freier Schauspieler unterwegs und hatte verstärkt Fernsehrollen übernommen. 15 Jahre lang spielte er beispielsweise den Dorfpolizisten Heitmann in der Fernsehserie „Der Landarzt". Im Jahr 1996 die Rückkehr ans Ohnsorg-Theater: er verkörperte unter anderem zwei Rollen, mit denen seinerzeit Henry Vahl berühmt geworden war: zum einen den Schustergesellen Matten in „Meister Anecker" und zum anderen den Beamten a. D. Brummer in „Tratsch im Treppenhaus". Auch spielte Scheiblich den Familienvater Richard in der Familienserie „Die Ohnsorgs" (NDR). Privat liebte der Schauspieler das Reisen: per Flugzeug, Wohnmobil oder Schiff. Er hatte sogar einen Segel- und Motorbootschein.

Sein Heimathafen war aber bis zu seinem Tod der beschauliche Hamburger Stadtteil Volksdorf. Dort hatte Scheiblich eine schöne Wohnung in der Straße Weiße Rose 8, mitten in der kleinen Fußgängerzone. Schauspieler Jens Scheiblich starb am 25. Dezember 2010 im Alter von 68 Jahren nach schwerer Krankheit in seiner Heimatstadt Hamburg. Seine letzte Ruhe fand er auf dem Waldfriedhof Volksdorf. Dort erinnert ein felsenartiger Grabstein an den beliebten Schauspieler.

Unten eine Geschäftszeile, oben schöne Wohnungen. In der Straße Weiße Rose 8 lebte Schauspieler Jens Scheiblich bis zu seinem Tod.

Auf dem Waldfriedhof in Hamburg-Volksdorf fand Scheiblich seine letzte Ruhe.

Jens Scheiblich im Jahr 2001 in Kappeln (Schleswig-Holstein). Damals stand er für die Serie „Der Landarzt" als Polizist vor der Kamera.

Konrad Ernst Ackermann wurde der Überlieferung nach vermutlich am 1. Februar 1712 in dem kleinen Ort Jabel bei Schwerin geboren und war ein deutscher Schauspieler. Konrad Ernst Ackermann galt als einer der hervorragendsten Darsteller und als Pionier in der Schauspielkunst im Deutschland des 18. Jahrhunderts. Sein künstlerisches Schaffen führte ihn in Länder wie Polen und Russland. Ackermanns Gattin Sophie Charlotte sowie seine beiden Töchter Dorothea (Seite 124) und Charlotte waren ebenfalls bedeutende Schauspielerinnen. Ackermann war von 1740 bis 1742 Mitglied der Schönemannschen Truppe und gründete 1753 die berühmte Ackermannsche Schauspieltruppe in Königsberg. Mit dieser Truppe zog er durch mehrere Länder – deshalb nannte sich die Truppe auch Wanderschauspieltruppe. 1764 zog Konrad Ernst Ackermann nach Hamburg und eröffnete 1765 das „Comödienhaus" (ein Vorläufer des heutigen Hamburger Opernhauses, später das „Deutsches Nationaltheater"). Seither gilt er als einer der Mitbegründer der deutschen Schaubühne. Vor allem sein komisches Talent brachte ihm Anerkennung und Erfolg in seinen Rollen. Ackermann starb 1771 in Hamburg – sein Sohn, Friedrich Ludwig Schröder, übernahm die Direktion des Hauses. Konrad Ernst Ackermann hatte seine Wohnung in Nähe des heutigen Gänsemarktes mit der Hausnummer 50. Dort lebte er mit seiner Frau und seinen Töchtern Dorothea Ackermann (Seite 124) und Charlotte Ackermann, die ebenfalls Schauspielerinnen waren.
Ackermann war Freimaurer und Mitglied der Königsberger Loge „Zum Todtenkopf".

In etwa dort, wo heute ein modernes Einkaufszentrum steht (links im Bild), war bis 1805 der Hamburger Mariendom. Danach wurden rund ums damalige Comödienhaus kleine Häuser gebaut. In einem dieser Häuser (etwa in Höhe der Straße Gänsemarkt 50) lebte der Schauspieler Konrad Ernst Ackermann.

Helmuth Gmelin nahm in frühen Jahren an der Reicherschen Hochschule für dramatische Kunst in Berlin Schauspielunterricht und ging 1919 an das Theater in Braunschweig, in dem er auch als Regisseur tätig war. 1934 zog es ihn nach Hamburg. Bis 1946 sah man den Charakterschauspieler in zahlreichen Rollen am Deutschen Schauspielhaus Hamburg. Zwei Jahre später (März 1948) eröffnete Helmuth Gmelin in seiner Drei-Zimmer-Wohnung im Haus Alsterchaussee 5 das „Theater unterm Dach", das später den Namen „Theater im Zimmer" erhielt. Auf diese Weise wollte Gmelin Zuschauer an die Schauspielkunst heranführen. Die Aufführung fand in Hamburg so viel Anklang, dass das kleine Theater zu einer festen Einrichtung wurde.

Schnell stellte sich heraus, dass die Wohnung im Stadtteil Rotherbaum für viele Aufführungen wegen der räumlichen Enge nicht ideal war. Daher zog das Theater im Mai 1952 nur wenige Meter entfernt in eine Villa an der Alsterchaussee 30. Im neuen „Theater im Zimmer" konnten 120 Zuschauer Platz finden. Fünf Jahre später (1957) erkrankte Helmuth Gmelin so schwer, dass seine Tochter Gerda Gmelin (ebenfalls Schauspielerin, Seite 33) als Nachfolgerin eingeführt wurde und einen Großteil seiner Arbeit übernehmen musste.

Neben der Theaterarbeit arbeitete Helmuth Gmelin auch für Film, Fernsehen und vor

allem den Hörfunk. Während er im Film meist in Nebenrollen auftrat („Der Hauptmann von Köpenick" beispielsweise), trat er in zahlreichen Hörspielen des damaligen NWDR zwischen 1949 und 1958 auch als Hauptdarsteller auf. Zudem machte er sich als Synchronsprecher einen Namen.

Nachdem Helmuth Gmelin sich vorübergehend von seiner Krankheit erholt hatte, erlitt er einen Rückfall und starb am Nachmittag des 18. Oktober 1959 in einem Krankenhaus im Hamburger Stadtteil Barmbek. Er wurde wenige Tage später auf dem weltgrößten Parkfriedhof, dem Friedhof Ohlsdorf in Hamburg, beigesetzt. Allerdings gibt es keine Grabstätte mehr: nach Ablauf der gesetzlichen Mindestdauer wurde die Grabstätte nicht verlängert. Sie wurde somit aufgelassen.

In diesem Mehrfamilienhaus in der Alsterchaussee 5 in Hamburg hatte Helmuth Gmelin eine Wohnung.

Jürgen Pooch, 21. Mai 1943 bis 18. August 1998 (Volksschauspieler)

Jürgen Pooch wurde am 21. Mai 1943 in Insterburg geboren und war ein niederdeutscher Volksschauspieler, Sprecher und Autor. Nach Kriegsende kam der gebürtige Ostpreuße Jürgen Pooch nach Flensburg, wo er an der dortigen Niederdeutschen Bühne (NDB) erste Theatererfahrungen als Statist, im Chorgesang und in Nebenrollen als Kleindarsteller sammelte. Nach einer Lehre als Handelskaufmann besuchte Pooch eine Schauspielschule in Hamburg, die er mit Arbeiten am Thalia-Theater, am Ernst Deutsch Theater und am Ohnsorg-Theater finanzierte. Seine erste große Rolle am Ohnsorg-Theater hatte er in „Froonslüüd sind ook bloots Minschen", durch die er anschließend einen festen Vertrag als Schauspieler erhielt. Er spielte oft an der Seite von Heidi Mahler, mit der er von 1981 bis 1985 verheiratet war. Im Stück „Trautes Heim" stand er mit Otto Lüthje, Heidi Kabel, Ernst Grabbe und Hilde Sicks auf der Bühne. Als Autor übertrug er einige Theaterstücke in die niederdeutsche Sprache und brachte sie als Regisseur zur Aufführung.

Auch als Hörspielsprecher trat Jürgen Pooch ab und zu in Erscheinung. Zu hören war er unter anderem im Kriminalstück „De Brillantring" als Polizeimeister Krause. 1998 erlitt Pooch, der noch bei den Anfängen der Ohnsorg-TV-Aufzeichnungen mitgewirkt hatte, einen Herzinfarkt. Es folgten eine Bypass- und eine Lungen-Operation. Während eines Urlaubs in dem kleinen, türkischen Badeort Dalyan starb der krebskranke Pooch an akutem Herzversagen. In der Türkei wurde Pooch auch beigesetzt.

Der letzte Wohnsitz in Hamburg: In der Straße Hohe Weide 30 im Stadtteil Eimsbüttel hatte der Schauspieler eine Wohnung.

Nach den Grundsätzen „Arbeiten muss sehr angenehm sein ohne Umständlichkeiten" und „Das Tempo wird von oben vorgegeben" (aus dem Buch „Schiffe und Flugzeuge aus Hamburg", 1993) führte Walter Blohm seine Unternehmen. 1918 trat er in das väterliche Werftunternehmen (Blohm & Voss) ein. Sein Vater war Hermann Blohm, deutscher Ingenieur und Mitbegründer der in Hamburg ansässigen Schiffswerft. Zusammen mit seinem Bruder Rudolf leitete er die Werft

während der NS-Zeit – Schiffe wie das Segelschulschiff „Gorch Fock", die „Bismarck" und die „Wilhelm Gustloff" liefen vom Stapel. 1933 gründete Walther Blohm die Hamburger Flugzeugbau GmbH (HFB). Sein Ziel: ein überseetaugliches Passagierflugzeug zu entwickeln und zu bauen. Im September 1935 wurde in Wenzendorf ein weiterer Standort für den Flugzeugbau eingeweiht. Im Zweiten Weltkrieg wurde die Werft auf Steinwerder zerstört und unter maßgeblicher Beteiligung Walther Blohms wieder aufgebaut. Am 12. Juni verstarb Walter Blohm infolge eines Schlaganfalls in Travemünde, er wurde auf dem Friedhof Ohlsdorf beigesetzt.

Auf der Familiengrabstätte Hermann Blohm ist Walther Blohm beigesetzt. Dieser Grabstein erinnert an den Diplom-Ingenieur und Unternehmer.

In dieser Villa in der Bebelallee 141 wohnte Walther Blohm mit seiner Ehefrau Annemarie und den vier gemeinsamen Kindern. In der Villa (Dachgeschoss) wohnte nach dem Zweiten Weltkrieg auch Schauspieler Willy Fritsch, der am 13. Juli 1973 verstarb.

Jürgen Fehling, 1. März 1885 bis 14. Juni 1968 (Theaterregisseur, Schauspieler)

Jürgen Fehling wurde am 1. März 1885 in Lübeck geboren und war ein deutscher Theaterregisseur und Schauspieler. Bevor Jürgen Fehling als Schauspieler und Regisseur zum Theater kam, studierte er nach dem Abitur am Katharineum zu Lübeck von 1903 bis 1908 Theologie und Jura in Berlin. Es folgte 1909 Schauspielunterricht und schließlich ein Jahr später sein Theaterdebüt als Schauspieler im Theater am Nollendorfplatz in Berlin. Danach stand er unter anderem in Wien auf der Bühne. Nach dem Ersten Weltkrieg, den er in Lübeck verbrachte, kehrte er nach Berlin zurück und begann Regie zu führen. Im Jahr 1919 inszenierte er, mit seiner Lebensgefährtin und Schauspielerin Lucie Mannheim in der Hauptrolle, das Stück „Die Heirat" von Nikolai Gogol. 1922 holte Leopold Jessner Fehling und Mannheim ans Preußische Staatstheater Berlin. Fehling inszenierte dort bis 1944 mehr als 100 Theaterstücke und etablierte sich als einer der bedeutenden Regisseure des deutschen Theaters. In der Zeit des Nationalsozialismus stand Fehling auf der „Gottbegnadeten-Liste" („Führerliste") der wichtigsten Künstler des NS-Staates. 1935 inszenierte er das Stück „Thomas Paine" von Hanns Johst (Aufführung in Anwesenheit von Hermann Göring und Joseph Goebbels). Nach dem Krieg gründete Fehling die Jürgen-Fehling-Theater-Gesellschaft und präsentierte im Oktober 1945 in einem Kino in Berlin-Zehlendorf Goethes „Urfaust". Dauerhaft in einem Theater Fuß zu fassen, gelang ihm nicht mehr. Mit seiner neuen Lebensgefährtin, der Schauspielerin Joana Maria Gorvin, siedelte er nach München und später nach Hamburg über. Dort wohnte er im Stadtteil Eppendorf. Er starb am 14. Juni 1968 und wurde in Hamburg auf dem Friedhof Ohlsdorf, in unmittelbarer Nähe von Ida Ehre (Seite 136) und Gustaf Gründgens (Seite 131), beigesetzt.

Wohnanschrift von Schauspieler Jürgen Fehling: Geffckenstraße 34 in Hamburg-Eppendorf.

Seine Grabstätte befindet sich auf dem Gedächtnisfriedhof auf dem Friedhof Ohlsdorf in Hamburg. Dieser Grabstein erinnert am den Theaterregisseur und Schauspieler.

Gerd Bucerius war promovierter Jurist und Rechtsanwalt und engagierte sich nach der Zwangserfahrung der nationalsozialistischen Diktatur in Parlament, Politik und Verlagswesen am Wiederaufbau der Bundesrepublik. 1945 war er Bausenator in Hamburg. Als Mitbegründer der Wochenzeitung „Die Zeit" im Jahr 1946 und des Pressekonzerns „Gruner + Jahr" prägte Gerd Bucerius wesentlich die Verlags- und Pressekultur der Nachkriegszeit in Deutschland mit. Für vier Legislaturperioden war Gerd Bucerius gemeinsamer Abgeordneter der FDP und CDU im Bundestag, außerdem Vertreter Hamburgs im Frankfurter Wirtschaftsrat und

Gerd Bucerius auf einem Bundestagswahlplakat der CDU aus dem Jahr 1949.

Bundesbeauftragter für die Förderung der Berliner Wirtschaft. 1971 gründete Bucerius die „Zeit-Stiftung Ebelin und Gerd Bucerius", die Wissenschaft, Kunst und Kultur sowie Bildung und Erziehung mit Hamburger Schwerpunkt fördert. Die Stiftung ist Trägerin des Bucerius Kunst Forums und der internationalen Bucerius Law School in

Hamburg. Privat lebte Gerd Bucerius zunächst in einem Haus in der Preusserstraße 3 im Hamburger Stadtteil Othmarschen, dann in einem inzwischen abgerissenen Haus in der Warburgstraße (Rotherbaum) und schließlich von 1969 bis zu seinem Tod in einem Haus im Leinpfad 19 in Winterhude. Er wurde auf dem Friedhof Klosterbergen in Reinbek beigesetzt.

In diesem Haus im Hamburger Stadtteil Winterhude lebte Gerd Bucerius.

Die Grabstätte von Verleger Gerd Bucerius auf dem Friedhof in Reinbek.

Hubert Fichte wuchs in der Julius-Vosseler-Straße 84 im Hamburger Stadtteil Lokstedt auf, wohnte danach im Haus Karlstraße 30 (heute Julius-Vosseler-Straße). Er war zunächst als Kinderdarsteller, später Schauspieler aktiv. 1950 begann Fichte mit dem Schauspielstudium bei Helmuth Gmelin (S. 20) und trat in dessen „Theater im Zimmer" auf. Seit 1963 lebte Hubert Fichte als freier Schriftsteller in Hamburg. Zu seinen wichtigsten Werken zählen die Romane „Das Waisenhaus" (1965), „Die Palette" (über eine Szenekneipe am Gänsemarkt, 1968) und „Versuch über die Pubertät" (1974). Außerdem zählen auch die ethnopoetischen Reiseberichte „Xango" (1976) und „Petersilie" (1980) zu seinen erfolgreichen Werken. Neue Wege beschritt Fichte mit seinen Gesprächsbüchern aus dem Rotlichtmilieu wie „Interviews aus dem Palais d'Amour" (1972) und „Wolli Indienfahrer" (1978). Fichte starb am 8. März 1986 in Hamburg. In den letzten Jahren seines Lebens wohnte Hubert Fichte in einem Einfamilienhaus in der Dürer Straße 9 im Stadtteil Othmarschen. Fichte starb 1986 kurz vor seinem 51. Geburtstag im Hafenkrankenhaus Hamburg. Er wurde auf dem Nienstedtener Friedhof beigesetzt.

Hubert Fichte wohnte von 1963 bis zu seinem Tod am 8. März 1986 mit seiner Lebensgefährtin Leonore Mau (Fotografin) in diesem Haus.

Der Grabstein von Schriftsteller Hubert Fichte auf dem Friedhof Nienstedten in Hamburg. Die Inschrift auf dem Grabstein (auf dem Foto nicht zu sehen) lautet: „Denn ich war schon einmal ein Junge und ein Mädchen und ein Busch und ein Vogel und ein aus dem Meer springender wandernder Fisch."

Fritz Höger wurde am 12. Juni 1877 in Bekenreihe (bei Elmshorn, Schleswig-Holstein) geboren und war ein deutscher Baumeister und Architekt. Er gilt als einer der führenden Vertreter des norddeutschen Backsteinexpressionismus. Höger zählte zu den bekanntesten deutschen Architekten der ersten Hälfte des 20. Jahrhunderts. Das Chile-, das Rappolt- sowie das Klöpperhaus (heute Kaufhof in der Mönckebergstraße) in Hamburg machten ihn weltberühmt. Bis heute prägt Fritz Höger das Bild der Hamburger Innenstadt mit seinen zahlreichen Geschäfts- und Kontorhäusern zumeist mit expressionistischer Backsteinarchitektur. Geboren 1877 ging Höger als 14-Jähriger bei einem Zimmerer in die Lehre, machte zusätzlich Erfahrungen im Schmiede- und Tischlerhandwerk. Es folgte ein zweijähriger Besuch der Baugewerbeschule in Hamburg. 1907 gründete Höger sein eigenes Architekturbüro, welches bis zum Ausbruch des Ersten Weltkriegs Privathäuser, Kirchen, Fabriken, Verwaltungsgebäude, Wohnsiedlungen und Villen deutschlandweit plante und baute. Fritz Höger selbst wohnte von 1905 bis 1911 in der Langenhorner Chaussee 109 in Hamburg (Foto unten). Sein zweites bewohntes Haus (ab 1912) war in der Magdalenenstraße 70 ebenfalls in Hamburg (Stadtteil Rotherbaum) und wurde im Krieg zerstört. 1943 zerstörte im Zweiten Weltkrieg eine Bombe fast alle Pläne und Bauunterlagen Högers. Der Baumeister verlor sein gesamtes Büro und Archiv – nach 1945 konnte er, inzwischen 68 Jahre alt, nicht mehr an seine früheren Erfolge anknüpfen. Er zog sich an seinen Geburtsort zurück, heiratete 1946 Gertrude-Ilse Tilsen und starb am 21. Juni 1949 in Bad Segeberg. Höger war Mitglied im Hamburger Künstlerverein von 1832.

Fritz Höger, Langenhorner Chaussee 109, Hamburg-Langenhorn

Als Sohn des Zigarrenherstellers Bernhard Reemtsma wurde Philipp Fürchtegott Reemtsma am 22.12.1893 geboren und trat 1917 mit seinem Bruder Hermann Fürchtegott Reemtsma in die väterliche Firma ein. Im Laufe der Jahre wurde die Reemtsma Cigarettenfabriken GmbH zum bedeutendsten deutschen Zigarettenhersteller, der in der Vorkriegszeit etwa drei Viertel der mehr als 40 Milliarden Zigaretten produzierte und etwa 11.000 Mitarbeiter beschäftige. Reemtsma gehörte zu den reichsten Deutschen. 1931 wurde die Reemtsma-Villa in Hamburg-Othmarschen fertiggestellt, die zu der Zeit eines der aufwendigsten Privathäuser Deutschlands darstellte. Sie wurde von Top-Architekt Martin Elsasesser erstellt und zählte mit etwa vier Millionen Mark Baukosten als teuerstes und luxuriösestes Privathaus Deutschlands. Reemtsma hatte privat schwere Schicksschläge erlitten: Ehescheidung und Tod seiner drei Söhne im Zweiten Weltkrieg.

Reemtsma wirkte auch als Mäzen. So spendete er von 1929 bis 1945, zunächst anonym, dem Nietzsche-Archiv (Sitz in Weimar) jährlich eine Summe von 28.000 Reichsmark. Philipp Fürchtegott Reemtsma wurde auf dem Nienstedtener Friedhof in Hamburg beigesetzt.

Einer der modernsten Wohnbauten seiner Zeit: Die ehemalige Reemtsma-Villa in der Parkstraße 51 im Hamburger Stadtteil Othmarschen. Die Villa wurde 1930-32 vom Architekten Martin Elsässer im Stil der neuen Sachlichkeit erbaut und gilt als das aufwändigste Privathaus der Weimarer Zeit. Seit der Restaurierung 2008 ist es eine exklusive Wohnvilla.

Die Grabstätte von Philipp Fürchtegott Reemtsma auf dem Nienstedtener Friedhof in Hamburg. Wenige Tage nach seinem Tod am 11. Dezember 1959 wurde er dort beigesetzt.

Oskar, der bürgerlich Hans Bierbrauer hieß, wure am 24. Februar 1922 in Berlin-Gesundbrunnen geboren und war ein Zeichner, Karikaturist und Maler. Der Künstler war als Schnellzeichner in der Fernsehsendung „Abendschau!" des damaligen Sender Freies Berlin (SFB) populär geworden. Mehr als 2.000 Mal brachte er live von witzigen Kommentaren begleitet seine Porträts in Windeseile auf die Leinwand. Bundesweit bekannt wurde Oskar in gleicher Profession an der Seite von Entertainer Hans Rosenthal (Seite 49) in dessen Fernsehshow „Dalli, Dalli" (1971-1986). Er erlernte den Beruf des Lithographen und besuchte nebenbei das Abendgymnasium. Während des Zweiten Weltkriegs sei er in US-amerikanische, englische und russische Gefangenschaft geraten, aus der ihm die Flucht gelungen sei, schrieb er auf seiner Internetseite.

Angefangen hatte seine Karriere mit dem Gewinn eines von einer Zeitung ausgeschriebenen Wettbewerbs für politische Karikatur (1949). Seiner großen Liebe, der Malerei, blieb er jedoch treu. Immer wieder hatte sich der Künstler der abstrakten Malerei zugewandt – zu seinen liebsten Motiven zählten seine Heimatstadt Berlin und seine zweite Heimat Schleswig-Holstein. Im beschaulichen Ort Ahrensbök-Lebatz zwischen Bad Segeberg und Lübeck wohnte Oskar in einem reetgedeckten Haus. Dort hatte er sein Atelier und ging seiner Malerei nach. Hans Bierbrauer, der alle bisherigen Bundeskanzler der Bundesrepublik gezeichnet hatte, widmete sich der Öl- und Aquarellmalerei. Oskar wurde 1980 mit dem Bundesverdienstkreuz am Bande und im Jahre 1998 mit dem Verdienstkreuz erster Klasse ausgezeichnet. Er starb am 3. Juli 2006 nach kurzer, schwerer Krankheit. Bierbrauer wurde auf dem Waldfriedhof Zehlendorf in Berlin-Nikolassee beigesetzt.

In diesem Haus in der Dorfchaussee 19 in Ahrensbök-Lebatz wohnte Schnellzeichner Oskar alias Hans Bierbrauer. Er zog sich in den letzten Jahren seines Lebens vermehr hierher zurück und ging seiner großen Leidenschaft nach: der Öl- und Aquarellmalerei. Das Foto oben rechts zeigt seine Grabstätte auf dem Waldfriedhof Zehlendorf in Berlin.

Hilde Sicks wurde am 25. November 1920 in Hamburg geboren und war eine deutsche Volksschauspielerin und Hörspielsprecherin, die insbesondere durch ihre über 250 Rollen am Hamburger Ohnsorg-Theater sowie viele Gastspiele und Fernsehübertragungen des Theaters im NDR auch bundesweit einem größeren Publikum bekannt geworden ist. Sie war eine Ikone des norddeutschen Volkstheaters und verbrachte 60 Jahre auf der Bühne. Heimlich absolvierte die waschechte Hamburger Deern nach Beendigung ihrer kaufmännischen Lehre Schauspielunterricht bei Eduard Marks. 1945 trat sie an der Seite von Richard Ohnsorg als Dienstmädchen in „De politische Kannengeter" auf – es begann eine beispielshafte Karriere an der niederdeutschen Traditionsbühne. Die Fernsehübertragungen machten Hilde Sicks deutschlandweit bekannt: „Kein Auskommen mit dem Einkommen" (1966), „Zwei Kisten Rum" (1968) oder beispielsweise „Tratsch im Treppenhaus" (1974). Zum 80. Geburtstag ehrte der Hamburger Senat die Künstlerin mit der Biermann-Ratjen-Medaille für ihre künstlerischen Verdienste um die Hansestadt. Sie liebte den Stadtteil Winterhude, in dem sie jahrelang wohnte. Ende Juli 2007 starb Hilde Sicks im Alter von 86 Jahren nach langer schwerer Krankheit. Sie wurde auf dem Friedhof Ohlsdorf in Hamburg beerdigt.

Im Hamburger Stadtteil Winterhude fühlte sich Schauspielerin Hilde Sicks wohl. Dem „Poesiealbum" von hamburg.de antworte sie auf die Frage, was sie an Hamburg liebe: den Stadtteil Winterhude. In diesem Rotklinkerbau im Maria-Louisen-Weg 2b hatte Hilde Sicks ihre Wohnung.

Eine Grabplatte auf dem Friedhof Ohlsdorf in Hamburg erinnert an die große Schauspielerin Hilde Sicks.

Ihr Lachen war unverwechselbar – genauso wie ihre Stimme. Elisabeth Goebel war eine sympathische Schauspielerin, die ab etwa der 1950er Jahre in zahlreichen Rollen in Film- und Fernsehproduktionen zu sehen war. Sie spielte unter anderem in Kinoproduktionen wie „Geliebter Lügner" (mit Hans Söhnker und Elfie Mayerhofer in den Hauptrollen), in „Kirmes" (mit Götz George), in „Die verschwundene Miniatur", sowie in Komödien wie „Otto – Der Außerfriesische" (mit Otto Waalkes) mit. Fernsehzuschauern ist sie aber auch als Honigverkäuferin im „Großstadtrevier", in verschiedenen Rollen im „Tatort", „Ein Fall für Zwei", „Schwarzwaldklinik" und „Das Traumschiff" vertraut. Sie tauchte auch in Fernsehfilmen wie „Grenzenloses Himmelblau" (mit Inge Meysel), „Eine Sünde zuviel" und in dem britischen Mehrteiler „Smileys Leute" auf. Angefangen hatte ihre Karriere allerdings in der Theaterschule des Deutschen Theaters in Berlin, in dem sie Schauspielunterricht erhielt. 1942 gab Elisabeth Goebel an den Städtischen Bühnen Bochum als „Klärchen" in Goethes Egmont ihr Bühnendebüt. Bis 1944 blieb sie am Theater in Bochum, wechselte dann mehrfach nach Berlin, München und Hamburg. Daneben gab sie Gastspiele unter anderem in Dortmund, Stuttgart und bei den Ruhrfestspielen in Recklinghausen.

Zuletzt hatte sie Engagements am Deutschen Schauspielhaus und Thalia Theater in Hamburg, daher hatte sie auch bis zu ihrem Tod ihren Lebensmittelpunkt in der Hansestadt. Privat wohnte sie in einem Mehrfamilienhaus im Hofweg 59 im Hamburger Stadtteil Uhlenhorst. Sie starb am 5. April 2005 nach schwerer Krankheit. Über den Ort ihrer Grabstätte ist leider nichts überliefert.

Schauspielerin Elisabeth Goebel wohnte in einer Altbauwohnung in diesem Mehrfamilienhaus im Hofweg 59 im Hamburger Stadtteil Uhlenhorst.

Ivo Hauptmann wurde am 9. Februar 1886 in Erkner bei Berlin geboren und war ein Maler. Der älteste Sohn von Gerhard Hauptmann war Mitbegründer der Künstlergruppen „Freie Secession" (Berlin 1914) und „Hamburgische Sezession" (1919). Ivo Hauptmann gehörte zu den konsequentesten Vertretern des Neoimpressionismus. Schon früh bekundete Hauptmann, dass er Maler werden wolle. 1903 erfolgte eine erste Reise nach Paris und er wurde Schüler der Académie Julian. 1904 und 1909 folgte ein Studium an der Kunstakademie Weimar. Dort lernte er Edvard Munch und Henry van de Velde kennen. Ivo Hauptmann war Meisterschüler bei Ludwig von Hofmann. Im Jahr 1913 siedelte er nach Hamburg über, gründete neben weiteren Künstlern 1919 die „Hamburger Sezession". Einst von Otto Mueller vergeblich zum Beitritt in die Brücke aufgefordert, war nunmehr die Zeit gekommen, dass er sich der Kunst seines Jugendfreundes (und Verwandten) näherte. Seine Aquarelle wurden strich- und farbkräftiger. Als die Nazis 1933 den Ausschluss der jüdischen Mitglieder der Sezession forderten, setzte er stattdessen die Selbstauflösung des Vereins durch. 1950 gehörte er zu den Gründungsmitgliedern der Freien Akademie der Künste Hamburg. Von 1955 bis 1965 war er Dozent an der Hochschule für bildende Künste Hamburg. Ivo Hauptmann wurde unter anderem 1961 mit dem Bundesverdienstkreuz 1. Klasse, dem Edwin-Scharff-Preis der Freien und Hansestadt Hamburg (1962) und Ehrenprofessor der Stadt Hamburg (1973) ausgezeichnet. Er wohnte mit seiner Frau Erna Hauptmann in der Gustav-Leo-Straße 4 in Hamburg-Eppendorf. Beide wurden auf dem Friedhof Ohlsdorf in Hamburg beigesetzt.

Auf dem Friedhof Ohlsdorf fand Ivo Hauptmann seine letzte Ruhestätte.

In diesem Backsteingebäude in der Gustav-Leo-Straße 4 im Hamburger Stadtteil Eppendorf wohnte Ivo Hauptmann bis zu seinem Tod.

Der 1894 geborene Jahnn gehörte zu den wichtigsten Schriftstellern des zwanzigsten Jahrhunderts. Bereits in den Jahren 1915 bis 1918 schrieb er in seiner Wahlheimat Norwegen (um dem Kriegsdienst im Ersten Weltkrieg zu entgehen) sein erstes Drama „Pastor Ephraim Magnus" (erschienen 1919) für das er 1920 den Kleist-Preis erhielt. Jahnns wohl bekanntester expressionistischer Roman „Perrudja" erschien 1929. Er amtierte ab 1950 als Präsident der Hamburger Freien Akademie der Künste. Jahnn war Orgelsachberater der Stadt Hamburg und wohnte ab 1950 in dem von der Hansestadt überlassenen Kavaliershaus im Nienstedtener Hirschpark zusammen mit seiner Ehefrau Ellinor und seinem besten Freund Gottlieb Harms. Jahnn nutzte es als Orgelwerkstatt und Wohnhaus. Heute befindet sich im Kavaliershaus

Die Jahnn-Büste an seinem ehemaligen Wohnhaus in Hamburg-Blankenese.

ein Gasthaus. Am 29. November 1959 erlag er im Blankeneser Krankenhaus Tabea einem Herzleiden. Sein Grab befindet sich auf dem Nienstedtener Friedhof. Die Grabanlage hat Jahnn gemäß den Vorgaben der Ugrino-Satzung entworfen. Auch seinen wachsversiegelten, mit Metall ausgekleideten Sarg aus überdickem Holz hatte er sich zu Lebzeiten nach der Ugrino-Satzung konstruieren lassen. Aufgrund des großen Gewichtes des Sarges mussten die Träger bei der Beerdigung den Sarg auf dem Weg zum Grab alle drei Schritte absetzen.

Auf dem Friedhof Nienstedten in Hamburg ruht Hans Henny Jahnn mit seiner Frau Ellinor und seinem Jugendfreund Gottlieb Harms in einem selbst entworfenen Grab.

In diesem reetgedeckten Haus im Hirschpark in Hamburg-Blankenese lebte Hans Henny Jahnn.

Im Alter von 30 Jahren begann Rolf Liebermann Komposition zu studieren und war jahrelang Tonmeister bei Radio Zürich und von 1950 bis 1957 Leiter der Orchesterabteilung der Schweizerischen Rundfunkgesellschaft (SRG). 1957 kam Liebermann zum NDR und wurde zum Mitbegründer des Dritten Programms im Hörfunk, das er nach NDR-Angaben gemeinsam mit Radiopionier Ernst Schnabel aus der Taufe hob. Dafür quittierte Rolf Liebermann seine Karriere als Komponist. Zu diesem Zeitpunkt waren die Opern „Leonore 40/45" (1952), „Penelope" (1954) und „Die Schule der Frauen" (1955) entstanden.

Bis 1959 arbeitete Liebermann beim NDR, dann wechselte er für vierzehn Jahre zur Hamburgischen Staatsoper und wurde dort Intendant. Seine Oper „Freispruch für Medea" wurde anlässlich seines 85. Geburtstages in der Hamburgischen Staatsoper uraufgeführt. Die Synagoge an der Oberstraße in Hamburg-Rotherbaum wurde nach dem Ende des Zweiten Weltkriegs vom damaligen Nordwestdeutschen Rundfunk (NWDR) gemietet und zu einem Konzertsaal und Studio umgebaut. 1953 kaufte der NWDR das Haus. Nach erfolgter Renovierung wurde das Haus am 6. März 2000 nach dem ehemaligen Leiter der Hauptabteilung Musik des NDR in „Rolf-Liebermann-Studio" umbenannt. Privat lebte Liebermann am Mühlenberger Weg 1 im Hamburger Stadtteil Blankenese, zuletzt wohnte er in Paris. Dort starb er am 2. Januar 1999. In den 1930er Jahren war er mit Lale Andersen („Lili Marleen") liiert.

Rolf Liebermann.

Die letzte Wohnanschrift in Hamburg: das an der Elbe gelegene Landhaus am Elbufer in Blankenese.

Peter Rühmkorf wurde am 25. Oktober 1929 in Dortmund geboren und war einer der bedeutendsten deutschen Lyriker, Essayisten und Pamphletisten nach 1945.

Peter Rühmkorf wurde als Sohn einer Lehrerin und eines reisenden Puppenspielers geboren. In der Nähe von Stade in Niedersachsen wuchs er auf, besuchte dort die Volksschule und das Gymnasium. Im Jahr 1946 unternahm Rühmkorf parallel zur Schule erste Versuche als Texter deutscher Schlager, Antikriegslyriker und Verfasser von Agitationsliedern. Zwei Jahre später gab er die Zeitschrift „Die Pestbeule" heraus. Sein Abitur bestand Rühmkorf 1950 – es folgte ein Studium der Pädagogik, Kunstgeschichte, Germanistik und Psychologie in Hamburg, welches er abbrach. Rühmkorf widmete sich stattdessen der Zeitschrift „Zwischen den Kriegen – Blätter gegen die Zeit" und „konkret". Außerdem war Rühmkorf Mitbegründer des Wolfgang-Borchert-Theater. Er schrieb die erfolgreiche Wolfgang Borchert-Monographie nieder. Er war mit Eva Rühmkorf (Seite 171) verheiratet, einer Psychologin und Politikerin (SPD). In Schleswig-Holstein war sie von 1988 bis 1990 Ministerin für Bildung, Wissenschaft, Jugend und Kultur und von 1990 bis 1992 Ministerin für Bundesangelegenheiten sowie Stellvertreterin des Ministerpräsidenten Björn Engholm. Beide lebten in einem Haus in Hamburg-Övelgönne – nur wenige Schritte vom Elbstrand entfernt.

Am 8. Juni 2008 erlag Peter Rühmkorf im Alter von 78 Jahren einem langen Krebsleiden, wenige Stunden nachdem er einen Literaturpreis erhielt. Sein Urnengrab befindet sich auf dem Hauptfriedhof Altona in Hamburg.

Foto oben: Der Schriftsteller Peter Rühmkorf. Foto rechts: Das Wohnhuas von Rühmkorff in Övelgönne. Foto links: Der Grabstein von Peter Rühmkorf auf dem Hauptfriedhof Altona.

Mit dem Bestsellerautor und früheren Fernsehmoderator Roger Willemsen ist erneut eine intellektuelle Persönlichkeit von uns gegangen: Roger Willemsen. Er starb im Alter von 60 Jahren, wie sein Büro am Hamburger Isemarkt und sein Frankfurter Verlag S. Fischer am 8. Februar 2016 bekannt gaben. Im August 2015 hatte Roger Willemsen seine Krebserkrankung öffentlich gemacht, seitdem lebte er sehr zurückgezogen – alle öffentlichen Termine wurden annulliert. Willemsen gehörte zu den bekanntesten deutschen Intellektuellen. Er arbeitete als Buchautor, Moderator, Übersetzer, Produzent und Regisseur. Der breiten Öffentlichkeit wurde er vor allem durch seine zahlreichen Interviews bekannt, die er im Laufe seiner Karriere für verschiedene Medien führte. Viele davon wurden im Fernsehen ausgestrahlt – einige auch in Buchform und in Zeitungen sowie Magazinen veröffentlicht. Willemsen arbeitete seit den 1990er-Jahren als Fernsehproduzent, Dokumentarfilmer und Dozent. Zudem machte er sich als Kolumnist des „ZEIT-Magazins" und der „Woche" mit kulturkritischen Beiträgen einen Namen. Darüber hinaus moderierte er zahllose Kulturveranstaltungen und -sendungen, schrieb Bücher („Kleine Lichter", „Die Enden der Welt", „Hier spricht Guantánamo", „Das Hohe Haus") und war als Dozent tätig. Außerdem arbeitete Willemsen ab 2004 regelmäßig als Moderator für das wöchentliche Literaturmagazin „SpielArt" (WDR 5). Dabei präsentierte er Geschichten und Musiken aus verschiedenen Epochen zu einem Oberthema (unter anderem Hunger, Spieler, Exzentriker). Willemsen wohnte mehrere Jahre im Graumannsweg 59 in einem Mehrfamilienhaus unweit der Außenalster entfernt.

Zuletzt lebte Roger Willemsen in einem Haus in Wentorf am Stadtrand Hamburgs, in dem er am 7. Februar 2016 im Alter von 60 Jahren an den Folgen einer schweren Krebserkrankung starb. Sein Grab ist auf dem Friedhof Ohlsdorf in Hamburg.

Roger Willemsen.

In diesem Mehrfamilienhaus im Graumannsweg 59 hatte Roger Willemsen seit 2008 eine Wohnung. Zuletzt wohnte er in Wentorf.

Die letzte Ruhestätte von Roger Willemsen auf dem Friedhof Ohlsdorf in Hamburg.

Hans Apel wurde am 25. Februar 1932 in Hamburg geboren und war ein Ökonom und Politiker (SPD). Hans Apel war von 1972 bis 1974 Parlamentarischer Staatssekretär beim Bundesminister des Auswärtigen, von 1974 bis 1978 Bundesminister der Finanzen und von 1978 bis 1982 Bundesminister der Verteidigung. In einer Erklärung teilte Verteidigungsminister Thomas de Maizière (CDU) mit, dass Hans „einen großen Dienst für unser Land und für die Bundeswehr" geleistet habe und er uns allen als zupackender Hanseat mit großem Herz in Erinnerung bleiben werde. Als 23-Jähriger trat Hans Apel 1955 in die SPD ein. Seine Karriere begann der „Barmbeker Jung" im Europäischen Parlament, ab 1965 saß er im Bundestag. 1974 machte ihn Helmut Schmidt zum Finanzminister, 1978 wechselte Apel ins Verteidigungsressort. Zeitweise wurde Hans Apel sogar als „Kronprinz" von Helmut Schmidt gehandelt. Nach der Wahl von Helmut Kohl zum Bundeskanzler 1982 schied Hans Apel aus der Bundespolitik aus.

Dr. Hans Apel war vom 17.2.1978 bis 3.10.1982 Bundesverteidigungsminister.

Hans Apel war Vater zweier Kinder und lebte mit Ehefrau Ingrid im Stadtteil Volksdorf im Rögenfeld. Er engagierte sich in seiner Freizeit beim FC St. Pauli. Von 1988 bis 1991 war er Vizepräsident und von 1997 bis 1998 Aufsichtsratsvorsitzender des Vereins. Noch 2010 hatte Hans Apel sein Buch „Hans, mach du das" fertiggestellt. Der Sozialdemokrat Hans Apel starb am 6. September 2011 im Alter von 79 Jahren in einer Hamburger Klinik und wurde auf dem Friedhof Ohlsdorf in Nähe der Kapelle 13 beigesetzt.

In diesem Reihenhaus (ganz hinten mit dem Vorbau im Eingangsbereich) im Rögenfeld 42 C lebte Politiker Hans Apel. Auf dem Foto unten ist die Grabstätte zu sehen.

Ingeburg Herz war eine Unternehmerin und Stifterin und die Ehefrau des Tchibo-Gründers Max Herz. Mit einem geschätzten Vermögen von über fünf Milliarden Euro (2005) zählte sie zu den reichsten Deutschen. Ingeburg und Max Herz, die 1939 heirateten, legten in der Nachkriegszeit 1949 den Grundstein für die Kaffeefirma „Tchibo" in einem Anbau der Kaffeerösterei an der Hoheluftchaussee in Hamburg. „Tchibo" war in den 1960er Jahren bereits eine bekannte Kaffeemarke, der Umsatz betrug damals etwa 50 Millionen Deutsche Mark. „Die Viertelpfundpäckchen flogen nur so über den Tresen. Wir machten alles im Laufschritt, holten neue Ware aus der Rösterei, es war fast rauschhaft", sagte sie später. Der älteste Sohn Günter Herz führte das Unternehmen „Tchibo" anschließend mehr als 35 Jahre lang. „Wir verlieren mit Ingeburg Herz eine hanseatische Kauffrau, eine großartige Unternehmerin und einen warmherzigen Menschen", hieß es in einer Unternehmensmitteilung der Holding MaxIngvest (früher Tchibo Holding AG). Die Mitarbeiter seien ihr stets das Wichtigste gewesen. Ingeburg Herz habe immer an der Weihnachtsfeier der Pensionäre teilgenommen und sei wegen ihres Engagements von den Tchibo Mitarbeitern „geachtet und verehrt" worden. Nach dem Tod des Firmengründers 1965 fiel das gesamte Vermögen an seine Frau und seine Kinder, allerdings soll das Testament die Firmennachfolge nicht eindeutig geregelt haben, so dass es zum Streit unter den Kindern kam.

Ingeburg Herz wandte sich karitativen Aufgaben zu und gründete die Max und Ingeburg Herz Stiftung, die vorrangig Einrichtungen für die medizinische Behandlung und Betreuung älterer Menschen unterstützt. Die Stiftung engagiert sich aber auch in anderen Gebieten, beispielsweise bei der Vergabe von Stipendien an deutsche Studenten.

Ingeburg Herz starb am 30. September 2015 im Alter von 95 Jahren in Hamburg.

Die Villa von Ingeburg Herz (kleiens Foto). Direkt an der Außenalster gelegen wohnte die Unternehmerin und Stifterin bis zu ihrem Tod am 30. September 2015. Oftmals ging sie ihre Straße Bellevue auf und ab, genoss die schöne Gegend in ihrem Stadtteil.

Justus Brinckmann war Direktor des Hamburger Museums für Kunst und Gewerbe und ab 1874 bei dessen Eröffnung am Steintorplatz die maßgebliche Persönlichkeit. Fast 40 Jahre lang leitete er diese Institution. Nach Abschluss eines Jurastudiums ließ er sich als Anwalt in Hamburg nieder und war außerdem Mitarbeiter des Hamburgischen Correspondenten, ab 1868 als Kunstreferent, ab 1871 als Berichterstatter in Frankreich und dann als politischer Redakteur. Brinckmann war seit seiner Jugend leidenschaftlicher Sammler. Unter anderem hatte er eine umfangreiche Japan-Sammlung (Keramiken, Lackarbeiten, Holzschnitten), sowie mittelalterliche Elfenbeinschnitzereien, indonesischen Schmuck undvenezianische Gläser. Eine von ihm angelegte Sammlung von Hautflüglern und zwei Sammlungen von Ornamentstichen waren schon in Museumsbesitz übergegangen. Später zielte er

Ein Portrait von Justus Brinckmann im Jahr 1905.

auf den Aufbau eines Museums für Kunst und Gewerbe hin. Ab 1874 konnte ein mit Hilfe der Patriotischen Gesellschaft angelegter Sammlungsgrundstock in gemieteten Räumen ausgestellt werden.

Justus Brinckmann lebte mehrere Jahre in einer Wohnung in der damaligen Großen Allee 39 (seit 1971 Adenauerallee) nahe seinem Museum am Steintorplatz. Seit 1901 wohnte er in Bergedorf, zunächst in der Brauerstraße 2 (seit 1949 Chrysanderstraße), seit 1909 bis zu seinem Tod im Jahr 1915 am Reinbeker Weg 56. Seine letzte Ruhestätte fand Brinckmann auf dem Friedhof Ohlsdorf nahe der Kapelle 8.

In dieser Villa im Reinbeker Weg 56 im Hamburger Stadtteil Bergedorf verbrachte Justus Brinckmann seine letzten Jahre.

Diese Grabplatte erinnert an Justus Brinckmann.

Gustav Mahler, 7. Juli 1860 bis 18. Mai 1911 (Komponist)

Gustav Mahler wurde am 7. Juli 1860 in Kalischt geboren und war ein österreichischer Komponist im Übergang von der Spätromantik zur Moderne. Mahler war nicht nur einer der bedeutendsten Komponisten der Spätromantik, sondern auch einer der berühmtesten Dirigenten seiner Zeit. Zudem zählt er als Operndirektor zu den bedeutendsten Reformern des Musiktheaters. Im Jahr 1877 war seine Immatrikulation an der Wiener Universität, wo er neben Harmonielehre auch historische und philosophische Vorlesungen besuchte. Zur Finanzierung seines Studiums gab Gustav Mahler Klavierunterricht. Nach Abschluss des Konservatoriums ab 1880 war er als Kapellmeister in verschiedenen Kleinstädten Deutschlands aktiv, er komponierte die Kantate für Soli, Chor und Orchester „Das klagende Lied" zu einem eigenen Text und begann mit der Märchenoper „Rübezahl", von der heute nur das Libretto erhalten ist. Von März 1891 bis April 1897 war Mahler erster Kapellmeister am Stadt-Theater in Hamburg. Er leitete unter anderem 1892 die deutsche Erstaufführung von Tschaikowskis Oper „Eugen Onegin". Gustav Mahler schuf unter seinen unzähligen Werken auch neun komplette Symphonien. Diese unterscheiden sich sehr voneinander und wurden entsprechend unterschiedlich vom Publikum aufgenommen. Zu seinen bedeutenden Werken gehören „Lieder eines fahrenden Gesellen", „Kindertotenlieder" und „Das Lied von der Erde". In seinen Sinfonien thematisiert der Komponist den unüberbrückbaren Bruch zwischen Kunst und gesellschaftlicher Realität, den Mahler in seinem künstlerischen Schaffen und in seiner bürgerlichen Berufstätigkeit selbst zu spüren bekam. Gustav Mahler starb am 18. Mai 1911 in Wien und wurde auf dem Grinzinger Friedhof beigesetzt.

Das Wohnhaus von Gustav Mahler in der Bundesstraße 10 in Hamburg-Rotherbaum. Eine Gedenktafel (Foto oben) erinnert an den Komponisten.

Johann Hinrich Wichern, 21. April 1808 bis 7. April 1881 (Theologe)

Johann Hinrich Wichern war ein deutscher Theologe, Sozialpädagoge, Begründer der Inneren Mission der Evangelischen Kirche, des Rauhen Hauses in Hamburg und Gefängnisreformer.
Wichern hat aber nicht nur das Rauhe Haus in Hamburg gegründet, sondern gilt auch als bedeutender Kirchenrefomer des 19. Jahrhunderts, Begründer der Diakonie und des Konzeptes der Inneren Mission. Um Kindern zu helfen (sie zu retten),kam er auf die Idee, 1833 das Rauhe Haus zur „Rettung verwahrloster und schwer erziehbarer Kinder" zu gründen. In einer alten Bauernkate im damaligen Hamm nahm Wicherns Idee Gestalt an. Die Arbeit mit den Kindern im Rauhen Haus war es auch, die ihn 1839 dazu brachte den Adventskranz zu erfinden. Mehrfach fragten Kinder in der Adventszeit laufend nach, wann endlich Weihnachten sei. Wichern nahm daraufhin ein Wagenrad, steckte 19 kleine und vier große Kerzen darauf und entzündete jeden Tag eine. Am 1. April 1873 gab er krankheitshalber die Leitung des Rauhen Hauses an seinen Sohn Johannes ab. 1874 wurde er aus dem Staatsdienst entlassen. Es folgte eine langjährige Leidenszeit mit Schwäche, Schmerzen und Schlaflosigkeit.
Am 7. April 1881 starb Wichern nach mehreren Schlaganfällen und langem Leiden in Hamburg-Hamm. Er wurde auf dem Hammer Friedhof beigesetzt, der heute ein historischer Ort mit Gräbern bedeutender sozial engagierter Hamburger ist.

Grabstätte von Johann Hinrich Wichern auf dem Friedhof Hamm.

1 8 3 3 gründete Wichern das Rauhe Haus. Heute ist das Gebäude Tagungsstätte und Museum.

Max Lohfing, 20. Mai 1870 bis 9. September 1953 (Kammersänger)

Max Lohfing wurde am 20. Mai 1870 geboren und war ein deutscher Opernsänger. Im ersten Viertel des 20. Jahrhunderts hatte die Hamburger Oper mit ebenso markanten wie international erfolgreichen Sängern aufzuwarten. Zu ihnen zählte Bassist Max Lohfing, der am 20. Mai 1870 in Blankenhain das Licht der Welt erblickte. Fast vier Jahrzehnte lang war Lohfing der Liebling der Hamburger Opernbesucher. Im Jahr 1902 nahm er als festes Besetzungsmitglied des Hunding bei den Bayreuther Festspielen teil.

Er war unter anderem als Sänger am Hamburger Stadttheater engagiert. Der Künstler Max Lohfing beherrschte über 170 Partien. Zu Lebzeiten bewohnte er ein Backsteinhaus in der Hinrichsenstraße 15 im Hamburger Stadtteil Borgfelde. Seine letzte Ruhestätte fand Opernsänger Max Lohfing ebenfalls in Hamburg – auf dem dortigen Friedhof Ohlsdorf. Da erinnert ein Grabstein mit Notenbild an ihn.

Die Grabstätte von Max Lohfing und seiner Ehefrau Clara auf dem Friedhof Ohlsdorf in Hamburg.

Das Straßenschild „Hinrichsenstraße" in Hamburg-Borgfelde.

In diesem Backsteinhaus in der Hinrichsenstraße in Hamburg-Borgfelde lebte Kammersänger Max Lohfing.

Carl von Ossietzky war ein Journalist, Schriftsteller und Pazifist. Als Herausgeber der Zeitschrift „Die Weltbühne" wurde er im international aufsehenerregenden Weltbühne-Prozess 1931 wegen Spionage verurteilt, weil seine Zeitschrift auf die verbotene Aufrüstung der Reichswehr aufmerksam gemacht hatte. Ossietzky erhielt 1936 rückwirkend den Friedensnobelpreis für das Jahr 1935. Am 3. Oktober 1889 in Hamburg wurde er in der Großen Michaelisstraße 10 geboren. Seine Kindheit verbrachte er im Hafen-Gängeviertel Hamburgs. 1907 wird er festangestellter Hilfsschreiber beim Amtsgericht Hamburg. Neben seiner Tätigkeit beim Amtsgericht beschäftigt sich Carl von Ossietzky mit den kulturellen und politischen Ereignissen in den Jahren vor dem Ersten Weltkrieg. Er beginnt zu schreiben: zunächst kleine Gedichte, dann ein Theaterstück und auch Leserbriefe. Carl von Ossietzky arbeite für die Wochenzeitschrift „Die Weltbühne", 1926 erschien zum ersten Mal ein politischer Leitartikel von ihm in dem Blatt. Er wurde von 1927 an unter Mitarbeit von Kurt Tucholsky der Herausgeber und Chefredakteur der Weltbühne. Am 4. Mai 1938 starb Ossietzky im Krankenhaus Nordend an den Folgen einer Tuberkulose-Erkrankung.

Ossietzkys Ehrengrab der Stadt Berlin befindet sich auf dem Friedhof Pankow IV.

Gedenktafel am ehemaligen Wohnhaus von Carl von Ossietzky in der Schmilinskystraße 6 in Hamburg-St. Georg.

Das Foto unten zeigt die Grabstätte von Friedensnobelpreisträger von Ossietzky in Berlin auf dem Friedhof IV in Pankow.

Michael Jary, 24. September 1906 bis 12. Juli 1988 (Komponist)

Er komponierte für den deutschen Tonfilm und sorgte für zahlreiche bekannte Ohrwürmer: Michael Jary. Unter anderem „Das kann doch einen Seemann nicht erschüttern", „Das machen nur die Beine von Dolores" oder „Ich weiß, es wird einmal ein Wunder gescheh'n" (für Schauspielerin Zarah Leander) zählen zu seinem Repertoire. 1929 wurde Jary in die Staatliche Musikhochschule Berlin aufgenommen, arbeitete nebenbei als Pianist in Cafés und Kinos. 1931 wurde ihm der Beethoven-Preis der Stadt Berlin (in der Fasanenstraße lebte er jahrelang) verliehen. 1948 gründete er seinen eigenen Verlag, die Michael Jary-Produktion, die in den 1950er Jahren sogar ein Büro in New York unterhielt. 1949 ging „Mäcki", wie ihn seine Freunde nannten, nach Hamburg. Es folgen fast unzählige erfolgreiche Filme und Schlager. Lieder wie „Leise rauscht es am Missouri", „Mäcki-Boogie" oder beispielsweise „Heut' liegt was in der Luft" gehören heute zu den Standardwerken der Unterhaltungsmusik. Interpreten wie Zarah Leander, Rosita Serrano, Evelyn Künneke, Lale Andersen, Gerhard Wendland, Heinz Rühmann und Hans Albers sangen Michael Jarys Lieder. Für die deutsche Vorentscheidung zum Grand Prix 1960 komponierte Jary für Heidi Brühl den Titel „Wir wollen niemals auseinandergehn". Michael Jary wohnte mehrere Jahre in der St. Benediktstraße 9 in Hamburg und ist der Vater der Schriftstellerin Micaela Jary. Zuletzt wohnte er in der Oberstraße 1 in Hamburg-Harvestehude. Er starb am 12. Juli 1988, sein Grab befindet sich auf dem Hamburger Friedhof Ohlsdorf.

Die letzte Ruhestätte von Michael Jary befindet sich auf dem Friedhof Ohlsdorf in Hamburg. Diese Grabplatte erinnert an den großartigen Schlagerkomponisten.

Michael Jary wohnte unter anderem in Berlin, im schweizerischen Lugano, sowie in Hamburg. In der Hansestadt hatte Jary seinen letzten Wohnsitz in der Oberstraße 1. Das Foto oben zeigt die Außenansicht des Gebäudes. Es liegt im Stadtteil Harvestehude. 1980 wurde er für seine Leistung mit dem „Filmband in Gold der Bundesregierung" und 1987 mit dem Bundesverdienstkreuz 1. Klasse ausgezeichnet.

Carsten Diercks wurde am 8. August 1921 in Preetz geboren war ein erfolgreicher Dokumentarfilmer. Diercks begann seine Laufbahn nach dem Ende des Zweiten Weltkrieges zunächst als Bildjournalist und Mitarbeiter beim Hörfunk im Nordwestdeutschen Rundfunk (NWDR). Danach arbeitete er als Kameramann beim Fernsehen des NWDR (1952). 1953 war er am ersten weltweiten Einsatz des Pilottons beteiligt. Er begann gegen die Auffassung der Leitung der Rundfunkanstalt Dokumentarfilme zu drehen und hat bis zum Lebensende etwa 500 Dokumentationen als Kameramann, Regisseur oder Erster Redakteur realisiert. Carsten Diercks war auch im Auftrag der indischen Bundesministerin für Information, Indira Gandhi, ab 1959 am Aufbau des Fernsehens in Indien als Berater beteiligt. Er war mit der CDU-Politikerin Helga Diercks-Norden (Seite 168) verheiratet und wurde 1985 mit dem Großen Bundesverdienstkreuz ausgezeichnet. Zusammen mit seiner Ehefrau lebte er bis zu seinem Tod in einem Haus im Sarenweg in Hamburg-Lemsahl-Mellingstedt. Beide fanden ihre letzte Ruhestätte auf dem Friedhof Ohlsdorf in Hamburg.

Im Sarenweg im Hamburger Stadtteil Lehmsahl-Mellingstedt war das Ehepaar Carsten und Helga Diercks zuhause. Leider wurde das Haus kurz nach dem Tod von Helga Diercks-Norden im Jahr 2011 abgerissen. Das kleine Foto zeigt die Grabstätte.

Harry Meyen, 31. August 1924 bis 14. April 1979 (Schauspieler, Regisseur)

Harry Meyen (eigentlich Harald Haubenstock) war ein Schauspieler und Regisseur. Meyens berufliche Laufbahn begann 1945 bei Willy Maertens am Hamburger Thalia Theater. Es folgten Engagements in zahlreichen Kinoproduktionen, in der Verfilmung „Des Teufels General" spielte er 1955 einen jungen Fliegeroffizier, dem Curd Jürgens als General Harras ins Gewissen redet. Ab Mitte der 1960er Jahre wandte sich Meyen wieder verstärkt der Bühnentätigkeit zu und erwarb sich den Ruf eines bekannten und versierten Boulevard-Schauspielers und -Regisseurs. Mehrfach war er in Fernsehserien wie „Der Kommissar", „Derrick", „Ein Fall für Sie!" oder beispielsweise „Der Alte" zu sehen. Auch wirkte er in Filmen wie „Schließfach 76" und „Der Tag des Zornes" mit. 1965 lernte er Romy Schneider kennen und heiratete sie 1966 in Saint-Jean-Cap-Ferrat. Am 14. April 1979 wurde Meyen tot aufgefunden: von seiner damaligen Lebensgefährtin, der Schauspielerin Anita Lochner. Er hatte sich an der Feuerleiter seines Hauses in Hamburg-Harvestehude erhängt. Beigesetzt wurde er auf dem Friedhof Ohlsdorf.

Harry Meyen und Romy Schneider.

Gut hinter einer Hecke und einem Baum versteckt: die Grabstätte von Harry Meyen. Sie befindet sich auf dem Ohlsdorfer Friedhof in Hamburg.

In diesem Mehrfamilienhaus im Harvesterhuder Weg 27 in Hamburg wohnte Harry Meyen. Hier beging er im Jahr 1979 Selbstmord, indem er sich an einer am Haus befindlichen Feuerleiter erhängte.

Helga Diercks-Norden war eine Journalistin, Frauenrechtlerin und Mitglied der Hamburgischen Bürgerschaft für die
CDU. 1946 begann sie als freie Mitarbeiterin beim NWDR,
später NDR in Hamburg. Sie gilt als erste Reporterin des Senders und arbeitete für Sendungen wie „Umschau am Abend",
„Zwischen Hamburg und Haiti" und das „Hamburger Hafenkonzert". Von 1957 an arbeitete Diercks-Norden am Aufbau
des Fernsehens mit.

Helga Diercks-Norden war seit 1960 Mitglied der CDU und
zeitweise in den Deputationen der Kultur- und Innenbehörde
Hamburgs. Von 1977 bis 1978 gehörte sie als Abgeordnete
der Hamburgischen Bürgerschaft an. Sie setzte den Schwer-
punkt ihrer politischen Arbeit in die Frauenpolitik. Sie starb im Jahre 2011 und wurde
auf dem Ohlsdorfer Friedhof in Hamburg neben ihrem Mann (Carsten Diercks, Seite
166) in der Nähe des Gartens der Frauen beigesetzt.

*Die Grabstätte von Helga Diercks-Norden auf
dem Friedhof Ohlsdorf in Hamburg.*

*Im Sarenweg im Hamburger Stadtteil Lehmsahl-Mellingstedt war das Ehepaar
Carsten und Helga Diercks zuhause. Leider wurde das Haus kurz nach dem Tod
von Helga Diercks-Norden im Jahr 2011 abgerissen.*

Henning Voscherau wurde am 13. August 1941 in Hamburg geboren und war ein deutscher Rechtsanwalt und Notar. Zudem war Voscherau als Politiker der SPD aktiv: von 1988 bis 1997 war er Erster Bürgermeister der Freien und Hansestadt Hamburg. Mit einer Amtszeit von fast zehn Jahren lenkte kaum ein Hamburger Bürgermeister länger die Geschicke der Hansestadt als Henning Voscherau. Hamburgs amtierender Bürgermeister Olaf Scholz sagte anlässlich des Todes: „Henning Voscherau war ein starker Bürgermeister in bewegten Zeiten. Er hat seine politischen Ämter mit Format und Substanz ausgefüllt. Hamburgerinnen und Hamburger unterschiedlichster Herkunft und Prägung schätzten ihn und vertrauten ihm. Er hat die Stadt nach innen verbunden und nach außen glänzend vertreten." SPD-Chef Sigmar Gabriel würdigte Voscherau als „besonnenen Streiter für sozialen Ausgleich". Sein Einsatz habe immer dem Gemeinwohl gegolten, erklärte Gabriel. Als Bürgermeister stellte Voscherau wichtige Weichen für die Zukunft der Hansestadt: zahlreiche Infrastrukturprojekte wie Flughafenausbau, Elbvertiefung und die Ansiedlung des Flugzeugbauers Airbus. Stolz machte ihn die Bezeichnung „Vater der Hafencity", einem Stadtteil Hamburgs. Nach seinem Rücktritt 1997 arbeitete der Jurist wieder als Notar und war Aufsichtsratsvorsitzender eines großen Energieunternehmens. Ende 2014 übernahm Henning Voscherau den Vorsitz der Mindestlohnkommission. Wegen einer schweren Operation am Kopf musste er den Kommissionsvorsitz jedoch bereits im April 2015 wieder abgeben. Privat lebte er in einem Wohnhaus in der Lagerlöfstraße 20 im Hamburger Stadtteil Wellingsbüttel. Er verstarb in der Nacht vom 23. auf den 24. August 2016.

Das Wohnhaus von Henning Voscherau. Er starb am 24. August 2016 und wurde auf dem Friedhof Ohlsdorf beigesetzt (Foto oben).

Ernst Vollrath von Klipstein wurde am 3. Februar 1908 geboren und war ein Schauspieler und Synchronsprecher. Er studierte zunächst Jura und Theaterwissenschaft, nahm parallel Schauspielunterricht. 1925 gab er als „Leon" in Franz Grillparzers „Weh dem, der lügt" am Landestheater Darmstadt sein Bühnendebüt. Es folgten Theaterstationen in Bochum, Köln, Kassel, Frankfurt am Main oder beispielsweise Leipzig. Er verkörperte unter anderem „Don Carlos", „Max Piccolomini" in Schillers Wallenstein, „Kardinal Julian" in Franz Werfels „Das Reich Gottes in Böhmen" und „Ferdinand" in Schillers „Kabale und Liebe". 1939 gab Ernst von Klipstein in Arthur Maria Rabenalts „Flucht ins Dunkel" sein Spielfilmdebüt. Er spielte bis Kriegsende in zahlreichen UFA-Produktionen meist markante Nebenrollen. Ab Ende der 1940er Jahre spielte von Klipstein nur noch in wenigen Filmproduktionen mit. Er wirkte stattdessen in „Bauern, Bonzen und Bomben", dem Historienmehrteiler „Der Winter, der ein Sommer war" oder „Nirgendwo ist Poenichen" mit.

Darüber hinaus übernahm er zahlreiche Gastrollen in Fernsehserien und –reihen wie „Tatort", „Sonderdezernat K1", „Der Landarzt", „Großstadtrevier", „Die fünfte Kolonne", „Percy Stuart" und „Schwarzwaldklinik". Außerdem arbeitete von Klipstein zwischen 1949 und 1991 umfangreich als Synchronsprecher. Ernst von Klipstein war mit Lotte Koch (Seite 214) verheiratet.

Die Grabstätte von Ernst von Klipstein auf dem Friedhof Volksdorf. Oben: Ernst von Klipstein.

Er starb am 22. November 1993 nach schwerer Krankheit im Alter von 85 Jahren in Hamburg und wurde auf dem Friedhof Volksdorf in Hamburg beigesetzt.

In diesem Haus in der Straße Auf den Wöörden 21 im Hamburger Stadtteil Volksdorf lebte Schauspieler Ernst von Klipstein.

Eva Rühmkorf wurde 1979 in Hamburg die erste Leiterin einer Gleichstellungsstelle in Deutschland und war später Staatsrätin und Ministerin in Kiel. In den Jahren 1988 bis 1992 gehörte sie dem Kabinett von Ministerpräsident Björn Engholm als Bildungs- und Wissenschaftsministerin, sowie Ministerin für Bundesangelegenheiten an. Von 1990 bis 1992 war die 1935 in Breslau geborene Rühmkorf auch stellvertretende Ministerpräsidentin. Die Diplom-Psychologin hatte in Marburg und Hamburg Psychologie, Theologie und Germanistik studiert. Anlässlich des Todes von Eva Rühmkorf würdigte der Landesfrauenrat der Hansestadt Hamburg Rühmkorf mit der Aussage,

Eva Rühmkorf beim SPD-Wahlparteitag 1983 in der Westfalenhalle in Dortmund. sie habe sich in Hamburg und darüber hinaus um die Gleichberechtigung und die faktische Gleichstellung von Frauen und Männern verdient gemacht.

Ihre letzten Lebensjahre verbrachte sie mit ihrem Mann Peter Rühmkorf (Seite 156) in Ratzeburg in Schleswig-Holstein. Dort starb sie im Alter von 77 Jahren nach schwerer Krankheit. Beigesetzt wurde sie neben ihrem Mann auf dem Hauptfriedhof Altona in Hamburg.

Foto links: In diesem Haus in Hamburg-Övelgönne hatte Eva Rühmkorf jahrelang ihren Wohnsitz.
Foto oben: Der Grabstein von Eva Rühmkorf auf dem Hauptfriedhof Altona. Sie war mit dem Schriftsteller Peter Rühmkorf (1929–2008) verheiratet.

Er war ein Hamburger Unternehmer, Mäzen und Kunstsammler und war am 26. Februar, also kurz nach seinem 92. Geburtstag, gestorben: Hubertus Wald. Im Jahr 1993 hat Hubertus Wald seine Spendertätigkeit in einer eigenen Stiftung zusammengefasst, der Hubertus Wald Stiftung. Sie wird in zwei Abteilungen gegliedert: Stiftungsabteilung I für medizinische Zwecke, insbesondere die Behandlung und medizinische Forschung an Hamburger Krankenhäusern, sowie Stiftungsabteilung II zur Förderung kultureller Vorhaben. Vorrangig für Institutionen in der Freien und Hansestadt Hamburg. Seit Gründung der Stiftung wurden über zehn Millionen Euro für Projekte in Hamburg aufgewandt. Auch der Friedhof Ohlsdorf wurde mit fünf Millionen Euro bedacht. Auch die Hamburger Tafel, Sonderkonzerte der Hamburger Symphoniker, sowie mehrere Kinder- und Jugendprojekte der Stadt wurden unterstützt.

Unternehmer Hubertus Wald wurde auf dem Friedhof Ohlsdorf in Hamburg beigesetzt.

In dieser Villa in der Straße Bellevue 26 in Hamburg-Winterhude wohnte der Mäzen und Kunstsammler Hubertus Wald. Das Gebäude ist nur wenige Schritte von der Außenalster entfernt.

Peter Beil, 9. Juli 1937 bis 13. April 2007 (Schlagersänger, Komponist)

Traurige Nachricht im April 2007: Der Musiker und Schlagersänger Peter Beil ist nach langer schwerer Krankheit im Alter von 69 Jahren gestorben. Peter Beil lernte zunächst Textilkaufmann, studierte schließlich an der Staatlichen Musikhochschule klassische Trompete. Mit einem Studienfreund gründete er die „Crazy Combo", die ihren ersten großen Auftritt 1958 in Peter Frankenfelds Sendung „Toi, Toi, Toi" hatte. Daraufhin erhielt er einen Plattenvertrag. Der Durchbruch als Sänger gelang ihm 1961 mit dem Erfolgstitel „Corinna, Corinna". Einen weiteren Hit hatte er mit „Fremde in der Nacht". 1984 stieg er als Trompeter bei der Hazy Osterwald Band ein. Peter Beil verkaufte insgesamt sieben Millionen Platten und trat in mehr als 300 TV-Sendungen auf.

Musiker Peter Beil (2005).

1962 trat Peter Beil auch in einem Schlagerfilm auf: mit seinem Titel „Carolin-Carolina" wirkte er im Film „Tanze mit mir in den Morgen" als Darsteller mit. Bis Ende der 1970er Jahre übernahm Peter Beil auch die musikalische Leitung der „Hitparadentour" (mit Dieter Thomas Heck).

Der Schlagersänger, Trompeter, Komponist und Bandleader Peter Beil lebte zuletzt in einer 80-Quadratmeter-Wohnung im Hamburger Stadtteil Winterhude. Er ist der Vater der Moderatorin und Schauspielerin Caroline Beil. Er verstarb am 13. April 2007, wie mehrere Medien übereinstimmend berichteten, an Lungenkrebs. Er wurde auf dem Altonaer Friedhof in Hamburg beigesetzt.

Die Grabstätte von Peter Beil auf dem Hauptfriedhof Altona in Hamburg. Auf dem schwarzen Grabstein ist eine Trompete eingraviert.

Ernst Grabbe wurde am 26. Februar 1926 in Hamburg geboren und war ein deutscher Theater- und Fernsehschauspieler. Grabbe nahm unmittelbar nach seiner Schulausbildung Gesang- und Schauspielunterricht und erhielt im Jahr 1946 in Neustadt in Holstein sein erstes Bühnenengagement. Anschließend zog es ihn wieder zurück in seine Geburtsstadt Hamburg an das dortige St.-Pauli-Theater. Im Jahre 1954 holte ihn Hans Mahler an das ebenfalls in Hamburg ansässige Ohnsorg-Theater. Auf dieser Bühne stand Grabbe an der Seite von Otto Lüthje, Heidi Kabel, Werner Riepel, Edgar Bessen und beispielsweise Heinz Lanker. Durch die zahlreichen Fernsehübertragungen diverser Stücke des Ohnsorg-Theaters erlangte er zügig einen hohen Bekanntheitsgrad beim Publikum. Er verkörperte – bedingt durch seine äußere Erscheinung – viele Jahre lang häufig Personen, die deutlich älter als er selbst waren, wie beispielsweise in „Tratsch im Treppenhaus" (1962, mit Henry Vahl) oder „Nichts gegen Frauen" (1966, mit

Werner Riepel, Heinz Lanker). Es folgten zahlreiche Fernsehauftritte: „Stahlnetz", „Hafenpolizei", „Hafenkrankenhaus" oder „Polizeifunk ruft". Ernst Grabbe wohnte die letzten Jahre seines Lebens im Park-Rondeel Rahlstedt im Apostelweg 17 in Hamburg.

Ernst Grabbe starb dort kurz vor seinem 80. Geburtstag und wurde in der Familiengrabstätte auf dem Rahlstedter Friedhof beigesetzt.

Die Grabstätte von Ernst Grabbe.

Die letzte behördliche Meldeadresse von Schauspieler Ernst Grabbe: Apostelweg 17 im Hamburger Stadtteil Rahlstedt. In dieser Senioreneinrichtung lebte er die letzten Jahre seines Lebens. Am 8. Februar 2006 verstarb Ernst Grabbe.

Hans Freundt war Schauspieler (damaliges Stadttheater Wandsbek und weiteren Theatern unter anderem in Kiel, Hamburg, Düsseldorf). Außerdem war er als Hörfunkmoderator, und -sprecher, sowie Hörspielregisseur und Autor tätig.

Bereits im Alter von 16 Jahren begann Hans Freundt 1908 seine Schauspielkarriere. Freundt kam 1924 zur Nordischen Rundfunk AG (NORAG), wo er als Autor, Regisseur und Sprecher aktiv war. Hans Freundt fand nach Kriegsende eine Anstellung beim NWDR Hamburg und wurde dort Leiter des Kinderfunks, später auch der Niederdeutschen Abteilung. Außerdem wirkte er seit 1945 auch bei der Synchronisation fremdsprachiger Filme mit. 1948 feierte er sein 40-jähriges Künstlerjubiläum. In den späten 1940er Jahren begann er eine Karriere als Hörspielregisseur (meist Produktionen in niederdeutscher Sprache). Die mitwirkenden Sprecher gehörten größtenteils dem damaligen Ensemble des Hamburger Ohnsorg-Theaters an.

Hans Freundt starb am 28. Januar 1953 und wurde auf dem Friedhof Ohlsdorf in seiner Heimatstadt Hamburg beerdigt.

Die Grabstätte des Schauspielers und Hörfunkmoderators Hans Freundt.

In diesem Mehrfamilienhaus in der Arnoldstraße 70 in Hamburg wohnte Schauspieler Hans Freundt. Er starb am 28. Januar 1953 an Herzversagen.

Hermann Rockmann wurde am 26. Mai 1917 geboren und war ein deutscher Hörfunk- und Fernsehreporter. Er begann ab 1940 eine Ausbildung in der Nachwuchsabteilung der Reichs-Rundfunk-Gesellschaft und war in den späten 1940er und 50er Jahren als Hörfunk-Reporter beim Nordwestdeutschen Rundfunk (NWDR) im Einsatz. Ab 1953 arbeitete er als Chefreporter des Hörfunks beim Norddeutschen Rundfunk (NDR) in der Rothenbaumchaussee und war später Leiter der dortigen Reportageabteilung. In dem 1959 von Bernhard Grzimek gedrehten Dokumentarfilm „Serengeti darf nicht sterben" war Hermann Rockmann einer der Erzähler. Hermann Rockmann war der erste Moderator der Sendung „Gruß an Bord" und leitete von 1964 bis zu seiner Pensionierung im Jahr 1982 die legendäre Radiosendung „Hamburger Hafenkonzert", die noch heute sonntäglich ausgetrahlt wird. Hermann Rockmann stand für die TV-Sendung „Aktuelle Schaubude" im Regional-Fernsehen des NDR als Moderator vor der Kamera.

Die Grußworte der Schiffsbegrüßungsanlage Willkomm-Höft in Wedel (Schleswig-Holstein) wurden von ihm gesprochen und sind dort bei Vorbeifahrten von Schiffen zu hören. Hermann Rockmann starb im Alter von 80 Jahren am 16. August 1997 in seiner Heimatstadt Hamburg. Er lebte in einer geräumigen Wohnung in einem Mehrfamilienhaus in der Curschmannstraße 8 im Hamburger Stadtteil Eppendorf.

Er wurde auf dem Friedhof Ohlsdorf in Hamburg bestattet.

Die letzte amtliche Meldeadresse von Radio- und Fernsehreporter Hermann Rockmann: Curschmannstraße 8 im Hamburger Stadtteil Eppendorf. In diesem Mehrfamilienhaus verbrachte er die letzten Jahre seines Lebens.

Die Grabstätte von Hermann Roc mann auf dem Friedhof Ohlsdor

Willy Fritsch, 27. Januar 1901 bis 13. Juli 1973 (Schauspieler)

Willy Fritsch wurde am 27. Januar 1901 geboren und war ein deutscher Schauspieler und Sänger. Er schnupperte für eine künstlerische Laufbahn zunächst als Komparse und Klein-darsteller Theaterluft, nahm schließlich Schauspielunterricht an der Schauspielschule des „Deutschen Theaters". Anfang der 1920er Jahre wandte sich Willy Fritsch dem Fernsehen zu und avancierte zum Publikumsliebling. 1921 war Fritsch in dem stummen Streifen „Miss Venus" zu sehen, in rascher Folge drehte er weitere Stummfilme (Dramen oder Komödien) wie „Die kleine Midinette" (1921), „Gelbstern" (1921), „Schande" (1922), „Die Fahrt ins Glück" (1923), „Seine Frau, die Unbekannte" (1923) oder „Der Farmer aus Texas". Da es sich häufig um Musikkomödien handelte, nahm er auch Gesangsunterricht. Nach Kriegsende zog Fritsch nach Hamburg und wirkte Ende der 1940er Jahre unter ande-rem in den satirischen Nachkriegsproduktionen „Film ohne Titel" (1947) an der Seite von Hildegard Knef sowie „Herrliche Zeiten" mit.

Willy Fritsch wurde im Jahr 1965 mit dem „Filmband in Gold" für langjähriges und her-vorragendes Wirken im deutschen Film und 1965 mit dem „Bambi" ausgezeichnet. Er starb am 13. Juli 1973 in Hamburg. Dort wurde er auf dem Friedhof Ohlsdorf beigesetzt.

Im Dachgeschoss dieser Villa an der Bebelallee 141 in Hamburg-Winterhude wohnte Schauspieler Willy Fritsch unmittelbar nach dem Zweiten Weltkrieg. In der-selben Villa wohnte auch Walther Blohm (Seite 144).

Schauspieler Willy Fritsch – im feinen An-zug und mit zur dama-ligen Zeit modischen Hut. Das Foto entstand im Jahre 1927 vom Fo-tografen Alexander Bin-der.   *Die Grab-stätte von Willy Fritsch auf dem Fried-hof Ohls-dorf.*

Jens-Werner Fritsch wurde am 27. November 1947 in Hamburg geboren und war ein Schauspieler, Regisseur und Hörspielsprecher. Der „Barmbeker Jung" (wuchs in dem Stadtteil auf) kam 1971 an das Hamburger Ohnsorg-Theater, dessen Ensemble er als Schauspieler und Regisseur bis zu seinem frühen Tod angehörte. Jens-Werner Fritsch spielte häufig skurrile Typen, wurde aber auch in Weihnachtsmärchen besetzt. Seine letzten Aufgaben hatte er in Hans Balzers „Tippelbröder" und als Feuerwehrmann in einer Märchenaufführung der Regentrude von Theodor Storm. Da viele Stücke des Ohnsorg-Theaters auch im Fernsehen übertragen wurden, erlangte Fritsch Popularität. Gelegentlich war er in hochdeutschen Fernsehaufzeichnungen aus dem Ohnsorg-Theater zu sehen, daneben wirkte

er in einer Reihe von niederdeutschen Hörspielproduktionen des Norddeutschen Rundfunks mit. In Filmen wie „Hamburg Transit – Warum die Grete P. unterging", „Labskaus und Champagner" und zum Beispiel „Großwildjagd" wirkte Fritsch mit. Er starb nach langer, schwerer Krankheit und wurde auf dem Friedhof Ohlsdorf in Hamburg beigesetzt.

Jens-Werner Fritsch ruht auf dem Ohlsdorfer Friedhof in Hamburg. Das Foto links zeigt seine Grabstätte. Dieser Grabstein erinnert an einen großen Schauspieler.

Im Alida-Schmidt-Stift in der Bürgerweide im Hamburger Stadtteil Borgfelde lebte Schauspieler Jens-Werner Fritsch zuletzt.

Erich Klabunde war ein Journalist und Politiker (SPD), der die Gründung des Nordwest-deutschen Rundfunks und die Grundlegung eines sozialen Wohnungsbaus im Nachkriegs-deutschland vorantrieb. Von 1927 bis 1933 absolvierte Klabunde ein Volontariat beim Hamburger Anzeiger, danach war er dort Redakteur. Klabunde wirkte beim Aufbau des NWDR im dortigen Hauptausschuss (heute Rundfunkrat) mit. Ab 1946 war Klabunde Mitglied der Hamburgischen Bürgerschaft, wo er zum Fraktionsvorsitzenden der SPD ge-wählt und Teil der politischen Prominenz wurde (an der Seite vom späteren Bundesbank-chef Karl Klasen und dem späteren Bundeswirtschaftsminister Karl Schiller). Ab 1949 war er Mitglied im Deutschen Bundestag,

Als Mitglied des Ausschusses für das Wohnungswesen war Erich Klabunde maßgeblich am Zustandekommen des Ersten Wohnungsbaugesetzes vom 24. April 1950 beteiligt, „seinem großen Coup". Erich Klabunde starb am 18. November 1950 infolge eines Schlaganfalls (den er während einer Sitzung des NWDR-Hauptaus-schusses erlitt) mit 43 Jahren.(1)

Er wurde auf dem Friedhof Ohlsdorf in Hamburg bei-gesetzt.

Das Grab von Erich Klabunde befindet sich auf dem Fried-hof Ohlsdorf.

Journalist und Po-litiker Erich Kla-bunde lebte in der Goernestraße 12 in Eppendorf. Der Kla-bundeweg in Ham-burg-Bergstedt wur-de nach ihm benannt.

(1) Unter der Überschrift „Klabunde schwer erkrankt" berichtete das Hamburger Abendblatt in seiner Ausgabe vom 20. November 1950 über den Schlaganfall während der NWDR-Sitzung.

Hildegard (Hilde) Wulff war eine Sonderpädagogin und Stiftungsgründerin. Wulff, die seit 1923 als aktives Mitglied im Selbsthilfebund der Körperbehinderten mitarbeitete, gründete am 4. Juli 1931 die „Krüppelhilfe und Wolfahrt GmbH". Sie kaufte im Oktober 1931 ein Grundstück in Hamburg-Volksdorf. Da sie die eine darauf befindliche Villa zunächst nicht selbst unterhalten konnte, überließ sie das Gebäude der Hamburger Wohlfahrtsbehörde für die Kinder- und Jugendseelsorge. Hilde Wulff leitete dort ein Heim („Im Erlenbusch") für körperbehinderte Kinder. Sie selbst war zeitlebens durch frühe Erkrankung an Kinderlähmung gehandicapt und saß seit 1955 im Rollstuhl. Wulff hielt ihre schützende Hand über Kinder, die auf Grund ihrer Behinderung von Sterilisation und Euthanasie bedroht waren. Außerdem sorgte sie für die Unterbringung von jüdischen Kindern. Zudem brachte sie sich selbst in Lebensgefahr, indem sie jüdischen Auswanderern und kommunistischen Widerstandskämpfern half und ihnen ermöglichte, neue Aufenthaltsorte außerhalb des Deutschen Reiches zu finden. Sie starb im Juli 1972 im Erlenbusch, sie wurde im alten Teil des Ohlsdorfer Friedhof im „Garten der Frauen" begraben.

Die Grabstätte von Hilde Wulff auf dem Ohlsdorfer Friedhof.

Wohnhaus und Einrichtung zugleich: hier verbrachte Hilde Wulff viele Jahre ihres Lebens. Die Einrichtung „Im Erlenbusch" wurde um ein zusätzliches Gebäude (rechts im Bild), das im April 1968 eröffnet wurde und 40 weitere körperbehinderte Kinder aufnehmen konnte, erweitert.

Anita Rée, 9. Februar 1885 bis 12. Dezember 1933 (Malerin)

Anita Clara Rée wurde am 9. Februar 1885 geboren und war eine Malerin der Avantgarde, die in der Zeit der Weimarer Republik wirkte. Ab 1905 nahm Anita Rée Malunterricht bei einem Hamburger Künstler (eine reguläre Akademieausbildung für Frauen gab es damals in der Hansestadt nicht), fünf Jahre lang bildete er sie aus. 1912 und 1913 zog es Anita Rée nach Paris – dort lernte sie Aktzeichnen, was in Deutschland für Frauen einen Skandal bedeutet hätte. Ebenfalls 1913 nahm Rée an einer Ausstellung in der Galerie Commeter in Hamburg teil. 1914 lernte sie den Dichter Richard Dehmel kennen, in den folgenden Jahren erlangte sie durch ihre Porträts Anerkennung. Von 1922 bis 1925 lebte Rée hauptsächlich in Positano an der italienischen Amalfiküste und wandte sich dort der Neuen Sachlichkeit zu. 1926 war sie Mitbegründerin der heute noch existierenden GEDOK (Gemeinschaft Deutscher und Oesterreichischer Künstlerinnenvereine aller Kunstgattungen). 1932 verließ sie Hamburg, zog nach Sylt. Am 25. April 1933 wurde sie von der Hamburgischen Künstlerschaft als „artfremdes Mitglied" diffamiert und ausgeschlossen. Schon Monate zuvor war Anita Rée durch die Anfeindungen und persönlichen Enttäuschungen vereinsamt. Am 12. Dezember 1933 fasste sie eine schlimme Entscheidung: sie beging Suizid.

An dieser Stelle stand einst das Wohnhaus, in dem Anita Rée lebte. Ein Stolperstein erinnert daran.

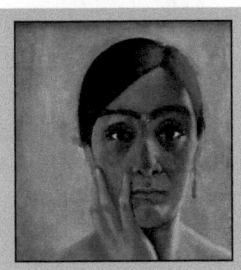

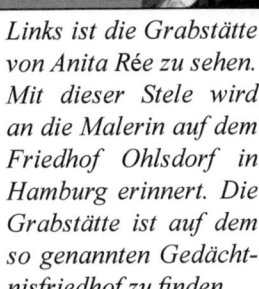

Links ist die Grabstätte von Anita Rée zu sehen. Mit dieser Stele wird an die Malerin auf dem Friedhof Ohlsdorf in Hamburg erinnert. Die Grabstätte ist auf dem so genannten Gedächtnisfriedhof zu finden.

Ein Selbstbildnis von Malerin Anita Rée, das sie um das Jahr 1929 anfertigte.

Erich Ziegel, 26. August 1876 bis 30. November 1950 (Schauspieler, Regisseur)

Erich Ziegel war ein Schauspieler, Regisseur, Intendant und Bühnen-  autor. Seine Bühnenlaufbahn begann Ziegel 1894, nachdem er eine Buchhändler-Lehre abgebrochen hatte, als Schauspieler in Meiningen. Später spielte er in Lübeck und Breslau. Dort leitete er von 1906 bis 1909 ein Literarisches Sommertheater. 1911 gründete Erich Ziegel die Münchner Kammerspiele, die er bis 1916 leitete. Von München zog es ihn als Regisseur nach Hamburg ans Thalia Theater. In der Han- sestadt gründete er 1918 die Hamburger Kammerspiele, die er rasch zu einem der wichtigsten und bedeutendsten deutschsprachigen The- ater der 1920er Jahre machte. Zusätzlich leitete er von 1926 bis 1928 *Das Portrait* das Deutsche Schauspielhaus und von 1932 bis 1934 das Hamburger *von Erich Zie-* Thalia Theater. Danach arbeitete Erich Ziegel als Schauspieler, Regis- *gel wurde in der* seur und Dramaturg. Er war unter anderem in Filmen wie „Moskau – *Zeitschrift „Ber-* Shanghai" (1936), „Gottes Engel sind überall" (1948), „Der Engel mit *liner Leben",* der Posaune" (1948) oder beispielsweise „Dämonische Liebe" (1951) *Heft 11 (1907)* zu sehen. Erich Ziegel hatte seine Wohnung mehrere Jahre lang in der *veröffentlicht.* Krochmannstraße 8 im Hamburger Stadtteil Winterhude. Ziegel wurde auf dem weltgröß- ten Parkfriedhof, dem Friedhof Ohlsdorf in Hamburg, beigesetzt. Eine große Grabplatte erinnert an den Schauspieler und Regisseur.

Erich Ziegel ist zusammen mit seiner Gattin auf dem Friedhof Ohlsdorf in Hamburg begraben. Das Foto oben zeigt den Grabstein, um den mehrere Blumen gepflanzt wurden.

Erich Ziegel wohnte die letzten Jahre seines Le- bens in der Krochmannstraße 8 im Hamburger Stadtteil Winterhude.

Julius Kobler, 21. April 1866 bis 22. Juni 1942 (Schauspieler, Regisseur)

Julius Kobler war ein vielseitiger Charakterdarsteller und Komödiant und wurde am 21. April 1866 in Mähren (Tschechien) geboren. Eine von Julius Koblers Paraderollen war der Jude Shylock in Shakespeares „Der Kaufmann von Venedig". Er wirkte seit 1917 am Hamburger Schauspielhaus, war davor am Thalia-Theater engagiert und gehörte zu den prominenten Bühnengrößen Hamburgs. Zum vierzigsten Bühnenjubiläum im Jahr 1930 ehrte ihn Hamburgs Bürgermeister Rudolf Ross (SPD), vier Jahre später (am 1. September 1934) wurde Kobler entlassen. Er wurde gezwungen, aus dem Ensemble des Deutschen Schauspielhauses auszuscheiden. Ärzte des Universitätskrankenhauses Eppendorf (UKE) verweigerten dem an Magenkrebs erkrankten jüdischen Künstler die lebensrettende Operation. In einem Interview sagte seine Tochter Eva: „Sie verurteilten meinen Vater zum Tode" – er starb am 22. Juni 1942 im UKE. Für Julius Kobler liegt seit 2006 ein Stolperstein vor dem letzten freiwilligen Wohnsitz in der Oberstraße 5 und seit Mai 2008 ein solcher vor dem Eingang zu seiner beruflichen Wirkungsstätte, dem Deutschen Schauspielhaus in der Kirchenallee in Hamburg-St. Georg.

Der letzte freiwillige Wohnsitz des Schauspielers Julius Kobler: in der Oberstraße 5 in Hamburg hatte er mit seiner Familie eine Wohnung. Seit 2006 erinnert ein Stolperstein an die einstige Wohnstätte. Wo Kobler beigesetzt wurde, ist leider nicht überliefert.

Er war ein beliebter Schauspieler, Hörspielsprecher und Mittelschullehrer: Otto Lüthje. Er gab seinen erlernten Beruf des Lehrers nie auf und stand vormittags im Klassenzimmer und abends auf der Bühne des Ohnsorg-Theaters. Als der NWDR 1954 damit begann, Stücke im Fernsehen zu zeigen, wurden ihre Stars, zunächst vor allem Walter Scherau, dann Heidi Kabel, Henry Vahl und Otto Lüthje auch bundesweit äußerst populär. Lüthje wurde zu dieser Zeit oft als „urwüchsiger Menschendarsteller" bezeichnet und zu einem vielgeliebten Volksschauspieler. Unvergessen sind seine Darstellungen des niederdeutschen Don Camillo in dem Stück „Mit em op du un du", des August Bodendiek in „Kein Auskommen mit dem Einkommen" oder des Krischan Honolulu in „Die Königin von Honolulu". Er gehörte dem Ohnsorg-Theater 48 Jahre lang an und hat es, obwohl er nie Schauspielunterricht genommen hatte, entscheidend mitgeprägt. 1964 ließ er sich im Alter von 62 Jahren vorzeitig pensionieren und war von da an nur noch als Schauspieler tätig. Ähnlich wie sein Kollege Henry Vahl spielte er in den späten Jahren gerne „komische Alte". Mit Heidi Kabel und Henry Vahl war er auch privat eng befreundet. Nach einem schweren Herzinfarkt war Otto Lüthje 1972 gezwungen, seine Bühnentätigkeit aufzugeben. Er zog sich aus der Öffentlichkeit zurück. Am 23. Januar 1977 verstarb Otto Lüthje, er wurde auf dem Friedhof Ohlsdorf in Hamburg beigesetzt.

Die Grabstätte des Sch… spielers Otto Lüthje, der 23. Januar 1977 in Hambu… seiner Heimatstadt, versta…

Schauspieler Otto Lüthje lebte in der Schlankenreye 29 in Hamburg. Er wurde am 31. Januar 1977 auf dem Friedhof Ohlsdorf beigesetzt.

Carolin Wosnitza wurde als „Sexy Cora" populär und war als Pornodarstellerin aktiv. Auf diversen Erotik- und Webcam-Portalen war „Sexy Cora" im Internet zu sehen, wurde 2009 schließlich mit ihrem Künstlernamen bekannt und so etwas wie ein Star in der Amateurpornoszene. Es folgten Musikvideos, Engagements in der Werbung und gelegentliche Auftritte im Fernsehen.

Sie nahm an der zehnten Staffel von „Big Brother" (2010) teil, trat in der Krimi-Reihe „Einsatz in Hamburg" auf. Den Aufmerksamkeitsschub der Reality-TV Sendung „Big Brother" nutzte „Sexy Cora", um sich in der Musikszene zu versuchen: Mit einer Single nahm sie eine Chartplatzierung in Angriff und auf Mallorca war sie bis September 2010 als Sängerin eingestellt. Ferner wirkte sie in einer kleinen Nebenrolle im Kinofilm „Gegengerade – 20359 St. Pauli" mit, der am 31. März 2011 in Deutschland Premiere hatte. „Sexy Cora" wurde 2010 mit dem „Venus Award" als beste Amateur-Darstellerin ausgezeichnet.

Am 11. Januar 2011 hatte sie in einer Hamburger Privatklinik für ästhetische und plastische Chirurgie ihre bereits fünfte Brustvergrößerung vornehmen lassen wollen. Es kam während der Operation zu einem Herzstillstand, worauf sie in das Universitätsklinikum Hamburg-Eppendorf verlegt und dort intensivmedizinisch behandelt wurde. Am 20. Januar 2011 verstarb Wosnitza infolge der Operationskomplikationen. In der TV-Reportage: „Ein viel zu kurzes Leben – Der Fall „Sexy Cora" wurde ihr Leben portraitiert. Die Todesumstände fanden große Aufmerksamkeit in den Medien. Sie fand am 2. Februar 2011 ihre letzte Ruhe auf dem Friedhof Ohlsdorf in Hamburg. Ein großer Engel wacht über das Grab. Die Grabstätte ist in der Cordesallee in der Nähe des Haupteinganges zu finden.

Hier wohnte die als „Sexy Cora" bekannt gewordene Carolin Wosnitza. Das Foto rechts zeigt die Grabstätte auf dem Friedhof Ohlsdorf in Hamburg.

Wolfgang Kieling wurde am 16. März 1924 in Berlin geboren und synchronisierte schon in den 1930er Jahren den US-Kinderstar Freddie Bartholomew. Bis zum Zweiten Weltkrieg spielte Wolfgang Kieling in mehreren Filmen und wurde selbst zum Kinderstar. Er geriet verletzt in russische Kriegsgefangenschaft und wurde 1949 entlassen. 1952 heiratete er die Schauspielerin Gisela Uhlen, mit ihr ging er 1954 in die DDR. Dort wurde Kieling ein Star. Drei Jahre später scheiterte die Ehe, Kieling kehrte nach West-Berlin zurück. 1966 stand er zusammen mit Paul Newman im Hitchcock-Film „Der zerrissene Vorhang" vor der Kamera. Er avancierte zu einem der anerkanntesten Schauspieler Deutschlands. Kieling spielte in Filmen von Regisseur Rainer Werner Fassbinder mit und 1984 im Thriller „Abwärts" an der Seite von Götz George. Nebenbei synchronisierte er immer wieder Hollywoodstars wie Kirk Douglas, Glenn Ford, Paul Newman und Frank Sinatra. Außerdem lieh er von 1973 bis 1985 der Puppenfigur Bert aus der „Sesamstraße" seine Stimme. Er starb 61-jährig am 7. Oktober 1985 in einem Krankenhaus in Hamburg nach einer Magen-Operation und wurde später auf dem Friedhof Ohlsdorf in Hamburg beigesetzt.

Die Grabstätte des Schauspielers und Synchronsprechers Wolfgang Kieling auf dem Friedhof Ohlsdorf.

Wolfgang Kieling am 20. März 1968.

Wolfgang Kieling hatte in dem Gebäude des Einkaufszentrums Pöseldorf im Mittelweg 130 in Hamburg-Rotherbaum eine Wohnung.

Zunächst trat Uwe Hacker, der am 1. März 1941 geboren wurde, an vielen Kleinkunstbühnen im norddeutschen Raum auf und übernahm zeitweise kleinere Nebenrollen in Fernsehserien und Spielfilmen.

Aufgrund seiner skurilen und auffälligen Gestalt (er war immerhin etwa 2,08 Meter groß bei einem Gewicht von circa 170 kg) wurde er vielfach für die Rollen außergewöhnlicher Personen besetzt. Einem breiten Publikum wurde Uwe Hacker deutschlandweit durch seine Rollen in Filmen wie „Didi – Der Experte" (mit Dieter Hallervorden, 1988), „Otto – Der Außerfriesische" (mit Otto Waalkes, 1989), sowie durch seine Nebenrolle als brutaler Stricher im Kino-Actionfilm „Der Joker" (mit Peter Maffey, 1987) bekant. Es folgten weitere Auftritte in Serien wie „Großstadtrevier", „Der Landarzt", „Ein Fall für TKKG" oder „Die Männer vom K3". 1984 wirkte Hacker im „Tatort – Rechnung ohne Wirt" mit. Nachdem er sich aufgrund von gesundheitlichen Problemen aus dem Filmgeschäft zurückgezogen hatte, war er bis zu seinem Tod im Jahr 1995 ständiges Ensemble-Mitglied der Karl-May-Festspiele im schleswig-holsteinischen Bad Segeberg. Privat lebte Uwe Hacker in Hamburg – in der Serichstraße 88 im Stadtteil Winterhude. In der Hansestadt verstarb er im November 1995 nach langem Krebsleiden. Seine letzte Ruhestätte fand der sympathische Schauspieler auf dem Friedhof Ohlsdorf.

Die Grabstätte von Uwe Hacker auf dem Friedhof Ohlsdorf. Es handelt sich um eine Familiengrabstätte mit einer Stele.

In diesem Mehrfamilienhaus in der Serichstraße in Hamburg wohnte Uwe Hacker. Der Schauspieler hattes es nicht weit bis zur Außenalster, einem größeren See.

Er machte sich jahrelang als Autotester in der Sendung „Das!" (Rubrik „Das! mobil") im NDR-Fernsehen einen Namen: Karl-Otto Maue. Gerne nahmen viele Zuschauer seine Tipps über Neuwagen an, hörten gespannt den Kultsatz „Und was kostet der Spaß?" Am 1. November 1946 wurde Maue in Hameln (Niedersachsen) geboren und überzeugte die TV-Zuschauer mit seiner humorvollen Art. Er kam 1993 zum Norddeutschen Rundfunk und arbeitete zunächst bis 1996 für das Satiremagazin „extra 3". Dann folgte die Tätigkeit als Autotester.

In einer Meldung anlässlich seines Todes in der Nacht zum 4. Juli 2008 sagte Volker Herres, Programmdirektor des NDR: „Karl-Otto Maue hat als Autotester dieses Genres völlig neu entwickelt. Seine Fahrberichte waren ebenso informativ wie unterhaltsam, originell und ironisch. Wir verlieren mit Karl-Otto Maue einen prägenden Protagonisten des NDR, einen großartigen Journalisten und eine echte Type. Die Nachricht von seinem Tod hat uns alle erschüttert und tief betroffen gemacht."

Karl-Otto Maue hinterlässt seine Frau und drei Kinder. Er wurde auf dem Friedhof Ohlsdorf in Hamburg beigesetzt.

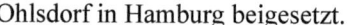

Das Straßenschild mit der Aufschrift Steenwisch – eine kleine, ruhige Seitenstraße im Hamburger Stadtteil Stellingen.

In dieser schmucken, weißen Villa an der Straßenecke Steenwisch / Jaguarstieg im Stadtteil Stellingen in Hamburg wohnte Journalist Karl-Otto Maue bis zu seinem Tod im Juli 2008.

Die Grabstätte von Karl-Otto Maue auf dem Friedhof Ohlsdorf.

Peter Schulz, 25. April 1930 bis 17. Mai 2013, (Politiker, Jurist)

Hamburgs Erster Bürgermeister a. D. Peter Schulz im Jahr 2010.

„Mit Peter Schulz hat Hamburg einen Anwalt hanseatischer Politik verloren. Er hat das Prinzip der sozial verpflichteten, freiheitlichen Demokratie mit Nachdruck vertreten", sagte Hamburgs Erster Bürgermeister Olaf Scholz über einen seiner Vorgänger. Im Mai 2014 enthüllte Scholz ein Portrait des ehemaligen Hamburger Regierungschefs (1971-1974) im Rathaus. Mit 41 Jahren war Peter Schulz (SPD) der jüngste Bürgermeister der Hansestadt seit 1678 geworden. Im Anschluss war er von 1975 bis 1986 mit nur sechs Monaten Unterbrechung Präsident der Bürgerschaft. Später wurde er dort Honorarkonsul von Norwegen und Präsident des Anwaltsgerichtshofs für Mecklenburg-Vorpommern. Der gebürtige Rostocker lebte bis zu seinem Tod in der Langenhorner Moorreye. Schulz starb am 17. Mai 2013 nach langer Krankheit. Altbundeskanzler Helmut Schmidt, mit Schulz länger als 50 Jahre befreundet, würdigte ihn in seiner Trauerrede als „absolut zuverlässigen Anwalt des Rechts und der Demokratie". Schulz wurde 1990 mit der Bürgermeister-Stolten-Medaille des Hamburger Senats sowie im Jahr 2006 mit der Ehrendoktorwürde der philosophischen Fakultät der Universität Rostock ausgezeichnet. Er wurde auf dem Friedhof Ohlsdorf in Hamburg beigesetzt.

Das Wohnhaus von Peter Schulz. Hier lebte er bis zu seinem Tod am 17. Mai 2013. Das kleine Foto rechts zeigt seine Grabstätte auf dem Friedhof Ohlsdorf.

Hermann Friedrich Messtorff, von 1854 bis 1915 (Kaufmann)

Hermann Friedrich Messtorff war ein sehr erfolgreicher Kaufmann und lebte von 1854-1915. Genaue Geburts- und Sterbedaten sind nicht überliefert. Im Jahre 1889 ließ sich Hermann Friedrich Messtorff in der „Villa Hohentann" an der Wentorfer Straße in Bergedorf nieder und ließ sich 1898 bis 99 von Johann Grotjahn eine prachtvoll ausgestattete Villa auf dem Grundstück des heutigen Bezirksamtes Bergedorf errichten. Der Neu- beziehungsweise Umbau war prunkvoll gestaltet. Messtorff kaufte sich umliegende Grundstücke südlich des Schulenbrookswegs hinzu, um ungestört von einem Teil seines Parks in den anderen zu kommen. Besonderheit: einen öffentlich zugänglichen Weg hatte er kurzerhand untertunnelt. Messtorff bekam daher auch den Beinamen „Prinz von Bergedorf". Messtorff gehörte seinerzeit zu den reichsten Hamburgern. 1924 wurden seine Villa samt Nebengebäude und Park von der Stadt Bergedorf angekauft und zum Rathaus umgebaut.

Seine Grabstätte befindet sich auf dem Friedhof Bergedorf im Osten der Stadt Hamburg.

Die Grabstätte auf dem Friedhof Bergedorf.

Das Anwesen von Hermann F. Messtorff. In der großen Villa (Foto unten) befindet sich das heutige Bergedorfer Bezirksamt. Es war bis 2013 in gelb, wie es auch das kleine Nebengebäude noch heute ist. Messtorff lebte bis 1915 in der prunkvollsten Villa Bergedorfs. Noch heute existieren das alte Treppenhaus mit Marmorstufen und künstlichem Stuckmarmor an den Wänden und Säulen.

Kurt Adolf Körber wurde am 7. September 1909 in Berlin geboren und war ein erfolgreicher Unternehmer im Bereich des Maschinen- und Anlagenbaus. Im Jahr 1946 gründete Körber die „Hauni Maschinenfabrik" mit Sitz in Hamburg-Bergedorf, die vor allem mit der Herstellung von Maschinen für die Fabrikation von Filterzigaretten bekannt geworden ist. Das Unternehmen ist heute Teil der Körber AG, eines international agierenden Maschinenbaukonzerns. Körber gilt als eine der großen Unternehmerpersönlichkeiten der Nachkriegszeit in der Bundesrepublik. Bereits 1957 gründete Körber seine erste mäzenatische Stiftung in Hamburg zur Förderung des Wiederaufbaus des ortsansässigen Thalia Theaters. Außerdem unterstützte er in den Folgejahren auch immer wieder Stiftungen im Bereich der Kultur und zur Förderung des technischen Nachwuchses. Bundespräsident Karl Carstens verlieh Kurt A. Körber 1983 die Medaille für Verdienste um das Stiftungswesen des Bundesverbandes deutscher Stiftungen.
1960 verlieh ihm die Universität Erlangen und 1990 die Technische Universität Dresden ihre Ehrendoktorwürde. 1991 wurde er Ehrenbürger Hamburgs, nachdem der Senat der Stadt ihn bereits 1980 mit der Bürgermeister-Stolten-Medaille ausgezeichnet hatte.

Außerdem wurde Kurt A. Körber 1987 als Ehren-Schleusenwärter ausgezeichnet. Er starb am 10. August 1992 in Hamburg – im Stadtteil Bergedorf (auf dem Pfingstberg 10) hatte der Mäzen seinen Lebensmittelpunkt. Deshalb befindet sich auch seine Grabstätte in Bergedorf: auf dem Friedhof in der August-Bebel-Straße fand er seine letzte Ruhe.

Die Grabstätte von Kurt Adolf Körber. Sie befindet sich auf dem Friedhof in Hamburg-Bergedorf.

In dieser Villa am Pfingstberg 10 im Hamburger Stadtteil Bergedorf wohnte Kurt Adolf Körber. Es umfasst einen recht großzügigen Garten.

Hanne Mertens war eine Schauspielerin, absolvierte ihre Ausbildung von 1928 bis Oktober 1930 an der staatlichen Schauspielschule in Berlin. Danach war sie bis 1932 am Berliner Staatstheater engagiert und spielte kleine Rollen. Es folgten Engagements in Düsseldorf am Schauspielhaus und dem Städtischen Theater, ab 1934 war sie in Berlin am Theater am Nollendorfplatz und der Volksbühne engagiert. 1938 spielte sie erstmals eine kleine Nebenrolle im Film „Unsere kleine Frau". Sie stand auch für den Film „Ich verweigere die Aussage" (mit Olga Tschechowa, 1938/ 1939) und „Alarmstufe V" (1941) vor der Kamera. In Hamburg galt Hane Mertens als große Neuentdeckung und spielte sich in die Herzen des Publikums. Sie avancierte als starke Persönlichkeit, die auch langweilige Rollen in unverwechselbare Figuren verwandelte. Angesichts der nahenden britischen Truppen verlegte man am 20. April 1945 die Schauspielerin mit weiteren Häftlingen in das KZ Neuengamme. In einem dortigen Arrestbunker wurden sie in den folgenden Nächten (21./22. und 22./23. April 1945) erhängt.

In diesem Mehrfamilienhaus in der Serichstraße 66 in Hamburg lebte Hanne Mertens zuletzt. Heute erinnert ein Stolperstein an den einstigen Wohnort.

Claus Adel Arndt.

Claus Arndt wurde am 16. April 1927 in Marburg geboren und war war ein Jurist und Politiker (SPD). 1951 trat er in die SPD ein und wurde Mitglied des Sozialistischen Deutschen Studentenbundes (SDS). Im SDS engagierte er sich von 1951 bis 1955 als stellvertretender Bundesvorsitzender. Von 1959 bis 1968 und 1973 bis 1974 arbeitete Arndt im Staatsdienst der Freien und Hansestadt Hamburg, zuletzt als Senatsdirektor. Ab 1960 war Arndt Lehrbeauftragter für Staatsrecht an der DHV Speyer und ab 1983 an der Fachhochschule des Bundes für öffentliche Verwaltung. 1973 bis 1974 lehrte er Sozialwissenschaften an der Universität Hamburg, 1992 wurde er zum Professor ernannt. Von 1968 bis 1972 und von 1974 bis 1976 gehörte er als Abgeordneter der Sozialdemokratischen Partei Deutschlands (SPD) dem Deutschen Bundestag an. Von 1969 bis 1972 war Claus Arndt stellvertretender Vorsitzender des Rechtsausschusses, zusammen mit Gerd Ruge (WDR Journalist) setzte er sich vielfältig für Minderheitenrechte ein und gründete die deutsche Sektion von Amnesty International. Zusammen mit seiner Ehefrau, der Grafikerin Elke Arndt-Bruhns, lebte Arndt im Hamburger Stadtteil Lohbrügge im Bezirk Bergedorf.

In diesem Bungalow wohnte Claus Arndt. Dieses Gebäude befindet sich im Fanny-David-Weg 61 im Stadtteil Lohbrügge in Hamburg.

Die Grabstätte von Claus Arndt auf dem Friedhof Bergedorf in Hamburg.

Werner Hackmann war ein Politiker (SPD) und Sportfunktio-
när. Von 1988 bis 1994 war er als Senator Präses der Behörde
für Inneres in Hamburg, nachdem er zuvor bereits seit 1981
als Staatsrat in verschiedenen Behörden und Senatsämtern tätig gewesen war. Hackmann war außerdem ab 2001 als Vertreter des Hamburger SV Präsident des Ligaverbandes „Die
Liga – Fußballverband", Aufsichtsratsvorsitzender der Deutschen Fußball Liga (DFL) und Vizepräsident des Deutschen
Fußball-Bundes (DFB). Am 7. August 2007 wurde er postum
zum ersten Ehrenpräsidenten des Ligaverbandes ernannt. *Werner Hackmann im*
In der Zeit als Innensenator musste sich Werner Hack- *Jahr 1981.*
mann mit Hausbesetzungen in der Hafenstraße, dem zu-
nehmenden organisierten Verbrechen und ausländerfeindlichen Übergriffen be-
fassen. In dieser Situation verhinderte er ein für den 20. April 1994 geplantes
Fußball-Länderspiel zwischen Deutschland und England aus Sorge wegen Kra-
wallen an Hitlers Geburtstag. In Folge des Hamburger Polizeiskandals am 12. September 1994 trat Hackmann von seinem Amt zurück. Sein Rücktritt erregte bun-
desweites Aufsehen. Von 1996 bis 1997 war Werner Hackmann Präsident des
Hamburger Sportbundes, ehe er als Geschäftsführer zum Hamburger SV wechselte.

*In diesem Haus im Ham-
burger Stadtteil Net-
telnburg wohnte Werner
Hackmann.*

*Seine letzte Ruhestätte fand
Werner Hackmann auf dem
Friedhof Bergedorf in Ham-
burg. Dort erinnert dieser
Grabstein an den Politiker.*

Hermann Distel, 5. September 1875 bis 15. August 1945 (Architekt)

Hermann Distel wurde am 5. September 1875 in Weinsberg geboren war ein deutscher Architekt. Distel studierte zunächst an der Technischen Hochschule in Stuttgart, dann an der Technischen Hochschule in Karlsruhe. Nach dem Studienabschluss im Jahr 1902 sammelte er erste berufliche Erfahrungen in Karlsruhe (im Architekturbüro von Robert Curjel und Karl Moser), Zürich, Berlin, Freiburg im Breisgau und Breslau. Mit seinem Studienfreund August Grubitz gründete er im Jahr 1905 in Hamburg das Architektur-büro Distel und Grubitz, das sich in den 1930er Jahren auf dem Gebiet des Kranken-hausbaus spezialisierte. Das 1910–1911 erbaute Haus in der heutigen Hermann-Distel-Straße 31 (bis etwa 1940 Bismarckstraße) im Hamburger Stadtteil Bergedorf entwarf der Architekt als Wohnhaus für sich und seine Familie. Hermann Distel lebte dort bis zu seinem Tod. Ein Teil des ebenfalls von Distel entworfenen Mobiliars blieb mehrere Jahre erhalten. Das Gebäude ist ein Beispiel für die sogenannte Reformarchitektur nach der Jahrhundertwende und steht noch heute unter Denkmalschutz.

Architekt Hermann Distel hat zahlreiche Ge-bäude in der Hansestadt Hamburg entworfen: Kontorhaus „Montanhof", Altersheim „Stre-sow-Stift" oder das Hauptgebäude der Univer-sität Hamburg. Auch die Villa (oben) entwarf er selbst. Dort lebte Distel bis zu seinem Tod. Eine Gedenktafel (rechts) erinnert an seinen damaligen Wohnsitz.

Curd Jürgens war ein deutsch-österreichischer Bühnen- und Film-Schauspieler, der auch in zahlreichen internationalen Filmen zu sehen war. Curd Jürgens war „Des Teufels General", der für manche Zuschauer beste „Jedermann" und ein eindrucksvoller Bond-Bösewicht in „Der Spion, der mich liebte". Als vielseitiger Schauspieler zeigte er sich auf mehreren Theaternühnen. Jürgens war lange Jahre Mitglied des Ensembles am Wiener Burgtheater, wo er in „Endstation Sehnsucht" (von Tennessee Williams) großen Erfolg hatte. Curd Jürgens spielte über vier Jahrzehnte hinweg in etwa 160 Filmen mit. Als Filmschauspieler zählte er ab den späten 1950er Jahren zu den wenigen deutschsprachigen Stars mit weltweitem Ruhm und wirkte bis zu seinem Tod in zahlreichen internationalen Produktionen mit. Meist wurde der Typ des smarten Frauenhelden und charmanten Draufgängers mit ihm in Filmrollen besetzt. Als Curd Jürgens am 13. Dezember 1982 im Alter von nur 67 Jahren bei Dreharbeiten in Wien starb, trauerte nicht nur Deutschland um seinen Weltstar. Während der Beisetzung auf dem Wiener Zentralfriedhof flog die österreichische Luftwaffe eine Ehrenformation über seine Grabstätte.

Curd Jürgens im Jahr 1971.

Das Foto rechts zeigt die Ehrengrabstätte des Schauspielers auf dem Wiener Zentralfriedhof.

Die so genannte Curd Jürgens-Villa in der Straße Bellevue 19 (direkt an der Außenalster) in Hamburg. Hier lebte der Schauspieler mehrere Jahre.

Hanno Edelmann war Maler, Grafiker und Bildhauer. Seine Bildfenster, die der Künstler gestaltet hat, befinden sich in 22 Kirchen Hamburgs. Ein Kunststudium war zunächst nicht möglich, weil Edelmann als 17-Jähriger zur Wehrmacht eingezogen wurde. Es folgte ein Studium an der Hamburger Kunsthochschule bei Willem Grimm und Ivo Hauptmann. 1953 heiratete er seine Künstlerkollegin Erika Estag, mit der er Studienreisen durch zahlreiche europäische Länder unternahm. Bekannt wurde der Künstler auch mit zahlreichen Bronzeskulpturen.

In der Rahlstedter Bahnhofsstraße stehen bis heute „Adam und Eva" – als lebensgroße Skulpturen. Edelmann war stets der gegenständlichen Kunst verpflichtet, er schuf zahlreiche großformatige Ölbilder, Plastiken und ein umfangreiches grafisches Werk. Einzelausstellungen hatte er unter anderem in Hamburg, Lübeck, Kopenhagen und Athen. Seine Werke befinden sich in öffentlichen und privaten Sammlungen. In den 1980er-Jahren begann Hanno Edelmann mit der Gestaltung von Skulpturen, insbesondere aus Bronzeguss. Plastiken, großformatige Ölbilder, Aquarelle und Graphiken zeigen die schöpferische Vielfalt des Künstlers. Für die deutsche Übersetzung des Buches „Die Bibel im Licht der Altertumsforschung" (1957) von William Foxwell Albright zeichnete er die Karten. Er lebte bis zu seinem Tod im Juli 2013 in der Wolliner Straße 34 im Hamburger Stadtteil Rahlstedt. Im selben Stadtteil fand er auch seine letzte Ruhe: auf dem dortigen Friedhof Rahlstedt erinnert eine lebensgroße Skulptur an den Künstler.

In dieser Villa im Hamburger Stadtteil Rahlstedt verbrachte der Künstler Hanno Edelmann seine letzten Lebensjahre, bevor er am 13. Juli 2013 starb. Seine Grabstätte (Foto oben) ist auf dem Friedhof Rahlstedt zu finden.

Hermann Schnabel, 29. März 1921 bis 9. Juni 2010 (Unternehmer, Philatelist)

Mit Hermann Schnabel verschwand am 9. Juni 2010 eine Persönlichkeit aus dem aktiven Stadtbild Hamburgs, die trotz ihres Vermögens und ihrer beruflichen Erfolge immer Mensch blieb. Schnabel machte zunächst eine Lehre zum Einzelhandelskaufmann, kaufte 1950 das Im- und Export-Unternehmen Karl O. Helm für 3.000 Deutsche Mark und brachte es zu einem der weltweit größten Handelshäuser für Chemikalien, Kunststoffe, Pharmarohstoffe und Futtermittel. Das Unternehmen baute Schnabel mit der Spezialisierung auf den Chemiehandel rasch aus. Über eine 50 prozentige Beteiligung war er bis 1992 an der Deutschen Chemapol GmbH beteiligt und mit 50 Prozent an einem Joint Venture mit der Chemapol in Prag, über die der komplette Chemie-Außenhandel der damaligen Tschechoslowakei abgewickelt wurde.

Als Geschäftsführer und Mehrheitsaktionär des Unternehmens HELM AG gehörte Schnabel 2001 mit einem Privatvermögen von drei Milliarden DM zu den reichsten Deutschen. 2010 verstarb Schnabel nach Medieninformationen in seinem Haus. Das Anwesen befindet sich im Saselbergweg 51 im Hamburger Stadtteil Poppenbüttel. Hermann Schnabel wurde auf dem Friedhof Ohlsdorf in Hamburg beigesetzt (kleines Foto unten). Die HELM AG wurde von 1984 bis 2012 von seinem Sohn, Dieter Schnabel, weitergeführt.

Hinter hohen Hecken und einem Sicherheitszaun aus Stahl im Saselbergweg 51 in Hamburg-Poppenbüttel lebte Unternehmer Hermann Schnabel.

Hermann Schnabel, Saselbergweg 51, Hamburg-Poppenbüttel

Lonzo wurde am 29. September 1952 in Hamburg mit bürgerlichem Namen Lorenz Westphal geboren und war ein erfolgreicher Musiker. Sein Spitzname war „Der Teufelsgeiger von Eppendorf". Lonzo war unter anderem Mitglied der Musikgruppen „Rentnerband" und der Hamburger „Formation Leinemann". Er bildete außerdem gemeinsam mit Okko Bekker, Berry Sarluis, Chris Hermann und Wolfgang Timpe die Gruppe „Okko, Lonzo, Berry, Chris & Timpe". Im Jahr 1974 nahm er zusammen mit seinem langjährigen Weggefährten, dem Pianisten Gottfried Böttger, die Single „Hamburg '75" auf, die sich auf die damals florierende Hamburger Szene bezog. Dieser gehörten unter anderem Musiker Udo Lindenberg, Komiker Otto Waalkes und Kabarettist Hans Scheibner an. Die kommerziell erfolgreichste Zeit war für Lonzo das Jahr 1980, als seine Singles „Der Zaubergeiger" (Der Teufel kam nach Eppendorf) – eine deutsche Version des Liedes „The Devil went down to Georgia" von Charlie Daniels – und „Die Dinosaurier" erschienen. Lonzo starb am 13. November 2001 in Hamburg an einem Herzinfarkt. Er wurde auf dem Friedhof im Stadtteil Volksdorf beigesetzt. Eine Stele, auf der eine Geige und sein bürgerlicher Name und sein Pseudonym zu sehen sind, erinnert an den Musiker. Er hatte in der Feldbrunnenstraße 41 in Hamburg seinen privaten Wohnsitz und zudem seinen eigenen Musikverlag.

Der Grabstein des Musikers Lonzo auf dem Friedhof Volksdorf im Osten Hamburgs. Diese Stele erinnert an den großen Musiker.

In diesem Gebäude in der Feldbrunnenstraße 41 im Hamburger Stadtteil Rotherbaum hatte Lonzo seinen privaten Wohnsitz und zudem seinen eigenen Musikverlag.

John Jahr wurde am 20. April 1900 in Hamburg geboren und war ein Verleger. Nach einer kaufmännischen Lehre absolvierte John Jahr zunächst ein Volontariat beim Hamburger „Sport Extra-Blatt" und arbeitete danach von 1920 bis 1924 als Sportredakteur für die Hamburger Nachrichten und andere Zeitungen in der Hansestadt, ehe er mit dem Magazin „Sport-Chronik" den Einstieg ins eigene Verlagsgeschäft wagte. John Jahr erhielt 1947 zusammen mit Verleger Axel Springer die Lizenz für die Zeitschrift „Constanze", die zum Vorbild vieler Frauenzeitschriften wurde. Im Laufe der Jahre kamen „Brigitte" und „Schöner wohnen" hinzu. 1950 bis 1962 hielt John Jahr eine Beteiligung am Nachrichtenmagazin „Der Spiegel", der ebenfalls in Hamburg seinen Sitz hatte. 1965 gründete er mit Gerd Bucerius und Richard Gruner die „Gruner + Jahr

GmbH und Co"., in der später der „Constanze-Verlag" und der „Henri Nannen-Verlag" mit der Illustrierten „Stern" aufging. Bis zuletzt widmete sich Jahr dem 1971 gegründeten „John Jahr Verlag", in dem eine Reihe von Fachzeitschriften zum Thema Sport und Freizeit. Für die Olympischen Spiele 1928 in Amsterdam besaß er die exklusiven Bildrechte für Deutschland. Als John Jahr 1991 starb, hinterließ er ein umfangreiches Portfolio aus Verlagen, Hotels, Immobilien und Buchhan-delsketten. Seine Grabstätte befindet sich auf dem Hamburger Friedhof Ohlsdorf.

Die Stadtvilla, in der John Jahr ab 1948 in Hamburg wohnte. Die ist im Harvestehuder Weg 9 zu finden. Zeitweise waren auch Redaktionsbüros in dem Gebäude. Sie liegt direkt an der Außenalster (etwa 164 Hektar großer See mit bis zu 4,5 Meter Tiefe).

Heini Kaufeld wurde am 19. Juli 1920 in Hamburg geboren und war ein deutscher Theaterschauspieler, Hörspielsprecher und Regisseur. Kaufeld spielte bereits als Kind an verschiedenen Hamburger Theatern. Als Bub stand er unter anderem auf der Bühne des Deutschen Schauspielhauses. 1939 engagierte ihn Richard Ohnsorg an der Niederdeutschen Bühne Hamburg, dem späteren Hamburger Ohnsorg-Theater. Kaufeld verkörperte dort überwiegend komische Figuren, aber ebenso Charakterrollen. Heini Kaufeld wurde bundesweit durch zahlreiche Fernsehaufzeichnungen von Stücken des Ohnsorgtheaters im NDR bekannt: „Das Herrschaftskind" (1955), „De dolle Deern" (1962) oder „Tratsch im Treppenhaus" (1974). 1966 war er in dem Stück „Kein Auskommen mit dem Einkommen" als Regisseur im Einsatz. 1979 musste Heini Kaufeld infolge einer schweren Erkrankung den Beruf aufgeben, er zog sich zurück. Seine Wohnung hatte Kaufeld in der Richardallee 4. Er hat eine Tochter, Susanne Kaufeld, die mit ihm am Ohnsorg Theater in mehreren Stücken auftrat. Er starb am 6. Mai 1996 im Alter von 75 Jahren in Hamburg. Schauspieler Heini Kaufeld wurde auf dem Friedhof Ohlsdorf in Hamburg auf einem anonymen Urnenhain (Foto rechts) in Nähe der Kapelle 2 beigesetzt.

In diesem Mehrfamilienhaus (Rotklinkerbau) im Hamburger Stadtteil Hohenfelde wohnte Schauspieler Heini Kaufeld bis zu seinem Tod am 6. Mai 1996.

Drafi Deutscher war ein Sänger, Komponist und Musikproduzent. Mit dem Titel „Marmor, Stein und Eisen bricht" (1966) war er berühmt geworden und schaffte es sogar in die US-Charts. Drafi Deutscher hatte seine Karriere in den 1960er Jahren begonnen und 1963 mit der Single „Teeny" seinen ersten Hit gelandet. Einen weiteren großen Hit landete Deutscher mit seiner dritten Single „Shake Hands" (1964). „Nimm mich so wie ich bin" oder „Herz an Herz Gefühl" – das waren nur zwei weitere Hits, die Drafi Deutscher in seiner mehr als 40-jährigen Karriere landete. 1966 befand sich Deutscher auf dem Höhepunkt seiner jungen Karriere. Die Singles „Nimm mich so wie ich bin", „Honey Bee" und „Die goldene Zeit" (mit Manuela) avancierten allesamt zu Verkaufshits. Im gleichen Jahr erhielt er den „Goldenen Otto" der Jugendzeitschrift Bravo als beliebtester Schlagerstar. Drafi Deutscher und Oliver Simon traten als „Mixed Emotions" auf und erreichten die Top-Platzierungen der deutschen Albumcharts. 1988 übernahm Drafi Deutscher eine Rolle in der Literaturverfilmung „Die Bertinis". 1992 trat er in der ersten Folge von „Familie Heinz

Drafi Deutscher bei einem Live-Auftritt auf der Kieler Woche im Jahr 2002.

Becker" auf. Zeitweise wohnte Deutscher in Hamburg. Dort hatte er im Uni-Viertel in der Schlüterstraße 16 eine Wohnung. Zuletzt lebte er in der Hauptstraße 103 in Mömlingen in Hessen.

Deutscher starb am 9. Juni 2006 an Herz-Kreislauf-Versagen, er wurde auf dem Städtischen Parkfriedhof Berlin-Lichterfelde beigesetzt. Auf seinem Grabstein ziert ein Hut – das Markenzeichen des Künstlers.

In diesem Gebäude in der Schlüterstraße 16 in Hamburg-Rotherbaum hatte Schlagersänger Drafi Deutscher seine Wohnung.

Ralf Arnie, 14. Februar 1924 bis 19. Januar 2003 (Komponist, Liedtexter)

Mit dem unvergessenen Schlager „Tulpen aus Amsterdam" wurde er berühmt: Ralf Arnie. Er war eine große Ikone der deutschen Unterhaltungsmusik, dessen wirklicher Name Artur Niederbremer war. Arnie, der auch unter dem Pseudonym Dieter Rasch arbeitete, wurde zunächst Mitarbeiter der Musikverlage Sikorski und Ralph Maria Siegel. 1960 gründete er einen eigenen Verlag unter seinem Namen. „Ansonsten Herr Lutter", gesungen von Friedel Hensch und den Cyprys, wurde 1951 sein erster Erfolg. Es folgten über 1.000 Lieder, darunter Schlager wie „Messer, Gabel, Schere, Licht", „Ramona", „Schau ich zum Himmelszelt". Ralf Arnie entdeckte und produzierte auch Künstler wie Udo Lindenberg und Otto Waalkes, schrieb Lieder für Vicky Leandros („Ich hab' die Liebe geseh'n"), Freddy Quinn („Heimweh/Dort wo die Blumen blüh'n") Nana Mouskouri („Der Sommer für uns zwei") und viele andere.

Dabei blieb Ralf Arnie stets bescheiden: Die Goldenen Schallplatten bewahrte er bei sich im Keller auf. 1999 kam eine Goldene Stimmgabel für sein Lebenswerk dazu.

Die Grabstätte von Ralf Arnie auf dem Friedhof Ohlsdorf. Komponist Ralf Arnie, 1927 - 2003 steht mit weißen Buchstaben auf der Grabplatte.

Von 1952 bis zu seinem Tod lebte Ralf Arnie in Hamburg. Im Stadtteil Harvestehude lebte der Komponist, sein Studio hatte der Liedtexter im Heussweg 33 in Eimsbüttel. Es war sein zweites Zuhause, dort verbrachte er fast unzählige Stunden. Ralf Arnie fand seine letzte Ruhestätte auf dem Friedhof Ohlsdorf in Hamburg. In der Nähe der Kapelle 1 ist sein Grab zu finden.

Ralf Arnie hatte in diesem Gebäude sein Tonstudio. Der Zugang war über einen Innenhof. Dort produzierte er zahlreiche Titel vorwiegend aus der Schlagerbranche.

Hans Tügel war als Schauspieler, Regisseur, Hörspielsprecher und Autor erfolgreich. Nach seiner Ausbildung begann er 1927 im Alter von 33 Jahren seine Theaterkarriere als Regisseur und Oberspielleiter beim Landestheater Meiningen. Zu den weiteren Stationen seiner Theatertätigkeiten gehörten Kiel, Breslau, Königsberg, Posen, Hamburg und Lübeck. Zu seinen bekanntesten Inszenierungen gehören „Die Sintflut" von Ernst Barlach (Deutsches Schauspielhaus, Hamburg), „Der Hauptmann von Köpenick" von Carl Zuckmayer (Thalia Theater, Hamburg) und „O Wildnis" von Eugene O'Neill (Thalia Theater, Hamburg). Nach dem Zweiten Weltkrieg war er vorwiegend für den NWDR Hamburg und dessen Rechtsnachfolger, den NDR, als Hörspielsprecher und –regisseur tätig. Als Regisseur arbeitete Hans Tügel hauptsächlich für die Niederdeutsche Abteilung des Hamburger Senders. Umfangreich war dort von Anfang an die Zusammenarbeit mit dem Ensemble des Ohnsorg-Theaters, das in unzähligen Mundart-Hörspielen der verschiedensten Genres mitwirkte. Beispielsweise in der Sendereihe „Familje Lammers", in der das normale Leben einer deutschen Durcschnittsfamilie, mit ihren alltäglichen Sorgen und Problemen

geschildert wurde. Im Kinofilm „Hochwürden drückt ein Auge zu" stand er mit Heinz Reincke, Fritz Erhardt, Georg Thomalla und Uschi Glas vor der Kamera. Hans Tügel soll an etwa 800 Hörspielproduktionen mitgewirkt haben. 1974 wurde sein Buch „Zeit der Unruhe: ein Leben zwischen Buch und Bühne" veröffentlicht. Der Künstler lebte in einem Backsteinhaus in der Bürgerweide 58a in Hamburg. Er verstarb fünf Tage nach seinem 90. Geburtstag in seiner Heimatstadt Hamburg. Seine Frau überlebte ihn um sechs Jahre. Das Gemeinschaftsgrab (Foto unten) befindet sich auf dem Friedhof Ohlsdorf in Hamburg.

In diesem Gebäude in der Bürgerweide 58a in Hamburg-Borgfelde hatte Schauspieler Hans Tügel seine Wohnung.

Wilken F. Dincklage war ein Musiker, Radiomoderator und Schauspieler. Bekannt war er unter dem Künstlernamen „Willem" oder auch „Der dicke Willem". Im Alter von 15 kaufte sich Dincklage ein Banjo, und spielte damals in einigen Jazzclubs in Hamburg. Anfang der 1960er Jahre legte er sich dann eine Gitarre zu. 1972 gründete er, unter anderem zusammen mit Peter Petrel, die „Rentnerband". Im Jahr 1977 verließ Dincklage schließlich die „Rentnerband", um als Solokünstler „Willem" weiter zu arbeiten. Seine größten kommerziellen Erfolge erzielte er vor allem mit Coverversionen, wobei er die jeweilige Originalversion verulkte. Im Frühjahr 1977 konnte „Tarzan ist wieder da" Platz fünf der deutschen Singlehitparade erreichen. Im Jahr 1983 gelang ihm eine weitere Chartplatzierung mit „Wat?", einer deutschen Fassung „Wot" von Captain Sensibles. Sein letzter kommerzieller Hit war im Jahr 1986 eine Coverversion von „Geil", deren Original von Bruce & Bongo gesungen wurde. Außerdem nahm Willem im Jahr 1975 den Song „Bist Du einsam heut Nacht", eine Coverversion von „Are You Lonesome Tonight?", im Duett mit Helga Feddersen auf.

Dincklage arbeitete seit 1972 vorwiegend beim Hörfunk. Nach der Wende (1989) brachte Dincklage seine Medienerfahrung bei Antenne MV, dem ersten Privatsender Mecklenburg-Vorpommerns, ein. Wilken F. Dincklage war auch als Schauspieler tätig und spielte kleinere Nebenrollen in den Filmen: „Helga und die Nordlichter" (1984), „Otto − Der Film" (1985), „Otto − Der neue Film" (1987), „Otto − Der Außerfriesische" (1989) und „Ein Fall für TKKG" (Folge: Bestien in der Finsternis, 1987). Er wohnte in einer Villa im Rondeel 29 im Hamburger Stadtteil Winterhude.

In dieser Villa in der Straße Rondeel 29 im Hamburger Stadtteil Winterhude lebte Wilken F. Dincklage, der als Musiker, Schauspieler und Radiomoderator aktiv war.

Horst Michael Neutze wurde am 17. November 1923 in Hannover geboren und war ein Schauspieler, der im Fernsehen vor allem Ganoven und Kriminalkommissare verkörperte. Nach der Schule nahm Neutze Schauspielunterricht, er bekam sein erstes Engagement in der Spielzeit 1946/47 am Stadttheater Aschaffenburg. 1947 bis 1949 wirkte er an den Städtischen Bühnen Bielefeld, 1949 und 1950 Staatstheater Darmstadt, 1950 bis 1961 an den Bühnen der Landeshauptstadt Kiel und von 1961 bis 1966 bei Willy Maertens und Kurt Raeck am Thalia Theater in Hamburg. Seither war er freischaffend. Als Theaterregisseur arbeitete er an den Bühnen der Hansestadt Lübeck. Einem breiten Publikum wurde er durch zahlreiche Rollen in Spielfilmen, Fernsehspielen und Fernsehserien wie „Stahlnetz", „Ein Fall für zwei", „Der Landarzt", „Dem Täter auf der Spur", „Das Kriminalmuseum" oder „Derrick" bekannt. Er spielte meist raubeinige Typen, oft Ganoven, aber auch unerschrockene Gesetzeshüter. Ende der 1980er Jahre verkörperte er dreimal den Kriminalkommissar Schreitle in der Krimireihe „Tatort" des damaligen Süddeutschen Rundfunks. Neutze wirkte auch als Synchronsprecher, lieh für Hörspiele über 500 Figuren seine Stimme. Privat lebte Horst Michael Neutze in der Innocentiastraße 26 in Hamburg-Harvestehude. Mit Horst Michael Neutze ist der letzte der drei Neutze-Brüder gestorben, die seit den 50er-Jahren in Deutschland auf Bühne und Leinwand große Popularität genossen. Seine Brüder waren Günther Neutze (1921-1991) und Hanns Lothar (1929-1967), die in den 50er- und 60er-Jahren zu den beliebtesten Schauspielern Deutschlands gehörten.

Die private Wohnanschrift zu Lebzeiten des Schauspielers Horst Michael Neutze: Innocentiastraße 26 in Hamburg-Harvestehude. In dieser Stadtvilla war Neutze zuhause. Es war seine letzte Meldeadresse.

Herbert Weichmann war ein SPD-Politiker und von 1965 bis 1971 Erster Bürgermeister von Hamburg. Politisch prägten ihn der Erste Weltkrieg und der Untergang des Kaiserreiches, das Scheitern der Weimarer Republik und der Terror der NS-Diktatur. Die Nationalsozialisten verfolgten Herbert Weichmann wegen seiner Mitgliedschaft in der SPD und seiner jüdischen Herkunft. Im September 1933 ging er über Prag zunächst ins Pariser Exil und baute sich dort eine Existenz als Journalist auf. Ein Jahr nach Kriegsende setzt er sein Studium als Jurastudent fort, promoviert 1922 an der Universität Breslau und arbeitet als Korrespondent der Frankfurter Zeitung und der Vossischen Zeitung. 1927 wird er Chefredakteur der Kattowitzer Zeitung und folgt 1928 einer Berufung in das Preußische Staatsministerium als persönlicher Referent des Ministerpräsidenten Otto Braun. Zudem wirkte er nach dem Krieg in verantwortlichen Positionen maßgeblich am demokratischen Aufbau der Bundesrepublik mit. Von 1948 bis 1957 war Herbert Weichmann Präsident des Rechnungshofes Hamburg, bevor er 1957 in den Senaten der beiden Bürgermeister Max Brauer (bis 1961) und Paul Nevermann für acht Jahre Finanzsenator wurde.
Er starb am 9. Oktober 1983 in Hamburg.

Am 24. Juni 1971 trägt sich Herbert Weichmann beim Bundespräsidenten Heinemann ins Buch ein.

Die Grabstätte von Herbert und Elsbeth Weichmann (Seite 210) auf dem Friedhof Ohlsdorf in Hamburg.

Das Wohnhaus von Herbert und Elsbeth Weichmann am Feenteich 8 in Hamburg-Uhlenhorst.

Hans-Dietrich Genscher, 21. März 1927 bis 31. März 2016 (Politiker)

Hans-Dietrich Genscher wurde am 21. März 1927 in Reideburg geboren und war ein Politiker der FDP. Von 1969 bis 1974 war Genscher Bundesinnenminister sowie von 1974 bis 1992 fast ununterbrochen Bundesminister des Auswärtigen. Er war zudem Vizekanzler der Bundesrepublik Deutschland – sowohl unter der Kanzlerschaft von Helmut Schmidt (SPD, Kanzler von 1974 bis 1982) als auch nach dem Regierungswechsel unter Helmut Kohl (CDU, Kanzler von 1982 bis 1998). Darüber hinaus war Hans-Dietrich Genscher von 1974 bis 1985 Bundesvorsitzender der FDP. Er gilt als historische Schlüsselfigur, indem er zeitlebens entschlossen und mit großem diplomatischem Geschick für die Überwindung der Teilung Europas und Deutschlands sowie des Kalten Krieges eintrat. In die Geschichte eingegangen ist seine (unvollendete) Ansprache „Wir sind zu Ihnen gekommen, um Ihnen mitzuteilen, dass heute Ihre Ausreise ..." (das Folgende ging im allgemeinen Jubel unter), mit der er am 30. September 1989 vom Balkon der Prager Botschaft den Tausenden dorthin geflohenen Angehörigen der DDR ihre Ausreise per Sonderzug verkündete, die er in langen Verhandlungen mit dem sowjetischen Außenminister Eduard Schewardnadse erreicht hatte.

Am 18. Mai 1992 schied Genscher auf eigenen Wunsch aus der Bundesregierung aus, der er insgesamt 23 Jahre angehört hatte. Seine Entscheidung hatte er drei Wochen zuvor, am 27. April 1992, bekannt gegeben. Damals war er Europas dienstältester Außenminister. Genscher lebte seit 1977 im Ortsteil Pech der Gemeinde Wachtberg bei Bonn, wo er in seinem Haus im Alter von 89 Jahren an Herz-Kreislauf-Versagen starb. Am 17. April 2016 wurde Genscher mit einem Staatsakt im ehemaligen Plenarsaal des Bonner Bundestages geehrt. Die Beisetzung fand auf dem Rheinhöhenfriedhof in Wachtberg-Ließem statt.

Seit 1977 lebte Hans-Dietrich Genscher in diesem Haus in Wachtberg-Pech. Mit dem kuriosen Namensschild (Foto oben) begrüße er die Gäste.

Hans-Dietrich Genscher, Am Kottenforst 16, Wachtberg-Pech

Arno Schmidt wurde in einem Mehrfamilienhaus 1914 in Hamburg-Hamm geboren und zählt zu den bedeutendsten Schriftstellern des deutschen Sprachraums nach dem Zweiten Weltkrieg. Die Verbindung von traditionellem Erzählen und avantgardistischer Schreibtechnik begründet seine besondere Stellung in der deutschsprachigen Literatur der zweiten Hälfte des 20. Jahrhunderts. In den meisten seiner erzählenden Werke steht ein dominierender Ich-Erzähler im Mittelpunkt. In vielerei Hinsicht ähnelt dieser Ich-Erzähler den Autor. Schmidts Werke sind gesättigt von Alltagsdingen eines zeitgenössischen Durchschnittsbürgers von Deutschland. Seine Sprache orientiert sich dabei oft an Dialekten. Die Besonderheit: vor allem in den späteren Werken hält sich der Schriftsteller nicht unbedingt an die Rechtschreibung, sondern verwendet eigene, an die Aussprache angelehnte Schreibweisen.

Arno Schmidt lebte von 1958 bis zu seinem Tode in Bargfeld bei Celle, wo heute die Arno Schmidt Stiftung seinen Nachlass verwaltet und Wohnhaus und Garten betreut. Arno Schmidt starb am 3. Juni 1979 im Krankenhaus Celle an den Folgen eines Gehirnschlags. Er wurde in seinem eigenen Garten in Bargfeld beigesetzt.

Gedenktafel am Grundstück Rumpffsweg 27 im Hamburger Stadtteil Hamm. Bis 1943 stand an dieser Stelle das Geburtshaus von Arno Schmidt. Es wurde nach dem zweiten Weltkrieg wieder aufgebaut (links).

Rumpffsweg 27 in Hamburg-Hamm: bis 1943 stand hier das Geburtshaus des Schriftstellers Arno Schmidt. Das Geäude wurde im Zweiten Weltkrieg Zerstört und schließlich später wieder aufgebaut. Es ähnelt dem Original.

Die Grabstätte von Arno Schmidt in Bargfeld.

Elsbeth Weichmann, 20. Juni 1900 bis 10. Juli 1988 (Politikerin)

Elsbeth Weichmann stammte aus einer bürgerlichen protestantischen Familie in Brünn (ehemalige Tschechoslowakei), orientierte sich früh politisch links und wurde 1926 mit einer Dissertation über den „Leninismus als Theorie der sozialen Befreiungsbewegungen in seinen historischen Grundlagen" promoviert. Sie war seit 1928 mit dem späteren Ersten Bürgermeister Hamburgs, Herbert Weichmann, verheiratet und emigrierte 1933 mit ihm über Frankreich in die USA. Nach der Rückkehr aus dem Exil im Jahr 1949 widmete sie sich neben der Parteipolitik den Bereichen Verbraucherschutz, Frauenrechte und der Kulturpolitik. Sie war von 1957 bis 1974 Mitglied der Hamburgischen Bürgerschaft – ihr Hauptbetätigungsfeld war die Kulturpolitik. Sie starb am 10. Juli 1988 in Hamburg. Ihre letzte Ruhestätte fand sie an der Seite ihres fünf Jahre vorher verstorbenen Mannes, Herbert Weichmann (Seite 207) auf dem Friedhof Ohlsdorf in Hamburg.

Das Wohnhaus von Herbert und Elsbeth Weichmann am Feenteich 8 in Hamburg-Uhlenhorst.

Das Ehepaar Weichmann auf dem SPD-Landesparteitag in Hamburg 1982.

Die Grabstätte von Herbert (Seite 207) und Elsbeth Weichmann auf dem Friedhof Ohlsdorf in Hamburg.

Friedrich Chrysander war ein Musikwissenschaftler und brachte es als Autodidakt zu einem der bedeutendsten Wissenschaftler im Genre Musik seiner Zeit. Außerdem war er Herausgeber der Werke Georg Friedrich Händels. Zusammen mit dem Historiker Georg Gervinus gründete Chrysander 1856 die Deutsche Händel-Gesellschaft mit dem Ziel, sämtliche Werke Georg Friedrich Händels herauszugeben. Chrysander verfasste eine Biographie Händels (1685–1759), die unvollendet blieb: Sie bricht im Jahr 1740 ab, dem Jahr der letzten Oper Deidamia und dem Beginn der Zeit der Oratorien. Das biografische Werk stellt dennoch in der Musikgeschichte eine ganz besondere Leistung dar. 1866 ließ sich Chrysander in Bergedorf (damals ein eigenständiger Ort) nieder, wo er – von diversen Studienreisen (unter anderem nach England) abgesehen – bis zu seinem Tode lebte. Im Einkaufszentrum CCB steht ein Relief des Musikwissenschaftlers und Händel-Forschers Friedrich Chrysander. Zahlreiche historische Studien Chrysanders erschienen unter anderem in den Jahrbüchern für Musikwissenschaft und der Vierteljahrsschrift für Musikwissenschaft.

Friedrich Chrysander auf einem Gemälde von Leopold von Kalckreuth, welches im Jahr 1901 angefertigt wurde.

Vor dem Grundstück erinnert diese grüne Tafel an Friedrich Chrysander.

Das ehemalige Grundstück von Friedrich Chrysander. Mittlerweile ist es mit Neubauten versehen. Hier lebte und arbeitete der Musikwissenschaftler von 1866 bis 1901.

Klaus Brunnstein war ein renomierter Informatiker und kämpfte gegen die Volkszählung, warnte vor Biometrie in Personalausweisen und war gegen unsichere Betriebssysteme samt Schadsoftware. Zuletzt warnte er vor elektronischen Wahlen. Als promovierter Diplom-Physiker war er ab 1969 Mitglied der Gründungskommission des Studienganges Informatik der Universität Hamburg. Dort wurde er 1973 zum Professor für Anwendungen der Informatik berufen. Im Jahr 1983 erwirkte Brunnstein als einer der Beschwerdeführer das Volkszählungsurteil, mit dem das Recht auf informationelle Selbstbestimmung in Deutschland erstmals anerkannt wurde. Der Öffentlichkeit wurde Klaus Brunnstein als Kritiker der Volkzählung von 1983 bekannt, die er als Landesvorsitzender der FDP in Hamburg auch politisch bekämpfte.

Mit einer an seinem Institut entwickelten PC-Software demonstrierte er auf öffentlichen Veranstaltungen, wie einfach bereits mit den damals verfügbaren Mitteln eine De-Anonymisierung von Volkszählungs-Datensätzen möglich war. Sein Lebensmittelpunkt war Hamburg. In einem mit Reet gedeckten Haus im Sülldorfer Kirchenweg 241 im Hamburger Stadtteil Sülldorf hatte er sein Domizil. Klaus Brunnstein starb im Alter von 77 Jahren (wenige Tage vor seinem 78. Geburtstag) nach kurzer schwerer Krankheit in seiner Heimatstadt Hamburg.

In diesem mit Reet gedeckten Haus am Sülldorfer Kirchenweg 241 wohnte Klaus Brunnstein. Nach seinem Diplom und seiner Promotion arbeitete Brunnstein am Hamburger Rechenzentrum des Deutschen Elektronen-Synchrotrons (DESY).

Klaus Brunnstein, Sülldorfer Kirchenweg 241, Hamburg-Sülldorf

Hanne Darboven war eine Konzeptkünstlerin und wurde durch ihre Schreibzeichnungen, die auf Zahlenoperationen, Ausschreibungen von Ziffern sowie auf rhythmischen Linien und Durchstreichungen beruhen, bekannt. Sie studierte in den Jahren 1962 bis 1965 an der Hochschule für Bildende Künste in Hamburg und ging 1966 für zwei Jahre nach New York. In den USA begann sie, anfänglich in völliger Isolierung von der New Yorker Kunstwelt, eigene Wege zu gehen. Dort entwickelte sie im Rahmen einer Konzept- und Minimal-Kunst Systeme einfacher Zahlenabläufe in Zahlenkolonnen und Kästchen. 1969 kehrte sie nach Hamburg zurück und begann mit dem Abschreiben von Gedichten nach eigenen Indices.

Im Stadtteil Rönneburg, im Süden Hamburgs, lebte die international renommierte Künstlerin zurückgezogen und öffentlichkeitsscheu in einem ausgebauten Bauernhaus ihrer Familie. Dort starb sie am 9. März 2009 im Alter von 67 Jahren an Lymphdrüsenkrebs. Heute befindet sich auf dem Anwesen die im Jahr 2000 gegründete Hanne Darboven Stiftung, die „das umfangreiche Schaffen ihrer Stifterin als international anerkannter Künstlerin bewahren und der Öffentlichkeit zugänglich machen" sowie junge Künstler unterstützen soll. Sie wurde 1985 mit dem Edwin-Scharff-Preis, 1994 mit dem Lichtwark-Preis der Stadt Hamburg und im Jahr 2000 mit der Ehrenprofessur der Hochschule für bildende Künste der Freien und Hansestadt Hamburg ausgezeichnet.

Hanne Darboven starb am 9. März 2009 nach schwerer Krankheit. Über die Grabstätte ist nichts bekannt – nicht einmal die Darboven-Stiftung konnte Auskunft über den Ort geben.

In diesem mit Reet gedeckten Bauernhaus in der Straße Am Burgberg 26 in Hamburg-Rönneburg lebte Hanne Darboven zurückgezogen.

Hein ten Hoff, 19. November 1919 bis 13. Juni 2003 (Boxer)

Hein ten Hoff war ein Boxer und Präsident des Bundes Deutscher Berufsboxer (BDB). Bereits mit 19 Jahren war er der beste deutsche Amateur-Schwergewichtsboxer. Hein ten Hoff bestritt insgesamt 198 Kämpfe, von denen er nur sieben verlor. 1940 wurde er durch einen Sieg über Olympiasieger Herbert Runge aus Wuppertal erstmals Deutscher Meister. 1944 wiederholte er diesen Erfolg, wieder siegte er über Runge. Von 1939 bis 1942 bestritt er 20 Länderkämpfe (18 Siege, 1 Unentschieden, 1 Niederlage). 1942 wurde er Europameister im Schwergewicht durch Siege über Jozsef Homolya aus Ungarn, den Italiener Gino Latini und den Deutschen Richard Grupe (Boxeuropameisterschaften 1942). Er bestritt am 23. September 1945 in Hamburg seinen ersten Profikampf. Am 28. August 1955 in Göteborg seinen letzten.

Dazwischen lagen viele interessante und hochklassige Gefechte. Er wurde deutscher Meister sowie Europameister. Nach dem Ende seiner Karriere ließ sich zum Verbandspräsidenten wählen, ein Amt das er jedoch bald wieder aufgab. Ten Hoff war Mitglied im Bund der Freimaurer und wurde 1960 in die Loge „Zur Burderkette an der Alster" in Hamburg aufgenommen. Er lebte jahrelang mit seiner Frau zunächst in Hamburg-Bergstedt und zuletzt im Stadtteil Ohlstedt. Am 13. Juni 2003 verstarb der Boxer.

Er wurde auf dem Friedhof Bergstedt in Hamburg beigesetzt.

Die Grabstätte von Boxer Hein ten Hoff auf dem Friedhof Hamburg-Bergstedt. Dieser große Stein erinnert an einen ebenfalls großen Sportler.

In diesem Haus in der Stharmer Straße 2 in Hamburg-Ohlstedt lebte Boxerlegende Hein ten Hoff.

Lotte Koch, 9. März 1913 bis 7. Mai 2013 (Schauspielerin)

Lotte Koch besuchte nach dem Schulabschluss zunächst die Hochschule für Bühnenkunst in Düsseldorf. Ihr erstes Theaterengagement erhielt sie 1931 in Heidelberg, es folgten das Schauspielhaus Zürich (1935–1936), das Volkstheater Wien (1938–1939) sowie die Hamburger Kammerspiele. Dabei spielte Lotte Koch klassische Heldinnenrollen wie die Luise in „Kabale und Liebe" und die Helena in „Der trojanische Krieg findet nicht statt". 1936 gab sie in Géza von Bolvárys Nestroy-Adaption „Lumpacivagabundus" ihr Spielfilmdebüt. Ab 1940 kamen regelmäßige Auftritte in Filmproduktionen dazu, unter anderem in „Das Herz der Königin", „Achtung! Feind hört mit!", „Friedemann Bach" oder beispielsweise „Du gehörst zu mir". 1953 beendete sie ihre Karriere fast vollständig. Lediglich 1971 übernahm sie ein letztes Mal für die Fernsehserie „Motiv aus Liebe" eine Gastrolle. Lotte Koch war in zweiter Ehe mit dem Schauspieler Ernst von Klipstein (Seite 26) verheiratet. Bis 1996 lebte Koch zusammen mit von Klipstein in dem Haus in der Straße Auf den Wöörden 21 in Hamburg-Volksdorf. Danach wohnte sie mit ihrem dritten Ehemann in einem Unterhachinger (Bayern) Wohnstift. Dort verstarb sie im Mai 2013 im Alter von 100 Jahren. Ihre letzte Ruhestätte fand Lotte Koch auf dem Waldfriedhof Volksdorf in Hamburg an der Seite ihres Mannes Ernst von Klipstein (Seite 170). Leider steht an dem gemeinsamen Grabstein nicht der Name der Schauspielerin Lotte Koch.

In diesem Wohnhaus in der Straße Auf den Wörden 21 in Hamburg-Volksdorf wohnte bis 1996 Lotte Koch.

Die Asche von Lotte Koch wurde im Grab ihres zweiten Ehemannes auf dem Waldfriedhof Volksdorf beigesetzt; ihr Name ist nicht auf dem Grabstein vermerkt.

Lale Andersen wurde am 23. März 1905 geboren und war eine deutsche Sängerin und Schauspielerin. Sie war die „kühle Blonde" aus dem Norden – genauer dem Bundesland Niedersachsen. Sie sang vom Fernweh und vom Abschiednehmen, was auch ihr Leben prägte. Mit ihren Schlagern über Seefahrtsromantik, Hafenszenen und die Sehnsucht der Matrosen eroberte Lale Andersen (bügerlich Liese-Lotte Bunnenberg), die „Rollkragenschönheit", wie sie sich selbst ironisch nannte, ein Millionenpublikum. Weltberühmt wurde sie 1942 über Nacht mit dem Lied „Lili Marleen". Es macht Lale Andersen zu einer der bekanntesten Persönlichkeiten des 20. Jahrhunderts. Für Millionen Menschen in aller Welt wird sie immer das Mädchen

unter der Laterne, die Soldatenbraut vor dem Kasernentor, bleiben. Lilli Marleen wird zu ihrem Schicksalslied und zu ihrem Alter Ego. Dabei war sie auch als Schauspielerin sehr erfolgreich. Lale Andersen hatte Engagements unter anderem an den Münchner Kammerspielen und am Schauspielhaus Zürich. Daneben stand sie mit Volksliedern, Chansons und Schlagern auf Kleinkunst- und Kabarettbühnen – jetzt komplett unter ihrem Künstlernamen Lale Andersen. 1942 trat Lale Andersen in dem UFA-Kinofilm „GPU" unter der Regie von Karl Ritter als Sängerin des schwedischen Liedes Svarte Rudolf auf. Im selben Jahr sang sie für die Truppenbetreuung unter Begleitung von Heinz Wehner und seiner Kapelle in Oslo. 1956 sang sie in dem Film … Wie einst, Lili Marleen (Regie Paul Verhoeven) die Lieder Lili Marleen und Südseenacht. Ebenso die Lili bei einem internationalen Veteranentreffen vor 16.000 Teilnehmern des Afrikakriegs. 1958 nahm sie erfolglos an der deutschen Vorentscheidung zum Eurovision Song Contest teil. 1961 trat sie mit dem Lied Einmal sehen wir uns wieder erneut in der deutschen Vorentscheidung zum Eurovision Song Contest an, gewann und vertrat Deutschland beim Eurovision Song Contest in Cannes.

Lale Andersen wohnte viele Jahre im „Sonnenhof", einem reetgedeckten Haus auf der Insel Langeoog. Obwohl sie 1972 in Wien verstarb, wurde sie entsprechend ihrem eigenen Wunsch auf dem Dünenfriedhof Langeoogs begraben.

Das Haus der Sängerin und Schauspielerin Lale Andersen auf der Nordseeinsel Langeoog.

Das Grab von Lale Andersen auf dem Friedhof der Nordseeinsel Langeoog.

Max Herz wurde am 3. Juli 1905 in Hamburg geboren und war ein deutscher Kaufmann und Unternehmer. Gemeinsam mit Carl Tchilling-Hiryan gründete er im Nachkriegsdeutschland 1949 einen Kaffeeversand, den heutigen „Tchibo"-Konzern. Sein Unternehmen startete er in einem Kaffeekontor im Hamburger Freihafen. Erzählungen zufolge mussten die Mitarbeiter bei schlechtem Wetter unter Regenschirmen am Schreibtisch sitzen, um trocken zu bleiben. Das Dach des Gebäudes war durch Kriegsbomben größtenteils zerstört. Den Kaffee der ersten Stunde taufte Herz auf den Namen „Frisch-Röst-Kaffee Sorte Brasil A". Der Kaffee war innerhalb weniger Wochen ausverkauft. Max Herz war gelernter Rohkaffeehändler und hatte nach der Weltwirtschaftskrise die Importfirma seines Vaters Walter Herz wieder auf die Beine gestellt. Die Geschäftskontakte des damals 44-Jährigen zu Produzenten in Südamerika haben den Krieg überstanden und waren damit Gold wert. Max Herz lässt den Kaffee in Handtüchern, Stoffservietten oder Geschirrtüchern verpacken, die in jedem Haushalt gebraucht werden. Grund: Kundenbindung. Zudem fing er an, seinen Kunden mit einem Kundenmagazin einen zusätzlichen Nutzen zu bieten und sie damit langfristig an die Marke zu binden (erschien erstmals 1952). Max Herz sorgt dafür, dass in dem Magazin keine plumpe Produktwerbung steckt, sondern interessante Rezepte, Modetipps und Horoskope drin stehen. In kurzen Reportagen erfuhr der Leser, dass ihr Kaffee in Einzelröstung hergestellt wird. Max Herz etablierte sich zu einem großen Geschäftsmann. Privat ließ er sich in den 1960er Jahren einen Marmorpalast in der Straße Bellevue in Hamburg-Winterhude bauen. Dort lebte er mit seiner Frau Ingeburg Herz (Seite 159) bis zu seinem Tod. Er starb am 12. Mai 1965 in Hamburg und wurde in seiner Heimatstadt auf dem Friedhof Ohlsdorf beigesetzt.

Das Grab von Max Herz auf dem Friedhof Ohlsdorf.

Die Villa von Max und Ingeburg Herz in der Straße Bellevue 18 im Hamburger Stadtteil Winterhude. Direkt an der Außenalster gelegen wohnte der Unternehmer.

Bayern

Gabriel-von-Seidl-Straße 36a, Grünwald (Seite 107)
Hubertusstraße 62, Grünwald (Seite 45)
Ottostraße 19, München (Seite 21)
Robert-Koch-Straße 11, Grünwald (Seite 55)
Roßkopfstraße 10, Grünwald (Seite 98)

Berlin

Am Kupfergraben 6, Berlin (Seite 126)
Beskidenstraße 39, Berlin (Seite 102)
Breisgauer Straße 15a, Berlin (Seite 38)
Dubliner Straße 10, Berlin (Seite 53)
Gustav-Freytag-Straße 6-8, Berlin (Seite 31)
Jenaer Straße 6, Berlin (Seite 37)
Koenigsallee 83, Berlin (Seite 30)
Lassenstraße 1, Berlin (Seite 82)
Marinesteig 14, Berlin (Seite 41)
Meisenstraße 6, Berlin (Seite 68)
Reifträgerweg 30, Berlin (Seite 20)
Westendallee 57, Berlin (Seite 27)
Wielandstraße 46, Berlin (Seite 35)

Bremen

Mühlenfeldstraße 23, Bremen (Seite 100)

In diesem Haus in Grünwald wohnte **Joachim Fuchsberger.**

In diesem Mehrfamilienhaus in Berlin lebte die beliebte Schauspielerin **Brigitte Mira.**

In diesem Gebäude in der Mühlenfeldstraße 23 in Bremen hatte **Ronny** *sein eigenes Musikstudio, dort lebte er auch zeitweise. Außerdem gab es eine Musikerwohnung.*

Hamburg

Adlerstraße 12, Hamburg (Seite 44)
Alsterchaussee 5, Hamburg (Seite 142)
Alsterchaussee 30, Hamburg (Seite 33)
Alte Holstenstraße 79, Hamburg (Seite 65)
Amandastraße 44, Hamburg (Seite 12)
Ambergstraße 4, Hamburg (Seite 39)
Am Burgberg 26, Hamburg (Seite 213)
An der Alster 39, Hamburg (Seite 139)
An der Alster 65, Hamburg (Seite 125)
Am Feenteich 8, Hamburg (Seite 207, 210)
Am Pumpenkamp 4,
Hamburg (Seite 122, 141)
Am Sooren 12, Hamburg (Seite 185)
Arnold-Heise-Straße 8, Hamburg (Seite 134)
Arnoldstraße 70, Hamburg (Seite 175)
Apostelweg 17, Hamburg (Seite 174)
Auf den Wöörden 21, Hamburg (Seite 170, 215)
Baron-Voght-Straße 63, Hamburg (Seite 133)
Bebelallee 141, Hamburg (Seite 144, 177)
Beim Andreasbrunnen 5, Hamburg (Seite 117)
Beim Andreasbrunnen 4, Hamburg (Seite 114)
Beim Rauhen Hause 21, Hamburg (Seite 162)
Bellevue 18, Hamburg (Seite 159)
Bellevue 19, Hamburg (Seite 196)
Bellevue 26, Hamburg (Seite 172)
Bismarckstraße 104, Hamburg (Seite 61)
Brabandstraße 63a, Hamburg (Seite 14)
Bundesstraße 10, Hamburg (Seite 161)
Bundesstraße 86, Hamburg (Seite 83)
Bürgerweide 23, Hamburg (Seite 178)
Bürgerweide 58 A, Hamburg (Seite 204)
Chrysanderstraße 88a/88b,
Hamburg (Seite 211)
Curschmanstraße 8, Hamburg (Seite 176)
Deichstraße 39, Hamburg (Seite 43)
Dorotheenstraße 178, Hamburg (Seite 120)
Dörpfeldstraße 39, Hamburg (Seite 137)
Dürer Straße 9, Hamburg (Seite 147)
Elbchaussee 499 A, Hamburg (Seite 154)
Eppendorfer Landstraße 46,
Hamburg (Seite 92)
Eulenkrugstraße 128, Hamburg (Seite 66)
Fanny-David-Weg 61, Hamburg (Seite 193)
Fasanenhain 9, Hamburg (Seite 58)
Feldbrunnenstraße 41, Hamburg (Seite 199)
Feldbrunnenstraße 58, Hamburg (Seite 129)

Fontenay-Allee 2, HH (Seite 108)
Fontenay 11, Hamburg (Seite 181)
Friedrich-Kirsten-Straße 34,
Hamburg (Seite 109)
Gänsemarkt 50, Hamburg (Seite 124)
Geffkenstraße 34, Hamburg (Seite 14.
Goernestraße 12, Hamburg (Seite 179
Graumannsweg 59, HH (Seite 157)
Große Brunnenstraße 7,
Hamburg (Seite 7)
Grotenbleken 41, Hamburg (Seite 9)
Grotiusweg 77-79, HH (Seite 19)
Gustav-Leo-Straße 4,
Hamburg (Seite 153)
Hallerstraße 5, Hamburg (Seite 104)
Hallerstraße 136, HH (Seite 136)
Halstenbeker Weg 55,
Hamburg (Seite 88)
Harvesterhuder Weg 9, HH (Seite 20
Harvesterhuder Weg 27, HH (Seite 1
Harvestehuder Weg 96, HH (Seite 84
Heimhuder Straße 37, HH (Seite 119
Herbert-Weichmann-Straße 72,
Hamburg (Seite 54)
Heussweg 33, Hamburg (Seite 203)
Hinrichsenstraße 15, HH (Seite 163)
Hofweg 13, Hamburg (Seite 29)
Hofweg 59, Hamburg (Seite 152)
Hohenzollernring 22, HH (Seite 15)
Hohenzollernring 70, HH (Seite 72)
Hohe Weide 30, Hamburg (Seite 143)
Holsteiner Kamp 108, HH (Seite 40)
Holitzberg 71, Hamburg (Seite 42)
Immenhöven 31, Hamburg (Seite 80)
Innocentiastraße 26, HH (Seite 206)
Isestraße 63, Hamburg (Seite 60)
Jägerstieg 22, Hamburg (Seite 24)
Johnsallee 63, Hamburg (Seite 85)
Jungfrauenthal 22, Hamburg (Seite 7
Klosterwisch 8, Hamburg (Seite 180)
Koppel 96-98, Hamburg (Seite 22)
Körnerstraße 5, Hamburg (Seite 36)
Krochmannstraße 8, HH (Seite 182)
Lagerlöfstraße 20, HH (Seite 169)
Langelohstraße 8, Hamburg (Seite 52
Langenhorner Chaussee 109,
Hamburg (Seite 148)
Lange Reihe 71, Hamburg (Seite 25)

Lange Reihe 91, Hamburg (Seite 116)
Leinpfad 19, Hamburg (Seite 146)
Lessingstraße 16, Hamburg (Seite 17)
Magdalenenstraße 47, Hamburg (Seite 70)
Maria-Louisen-Stieg 2b, HH (Seite 151)
Maria-Louisen-Straße 122, HH (Seite 51)
Mittelweg 47, Hamburg (Seite 113)
Mittelweg 130, Hamburg (Seite 186)
Morreye 97 A, Hamburg (Seite 189)
Mühlenberger Weg 1, Hamburg (Seite 155)
Neßdeich 6, Hamburg (Seite 130)
Neubergerweg 80-82, HH (Seite 81, 103)
Nonnenstieg 25, Hamburg (Seite 79)
Nonnenstieg 26, Hamburg (Seite 13)
Oberstraße 1, Hamburg (Seite 165)
Oberstraße 5, Hamburg (Seite 183)
Oberstraße 125, Hamburg (Seite 131)
Otto-Ernst-Straße 17, Hamburg (Seite 112)
Övelgönne Haus Nr. 50, HH (Seite 156)
Övelgönne 50, Hamburg (Seite 171)
Parkstraße 51, Hamburg (Seite 149)
Peter-Marquard-Straße 9, HH (Seite 128)
Petkumstraße 10, Hamburg (Seite 47)
Pfingstberg 10, Hamburg (Seite 191)
Preußerstraße 4, Hamburg (Seite 46)
Rantzaustraße 28, Hamburg (Seite 18)
Reinbeker Weg 56, Hamburg (Seite 160)
Richardallee 4, Hamburg (Seite 201)
Richard-Dehmel-Straße 1,
Hamburg (Seite 121, 123)
Rondeel 5, Hamburg (Seite 69)
Rondeel 29, Hamburg (Seite 205)
Rondeel 41, Hamburg (Seite 34)
Rothenburgsorter Marktplatz 5, HH (Seite 10)
Rögenfeld 42c, Hamburg (Seite 158)
Rögengrund 28, Hamburg (Seite 86)
Rumpffsweg 27, Hamburg (Seite 209)
Sarenweg, Hamburg (Seite 166, 168)
Saselbergweg 51, Hamburg (Seite 198)
Schäperstück 12, Hamburg (Seite 106)
Schlankereye 29, Hamburg (Seite 184)
Schlüterstraße 16, Hamburg (Seite 202)
Schottmüllerstraße 36, Hamburg (Seite 127)
Schmilinskystraße 6, Hamburg (Seite 164)
Serichstraße 66, Hamburg (Seite 192)
Serichstraße 88, Hamburg (Seite 187)
Serichstraße 148, Hamburg (Seite 48)
Sillemstraße 86, Hamburg (Seite 32)

Speckstraße 60, Hamburg (Seite 71)
Siemssenstraße 3, Hamburg (Seite 78)
Stharmer Straße 2, HH (Seite 241)
Sülldorfer Kirchenweg 241,
Hamburg (Seite 2, 12)
Steenwisch 41, Hamburg (Seite 188)
Talstraße 69, Hamburg (seite 132)
Tarpenbekstraße 66, HH (Seite 138)
Tarpenbekstraße 82, HH (Seite 59)
Tristanweg 7, Hamburg (Seite 16)
Ulmenstraße 7, Hamburg (Seite 173)
Wandsbeker Schützenhof 18,
Hamburg (Seite 56)
Weiße Rose 8, Hamburg (Seite 140)
Wentorfer Straße 38,
Hamburg (Seite 190)
Wolliner Straße 34, HH (Seite 197)
Zaunweg 31, Hamburg (Seite 135)

*Schlagersänger und Musiker **Peter Beil** wohnte in der Hansestadt Hamburg. Das Foto zeigt sein ehemaliges Wohnhaus im Stadtteil Winterhude.*

Hessen

Gustav-Freytag-Straße 36, Frankfurt (Seite 87)

Niedersachsen

Drosselweg 22, Seevetal (Seite 67)
Heisterort 11, Syke (Seite 11)
Immenweg 47, Uelzen
Sonnenweg 1, Hollenstedt (Seite 114)
Südstrand 13, Seevetal (Seite 23, 62)

Nordrhein Westfalen

Am Kottenforst 16, Wachtberg-Pech (Seite 208)
Fürst-Pückler-Straße 16, Köln (Seite 7)
Vinzentallee 11, Köln (Seite 91)
Zennigsweg 8a, Bad Honnef (Seite 99)

Schleswig-Holstein

Am Kanal 1, Behlendorf (Seite 110)
Am Leuchtturm 10, Glücksburg (Seite 90)
Am Schmalsee, Mölln (Seite 89)
Brahmsweg 8, Bad Segeberg (Seite 93)
Dorfstraße 10, Groß Offenseth-Aspern (Seite 118)
Dorfstraße 30a, Seestermühe (Seite 94)
Erlenweg 16, Wedel (Seite 97, 111)
Hegebergstraße 22 a, Geesthacht (Seite 26)
Mühlenstraße 1, Wedel (Seite 28)
Mühlenstraße 21, Lunden (Seite 96)
Neuer Luruper Weg 8, Halstenbek (Seite 57)
Osterende 6, Schwabstedt (Seite 95)
Seebüll 31, Seebüll/Neukirchen (Seite 105)

*In diesem Mehrfamilienhaus in der Gustav-Freytag-Straße 36 im Frankfurter Stadtteil Dornbusch, im so genannten Dichterviertel, lebte der im Alter von 93 Jahren verstorbene Literaturkritiker **Marcel Reich-Ranicki** zuletzt.*

*Seit 1977 lebte **Hans-Dietrich Genscher** in diesem Haus in Wachtberg-Pech.*

*Das Wohnhaus von **Peter Frankenfeld** und Lonny Kellner-Frankenfeld im Erlenweg 16 in Wedel (Schleswig-Holstein).*

Personenregister

Ackermann, Dorothea	Seite 124	**Feddersen**, Helga	Seite 43
Ackermann, Konrad	Seite 141	**Fichte**, Hubert	Seite 147
Adenauer, Konrad	Seite 99	**Fock**, Gorch	Seite 130
Albers, Hans	Seite 25	**Frank**, Horst	Seite 29
Alexandra	Seite 10	**Frankenfeld**, Peter	Seite 97
Andersen, Lale	Seite 216	**Freitas**, Chantal de	Seite 39
Apel, Hans	Seite 158	**Frese**, Hildburg	Seite 128
Arnie, Ralf	Seite 203	**Freundt**, Hans	Seite 175
Arndt, Claus	Seite 193	**Fricke**, Willem	Seite 127
Ballin, Albert	Seite 129	**Friedrichsen**, Uwe	Seite 67
Barlach, Ernst	Seite 28	**Friesicke**, Karen	Seite 66
Barschel, Uwe	Seite 89	**Fritsch**, Jens-Werner	Seite 178
Bauer, Eva-Maria	Seite 18	**Fritsch**, Willy	Seite 177
Beil, Peter	Seite 173	**Fuchsberger**, Joachim	Seite 45
Brahms, Johannes	Seite 71	**Genscher**, Hans-Dietrich	Seite 208
Brand, Willy	Seite 41	**George**, Götz	Seite 22
Brinckmann, Justus	Seite 160	**Gildo**, Rex	Seite 21
Brunnstein, Klaus	Seite 212	**Glowna**, Vadim	Seite 35
Berg, Wolf-Dietrich	Seite 88	**Gmelin**, Gerda	Seite 33
Berthold, Grit	Seite 24	**Gmelin**, Hellmuth	Seite 142
Bessen, Edgar	Seite 9	**Goebel**, Elisabeth	Seite 152
Bleibtreu, Monica	Seite 74	**Grabbe**, Ernst	Seite 174
Blohm, Walther	Seite 144	**Greger**, Max	Seite 107
Bohnsack, Rolf	Seite 118	**Gruner**, Wolfgang	Seite 27
Borchert, Wolfgang	Seite 59	**Gründgens**, Gustaf	Seite 131
Borsody, Hans von	Seite 64	**Hacker**, Uwe	Seite 187
Brauer, Max	Seite 125	**Hackmann,** Werner	Seite 194
Bucerius, Gerd	Seite 146	**Hamann**, Evelyn	Seite 80
Carrell. Rudi	Seite 11	**Hancke**, Edith	Seite 38
Carrière, Mareike	Seite 114	**Hartz**, Hans	Seite 96
Chrysander, Friedrich	Seite 211	**Hasse**, Johann Adolf	Seite 65
Cicero, Roger	Seite 36	**Hassel**, Karl-Heinz von	Seite 8
Cora, Sexy	Seite 185	**Hauptmann**, Ivo	Seite 153
Darboven, Hanne	Seite 213	**Hause**, Alfred	Seite 109
Dehmel, Ida	Seite 121	**Hemshorn**, Lothar	Seite 134
Dehmel, Richard	Seite 123	**Herz**, Ingeburg	Seite 189
Dittmeyer, Rolf	Seite 16	**Herz**, Max	Seite 217
Dönhoff, Marion	Seite 122	**Hetzel**, Peter Martin	Seite 24
Deutscher, Drafi	Seite 202	**Hoff**, Hein ten	Seite 214
Diercks, Carsten	Seite 166	**Höger**, Fritz	Seite 148
Diercks-Norden, Helga	Seite 168	**Kabel**, Heidi	Seite 50
Dincklage, Wilken F.	Seite 205	**Kaempfert**, Bert	Seite 44
Distel, Hermann	Seite 195	**Karasek**, Hellmuth	Seite 77
Edelmann, Hanno	Seite 197	**Kaufeld**, Heini	Seite 201
Ehre, Ida	Seite 136	**Kellner**, Lonny	Seite 111
Erhardt, Heinz	Seite 58	**Kieling**, Wolfgang	Seite 186
Ernst, Otto	Seite 112	**Klabunde**, Erich	Seite 179
Evers, Larry	Seite 95	**Klein**, Fritz	Seite 73

Klipstein, Ernst von	Seite 170	**Reemtsma**, Philipp F.	Seite 149
Kobler, Julius	Seite 183	**Richert**, Joachim	Seite 32
Koch, Lotte	Seite 215	**Riepel**, Werner	Seite 135
Köpcke, Karl-Heinz	Seite 75	**Rockmann**, Hermann	Seite 176
Körber, Kurt Adolf	Seite 191	**Roland**, Jürgen	Seite 86
Kraushaar, Karina	Seite 78	**Ronny**	Seite 100
Krekel, Hildegard	Seite 60	**Rosenthal**, Hans	Seite 49
Krebs, Diether	Seite 17	**Rowohlt**, Ernst	Seite 92
Last, James	Seite 42	**Rühmkorff**, Eva	Seite 171
Lause, Hermann	Seite 83	**Rühmkorf**, Peter	Seite 156
Lenz, Siegfried	Seite 46	**Sander**, Otto	Seite 37
Liliencron, Detlef von	Seite 63	**Seeler**, Erwin	Seite 61
Leip, Hans	Seite 116	**Schadieck**, Annemarie	Seite 120
Lichtenfeld, Herbert	Seite 56	**Rowohlt**, Harry	Seite 92
Liebermann, Rolf	Seite 155	**Rühmkorff**, Eva	Seite 171
Lohfing, Max	Seite 163	**Rühmkorf**, Peter	Seite 156
Lonzo	Seite 199	**Sander**, Otto	Seite 37
Lüthje, Otto	Seite 184	**Seeler**, Erwin	Seite 61
Lüdke, Günter	Seite 106	**Schadieck**, Annemarie	Seite 120
Mahler, Gustav	Seite 161	**Scheiblich**, Jens	Seite 140
Mahler, Hans	Seite 52	**Schlüter**, Henning	Seite 108
Maue, Karl-Otto	Seite 188	**Schmeling**, Max	Seite 115
Mertens, Hanne	Seite 192	**Schmidt**, Arno	Seite 209
Messtorff, Hermann-Friedr.	Seite 190	**Schmidt**, Hannelore „Loki"	Seite 81
Meyen, Harry	Seite 167	**Schmidt**, Helmut	Seite 103
Meysel, Inge	Seite 23	**Schnabel**, Hermann	Seite 198
Millowitsch, Willy	Seite 91	**Schnittke**, Alfred	Seite 117
Mira, Brigitte	Seite 30	**Schreiner**, Ottmar	Seite 126
Mönter, Friedhelm	Seite 150	**Schröder**, Gerhard	Seite 69
Molzen, Gerty	Seite 47	**Schulz**, Peter	Seite 159
Monk, Egon	Seite 113	**Schumacher**, Fritz	Seite 139
Moshammer, Rudolph	Seite 55	**Sheridan**, Tony	Seite 94
Mues, Dietmar	Seite 153	**Sieks**, Hilde	Seite 151
Neutze, Horst Michael	Seite 206	**Siems**, Christa	Seite 104
Niehoff, Domenica	Seite 132	**Sieveking**, Kurt	Seite 137
Nolde, Emil	Seite 105	**Springer**, Axel	Seite 19
Olden, John	Seite 62	**Steffen**, Manfred	Seite 57
Oskar	Seite 150	**Thälmann**, Ernst	Seite 138
Ossietzky, Carl von	Seite 164	**Trebitsch**, Gyala	Seite 34
Pfaff, Dieter	Seite 15	**Trowe**, Gisela	Seite 79
Pfitzmann, Günter	Seite 20	**Tügel**, Hans	Seite 204
Pietsch, Rosamunde	Seite 80	**Uhse**, Beate	Seite 90
Pleva, Jörg	Seite 40	**Vahl**, Henry	Seite 51
Pohl, Witta	Seite 14	**Veigel**, Werner	Seite 48
Pooch, Jürgen	Seite 143	**Voght**, Casper	Seite 133
Quadflieg, Will	Seite 85	**Voscherau**, Henning	Seite 169
Ree, Anita	Seite 181	**Wald**, Hubertus	Seite 172
		Weichmann, Elsbeth	Seite 210

Personenregister

Weichmann, Herbert	Seite	207
Weiss, Heinz	Seite	98
Weiszäcker, Richard von	Seite	68
Werner, Ilse	Seite	31
Werup, Mick	Seite	12
Westerwelle, Guido	Seite	7
Wichern, Johann Hinrich	Seite	162

Willemsen, Roger	Seite	157
Willumeit, Günter	Seite	93
Wolff, Joachim	Seite	72
Wulff, Hilde	Seite	180
Wussow, Klausjürgen	Seite	70
Zahn, Peter von	Seite	84
Ziegel, Erich	Seite	182

Bildnachweis

Bildnachweis

An dieser Stelle einen großen Dank an alle Urheber der Fotos.

Alle Angaben zu den Personen, insbesondere Geburts- und Sterbedaten der in diesem Buch vorgestellten Persönlichkeiten, entstammen aus den Biografien der jeweiligen Agenturen, die die Protagonisten zu Lebzeiten unter Vertrag hatten oder diversen Nachschlagewerken. Einzelne Daten wie beruflicher Werdegang, Wohnanschrift und Arbeitsstätte wurden darüber hinaus aus folgenden Nachschlagewerken und Homepages übernommen:
Deutsche Biographische Enzyklopädie (DBE), Bezirksämter der Stadt Berlin, www.Deutsche-Biographie.de, Bezirksämter der Stadt Hamburg,
Hamburgische Biografie – Personenlexikon, www.stolpersteine-hamburg.de,
Landeszentrale für politische Bildung,
http://www.gedenktafeln-in-berlin.de,
www.hamburg.de/historische-persoenlichkeiten,
Staats- und Universitätsbibliothek Hamburg,
offizielle Homepage der Stadt Hamburg,
Hamburg Lexikon, sowie diverse Filmlexika.
Außerdem diente auch die Seite www.hamburgerpersoenlichkeiten.de zur Recherche.

Auch wenn bei der Recherche mit größter Sorgfalt gearbeitet wurde, sind die persönlichen Daten (wie Geburts- und Sterbedatum) ohne Gewähr. Es gibt in diesem Buch auch einige Protagonisten, deren Geburtsdaten wie ein Staatsgeheimnis bewahrt werden – zumindest wurde bei der Recherche genau dieser Eindruck hervor gerufen. Der Autor hat Familienangehörige, Buchverlage oder sonstige Institutionen kontaktiert, um bestimmte Daten zu eruieren. Leider nicht immer mit Erfolg.
Hinweis: Alle Gebäudefotos entstanden vom öffentlichen Grund aus. Auch wenn generell Hauseigentümer, Architekten und Bewohner der Gebäude nicht immer damit einverstanden sind, dass ihr eigenes Haus fotografiert und anschließend veröffentlicht wird, so greift hier die so genannte Panoramafreiheit. Die Panoramafreiheit (auch als Straßenbildfreiheit bezeichnet) ist eine in vielen Rechtsordnungen vorgesehene Einschränkung des Urheberrechts, die es jedermann ermöglicht, urheberrechtlich geschützte Werke, beispielsweise Gebäude, Kunst am Bau oder Kunst im öffentlichen Raum, die von öffentlichen Verkehrswegen aus zu sehen sind, bildlich wiederzugeben, ohne dass hierfür der Urheber des Werkes um Erlaubnis ersucht werden muss.
Im Übrigen respektiert der Autor das Persönlichkeitsrecht aller Protagonisten, auch wenn es mit dem Tod erlischt: alle Fotos zeigen nur die Abbildung der Häuser und geben das wieder, was auch für den vor Ort anwesenden Betrachter ohne weiteres zutage liegt. Die Gebäudefotos sind ohne Zuhilfenahme einer Leiter entstanden – es handelt sich um Straßenansichten. Der Leser dieses Buches bekommt also nur das zu sehen, was er selbst zu sehen bekäme, würde er selbst die Straße entlang laufen, in der ein Prominenter wohnte.
Genau das bezweckt übrigens der Autor dieses Buches: nehmen Sie gerne dieses kleine Nachschlagewerk in die Hand, besuchen Sie die ehemaligen Wohnstätten der Protagonisten und begeben Sie sich auf die Spuren der prominenten Persönlichkeiten. Sie werden bestimmt das gleiche Gefühl erleben, wie der Autor. Es ist ein toller Augenblick vor dem Wohnhaus zu stehen, in dem ein bestimmter Promi zu Lebzeiten gewohnt und zum Teil gearbeitet hat.
Sollte es für Sie zu weit sein, all die in diesem Buch vorgestellten ehemaligen Wohn-

anschriften aufzusuchen, so halten Sie immerhin dieses Buch in Ihren Händen und Sie können sich in etwa vorstellen, wie der jeweilige Promi gelebt hat – anhand des Fotos des Wohnhauses.

Das Vorurteil: die Promis haben es generell gut, sind reich und können sich absolute Traumhäuser leisten, von denen wir Normal-Menschen nicht einmal zu träumen wagen. Prachtvolle Villen mit großem Garten und eigenem Pool, womöglich angrenzendem Park und unzähligen Zimmern mit tollem Ausblick auf einen Fluss, einem Tal, einem See oder zentral in einer Großstadt. Einige der in diesem Buch vorgestellten Promis erfüllten zu Lebzeiten dieses Klischee. Es gibt aber auch Prominente, die ganz normal in einem Mehrfamilienhaus lebten – mit „normalen" Nachbarn in der unmittelbaren Umgebung. Manche wohnten in eher noblen Stadtteilen, andere hingegen in konventionellen Wohngebieten. Manche hatten einen gegen Einblicke schützenden Zaun ums Grundtsück gezogen und lediglich ihre Initialien an der Klingel angebracht. Andere hingegen wohnten einfach nur unauffällig, aber mit ihrem Klar- oder Künstlernamen an der Klingel in ihrer Wohnung, ihrem Haus, ihrem Penthouse. Aber Sie haben ja sicherlich schon beim Lesen dieses Buches ihre Meinung zu einem bestimmten Promi entweder revidiert („ich hätte nie gedacht, dass der oder die in so einem normalen Blockhaus wohnte") oder bestätigt („Ich habs doch gewusst. Der oder die lies es sich gut gehen und wohnte auf einem großen Anwesen").

In absehbarer Zeit wird es eine weitere Ausgabe mit weiteren Persönlichkeiten geben: „Wohnhäuser der Promis II" wird der Titel des Buches sein, nachdem es bereits den Teil I gibt, den Sie jetzt in der Hand halten. Geplant sind ebenfalls weitere Folgeprojekte mit den Teilen III und mehr? In der zweiten Version werden sicherlich wieder interessante Persönlichkeiten enthalten sein: TV- und Hörfunkmoderatoren, Politiker, Musiker, Wissenschafter, Schauspieler, Künstler.

Ich hoffe, dass ich mit den jeweiligen Kurzbiografien Ihr Interesse geweckt und mit der Veröffentlichung der ehemaligen Wohnanschriften der Persönlichkeiten für Aha-Effekte gesorgt habe. Ich möchte somit an die ausgewählten Persönlichkeiten erinnern. Sie haben etwas für die Gesellschaft getan – direkt und indirekt – mit diesem Buch soll ihnen etwas postum zurückgegeben werden, damit sie nie in Vergessenheit geraten. In meinem Vorwort habe ich an die Gedenktafeln in Berlin hingewiesen. Berlin nimmt hier eine Art Vorreiterrolle ein. Während ich dieses Buch geschrieben, die Wohnanschriften eruiert und Fotos der Wohnhäuser und Grabstätten gemacht habe, wurde tatsächlich eine Gedenktafel außerhalb Berlins enthüllt: diesmal in Hamburg an dem ehemaligen Wohnhaus der Sängerin Alexandra, die auf Seite 10 Beachtung findet. Gedankenübertragung? Zufall? Wie auch immer. Ich hoffe, dass den vielen Persönlichkeiten dieses Buches – und allen anderen prominenten Menschen, die ich hier nicht unter bringen konnte, noch viele weitere Jahre gedacht wird. Ob es Wegweiser auf Friedhöfen – oder Gedenktafeln an Wohnhäuser oder Wirkungsstätten sind. Das wäre toll und mit Sicherheit im Sinne der Angehörigen und Fans. Denn auf diese Weise leben die Persönlichkeiten ewig weiter...   **Ihr Tobi Thomsen.**

Schauen Sie gerne regelmäßig auf die Seite www.FoTe-Press.de/produkte. Da bekommen Sie die Erscheinungstermine zu wissen beziehungsweise können dort die aktuellen Bücher bestellen.

Weitere Produkte des Herausgebers
Danke Landarzt – 26 Jahre rezeptfreie Unterhaltung

„Der Landarzt", ein Projekt, das sich im Laufe der Zeit zu einer der erfolgreichsten Familienserien im deutschen Fernsehen entwickelt. Die Serie mit Christian Quadflieg, Walter Plathe und von 2008 bis 2012 mit Wayne Carpendale in der Hauptrolle ist einer der wenigen Dauerbrenner auf dem Fernsehbildschirm. Zudem ist sie eine der am längsten laufenden Arzt- beziehungsweise Familienserien in der Fernsehgeschichte. In diesem Buch stellt Autor Matthias Röhe die Darsteller vor, beschreibt die Drehorte der Serie und zeigt eine Auflistung aller bisher gezeigten Folgen. Das große Landarzt-ABC mit Begriffen rund um die Serie, Interviews mit Gerhard Olschewski, Franziska Troegner und weiteren Darstellern, eine umfangreiche Vorstellung prominenter Gastdarsteller runden den Inhalt dieses Buches ab. Das Highlight dürften die zahlreichen Fotos von den Dreharbeiten sein. Set-Fotos, Arbeitsfotos, Portraits und Szenenfotos stellen einen großen Teil dar. In Fanbuch für alle Landarzt-Fans. Von der ersten bis zur letzten Filmklappe (1986 bis 2012). Danke Landarzt – 26 Jahre rezeptfreie Unterhaltung. ISBN: 978-3-7357-7921-2. Preis: 9,99 Euro. www.FoTe-Press.de/produkte.

Der Landarztfotograf – ein Portrait

Die Vorabendserie „Der Landarzt" ist ein Projekt, das sich im Laufe der Zeit (seit 1987) zu einer der erfolgreichsten Familienserien im deutschen Fernsehen entwickelt hat. Der Schleswiger Fotograf Kai Labrenz war von 1992 bis 2007 zum Teil als einziger Fotograf am Set und konnte einzigartige und exklusive Fotos mit seiner Spiegelreflexkamera einfangen. In dem Buch „Der Landarztfotograf" werden Erlebnisberichte von Kai Labrenz über die Dreharbeiten wiedergegeben – mit aussagekräftigen Fotos versehen. Set-Fotos, Arbeitsfotos, Portraits sämtlicher Haupt- und Nebendarsteller, sowie schöne Szenenfotos sind in diesem Buch enthalten. Freuen Sie sich auf tolle Fotos von den Klatschtanten aus Deekelsen, dem Landarzt Dr. Uli Teschner, Pastor Eckholm, sowie vielen Schwestern aus der Praxis. Für Fans der TV-Serie ist dieses Buch ein unbedingtes Muss im Bücherregal. Neben Erlebnisberichten und zahlreichen Fotos enthält dieses Werk zudem das Kapitel „Mit Kai Labrenz auf den Spuren des Landarztes". Sie bekommen interessante Hintergründe zu den genauen Drehorten der Serie. Der Fotograf Kai Labrenz, geboren 1961: über eine Ausbildung zum Bauzeichner erwachte sein Interesse an der Fotografie. Foto-Dokumentationen der Dreharbeiten zu vielen bekannten TV-Serien und –Produktionen wie „Tatort", „Der Fürst und das Mädchen" oder „Der Landarzt". Fotograf des Titels „Filmland Schleswig-Holstein". „Der Landarztfotograf", BoD, ISBN: 978-3-7347-5528-6. www.FoTe-Press.de/produkte.

Verschiedene Foto-CDs

Eine tolle Geschenkidee: Foto-CDs mit Motiven von verschiedenen Filmkulissen (un-

ter anderem „Der Landarzt", „Tatort", „Die Wicherts von nebenan", „Großstadtrevier", „Der Fürst und das Mädchen", „Notruf Hafenkante"). Eine Foto-CD enthält 25 schöne Motive in großer Auflösung, die für verschiedene Zwecke (Poster, Postkarten, etc.) verwenden werden können. Preis: 10,00 Euro. Es sind unterschiedliche Kulissen wie Ortsschilder, Filmklappen, Gebäude von öffentlich zugänglichen Wegen auf den Foto-CDs enthalten. Zu bestellen sind die Foto-Cds unter www.FoTe-Press.de/produkte. Hinweis:es sind keine prominenten Personen abgebildet! Ausschließlich Kulissen sind auf den Foto-CDs enthalten.

Für Sammler ein unbedingtes Muss: eine Foto-CD mit Fotos verschiedener Einsatzwagen von Feuerwehr, Polizei, THW oder Rettungsdiensten. Wasserwerfer, Löschgruppenfahrzeuge, Leiterwagen, Krankentransportwagen; die unterschiedlichsten Fahrzeuge sind auf einer Foto-CD vertreten. Es gibt verschiedene Möglichkeiten: bestellen Sie eine Foto-CD mit nur einer Sorte Rettungseinheit (entweder Feuerwehr oder Polizei oder THW oder Rettungsdienst). Dann sind auf einer Foto-CD 150 Fotos von Fahrzeugen der entsprechenden Einheit drauf. Beispiel: Foto-CD Feuerwehr. Es befinden sich dann 150 Fotos der Feuerwehr auf dieser Foto-CD.

Oder Sie bestellen eine gemischte Foto-CD. Dann befinden sich auf der Foto-CD insgesamt 150 verschiedene Fotos von allen Einheiten. Beispiel: es sind dann auf dieser CD 50 Fotos mit Feuerwehrfahrzeugen, 20 vom DRK, 30 von der Johanniter Unfallhilfe, 50 Fahrzeugfotos der Polizei, der Rest sind Fahrzeuge des THW.

Die Fotos dürfen Sie dann für private Zwecke beliebig benutzen. Sie können daraus Poster oder Postkarten nachbestellen. Teilweise ist es auch möglich, dass Sie die Fotos für Ihre Homepage benutzen dürfen. www.FoTe-Press.de/produkte. Da stehen weitere Einzelheiten zu den Kaufmodalitäten bereit.

Diagnose langlebig: Der Landarzt

Es ist ein tolles Nachschlagewerk über die Fernsehserie „Der Landarzt". Ein interessantes Buch mit vielen Informationen über die TV-Serie, einer genauen Beschreibung „Wo ist Deekelsen" (den genauen Drehorten) und vielen Fotos von den Dreharbeiten. Tolle Setfotos, Szenenfotos, Portraits und Gruppenfotos von den Darstellern der Serie. Von den Anfängen mit Christian Quadflieg, Walter Plathe bis Wayne Carpendale. Ausführlich geht der Autor auf die Anfänge mit Uschi Glas ein, die während der Dreharbeiten schwanger wurde und die Filmarbeiten beenden musste. Gila von Weitershausen übernahm die Rolle der Annemarie Mattiesen, die den Fernsehzuschauern als beliebte Lehrerin aus Deekelsen bekannt ist. Alle bis zum Jahr 2010 ausgestrahlten Folgen sind chronologisch aufgelistet, zudem stellt der Autor die Hauptdarsteller detailliert vor. Zudem gibt es das Kapitel „gestorben in Deekelsen". Dort beschreibt der Autor, wer in den vergangenen Jahren verstorben ist. Das Buch „Diagnose langlebig: Der Landarzt" gibt es unter www.FoTe-Press.de/produkte und in jeder Buchhandlung. ISBN-13: 978-3-8391-3285-2, Preis: 9,99 Euro.

Raubtierjournalismus – der Kampf...

„Raubtierjournalismus – der Kampf ums beste Bild" beschreibt den Arbeitsalltag eines Fotografen, der Tag für Tag in den Pressegräben steht und am Roten Teppich prominente Persönlichkeiten abschießt. Ein Kampf ums beste Bild, denn neben ihm stehen Dutzende von „Kollegen", die einem das Leben ganz schön schwer machen. Tricks und Tipps, wie man gute Pressefotos fertigt und hinterher über eine Agentur vermarktet,

stehen in dem 148 Seiten umfassenden Buch. Wie kann man mit seinen Bildern Geld verdienen? Worauf kommt es bei einem Foto an? Wie sieht es mit den Rechten aus? Darf ich einfach Promis fotografieren und dann mit den Fotos machen, was ich will? Ein Hamburger Fotograf erzählt, wie er tagein und tagaus Pressetermine wahrnimmt, Fotos von Promis produziert, diese hinterher mit einem Programm fachgerecht beschriftet und bearbeitet und über eine Fotoagentur in Deutschlands Zeitungen und Zeitschriften bringt. Es ist ein langer Weg zu einer Veröffentlichung in einer Zeitung, Zeitschrift, Illustrierten oder einem Onlinemedium. Ein langer, ein kämpferischer Weg. In keinem anderen Beruf ist der Schritt vom Freund zum Feind so kurz, wie bei den Pressefotografen. Eben noch freundschaftlich geplaudert, steht auf einmal ein Feind neben einem. Mit allen Mitteln geht es hier um das beste Bild. Gerangel, Geschubse, Gedränge, Geschrei – immer wieder Beleidigungen, Verleumdungen, Manipulationen, Diebstähle. All dies gehört zum Berufsbild Pressefotograf dazu. ISBN-13: 978-3-8391-6680-2, Preis: 11,99 Euro.

Diagnose langlebig: „Der Landarzt"

Das Buch: mit vielen Informationen über die TV-Serie, einer genauen Beschreibung „Wo ist Deekelsen" und vielen Fotos von den Dreharbeiten. Tolle Setfotos, Szenenfotos, Portraits und Gruppenfotos von den Darstellern der Serie. Von den Anfängen mit Christian Quadflieg, Walter Plathe bis Wayne Carpendale. Ausführlich geht der Autor auf die Anfänge mit Uschi Glas ein, die während der Dreharbeiten schwanger wurde und die Filmarbeiten beenden musste. Gila von Weitershausen übernahm die Rolle der Annemarie Mattiesen, die den Fernsehzuschauern als beliebte Lehrerin aus Deekelsen bekannt ist. Alle bis zum Jahr 2009 ausgestrahlten Folgen sind chronologisch aufgelistet, zudem stellt der Autor die Hauptdarsteller detailliert vor. Das Buch „Diagnose langlebig: Der Landarzt" ist ausschließlich unter www.FoTe-Press.de/produkte zu bestellen.

Hochglanzmagazin: Diagnose langlebig: „Der Landarzt"

Seit dem Jahr 2000 begleitet Matthias Röhe die Dreharbeiten am Set des Landarztes und kennt sich mit der Serie gut aus. Neben einem ausführlichen Landarzt-ABC mit Begriffserklärungen zur Serie werden aktuelle wie auch frühere Darsteller portraitiert. Von Christian Quadflieg über Walter Plathe bis hin zu Wayne Carpendale. Auch prominente Gastdarsteller finden im Magazin ihren Platz: Die Ministerpräsidenten Björn Engholm und Peter-Harry Carstensen beispielsweise. „Wir haben Fotomaterial von Uschi Glas, die 1986 die weibliche Hauptrolle besetzte und wegen ihrer Schwangerschaft die Dreharbeiten abbrechen musste. Etwa 60.000 D-Mark wurden damals in den Sand gesetzt", gibt Matthias Röhe einige Details preis. Einen weiteren Schwerpunkt bildet die Rubrik „Wo ist Deekelsen" mit vielen Geheimtipps über die Drehorte. Hunderte Touristen aus ganz Deutschland, Österreich und der Schweiz kommen nach Schleswig-Holstein, um sich die Drehorte im Original anzuschauen. Landarzt-Kreuzwort-Rätsel, ein Landarzt-Rezept – ideal zum Nachkochen, einen Überblick über die einzelnen Folgen, sowie die Rubrik „Gestorben in Deekelsen" – wer alles in den vergangenen Jahren verstorben ist – runden das Informationsmagazin ab. Auf vielen Seiten findet sich eine exklusive Foto-Visite mit einmaligen Szenenfotos. Für jeden Landarzt-Fan ist das neue Hochglanzmagazin (erschienen 01/2010) ein Muss! Das Magazin, mit Hunderten Farbfotos aus den Jahren 1986 bis 2010, kann unter www.FoTe-Press.de/Deekelsen bestellt werden und kostet nur 3,99 Euro.

Das Team vom PK 21 und EKH

„Notruf Hafenkante" zählt mit bis zu 4,9 Millionen Zuschauern zu den erfolgreichsten Fernsehserien im Vorabendprogramm des Deutschen Fernsehens. Im Durchschnitt schauen sich etwa 3,6 Millionen Menschen jede einzelne Folge an. Von 2007 bis 2015 wurden bereits 217 Episoden ausgestrahlt. Dabei handelt es sich um eine Mischung aus Polizei-, Arzt- und Familienserie. Im Vordergrund stehen Geschichten aus dem Alltag der Hamburger Polizisten des Kommissariats 21 in der Speicherstadt, sowie den Ärzten aus dem Elbkrankenhaus. Kurzum: „Notruf Hafenkante" ist eine Serie über den Berufsalltag Hamburger Streifenpolizisten und Notärzten, eingebettet mit netten Geschichten Hamburger Bürger.

Das Polizeikommissariat 21 liegt direkt an der Hafenkante. Dabei handelt es sich um eine Uferlinie, die an Neumühlen beginnt, den St. Pauli Landungsbrücken vorbeiführt und bis zur Speicherstadt und der neuen Hafen-City reicht. Das Buch gibt Einzelheiten über die Drehorte der Serie, beschreibt die Charaktere der Polizisten und Ärzte und stellt die Hauptdarsteller vor. Natürlich sind auch berühmte Gastdarsteller berücksichtigt: so standen schon Sky du Mont, Lotto King Karl, Katy Karrenbauer, Karl Dall, Renate Delfs oder beispielsweise Heide Keller vor der Kamera und wirkten in einzelnen Folgen mit.

Der Autor stellt die Hauptdarsteller der Serie von 2007 bis 2015 vor, macht auf Filmfehler aufmerksam, gibt Hintergrundinformationen über die genauen Drehorte und listet in diesem Nachschlagewerk alle bisher ausgestrahlten Folgen auf. Viele Fotos vom Set, die bei Dreharbeiten in Hamburg entstanden runden den Inhalt des Buches ab. ISBN: 978-3-7386-2492-2, BOD, Norderstedt. Preis: 9,99 Euro.

Das Ergänzungsbuch mit dem Titel „Das Team vom PK 21 und EKH II" ist ebenfalls für 9,99 Euro erhältlich. Neue Fotos, zum Teil weitere Kapitel mit zwei Such-Rätseln. ISBN: 978-3-7386-2929-3, BoD.

Hamburg – hier lebten unsere Promis

Hamburg, die Stadt an Alster, Elbe und Bille ist einer der beliebtesten Wohnorte in ganz Deutschland. Mit seinem besonderen Charme, seinen vielen Grünflächen, seinen Gegensätzen zwischen lebendiger Innenstadt und dem ruhigen, dörflichen Rahlstedt oder Osdorf machen die Hansestadt für etwa 1,75 Millionen Menschen interessant. Als internationale Handels- und Hafenstadt steht Hamburg bis heute für Reichtum und Noblese. In der Hansestadt leben die meisten Millionäre (Einkommensmillionäre gemessen an der Einwohnerzahl in Hamburg nach einer Erhebung des Statistischen Bundesamts). Wo sich etwa 1,75 Millionen Menschen wohl fühlen, mischen sich auch viele prominente Persönlichkeiten unters Volk. Viele sorgen als TV-Moderator für gute Laune, verkünden als Sprecher Nachrichten, moderieren Radiosendungen, holen Titel in verschiedenen Sportarten nach Hamburg oder prägen als Architekten das Stadtbild Hamburgs. In einer Auswahl von 79 Kurzbiografien werden in dem Buch „Hamburg - hier lebten unsere Promis" interessante Persönlichkeiten vorgestellt, die in Hamburg und Umgebung ihre einstigen Wohn- und Wirkungsstätten hatten. Sie haben etwas für die Hansestadt Hamburg getan - direkt und indirekt - mit diesem Buch soll ihnen etwas postum zurückgegeben werden. „Hamburg – hier lebten unsere Promis", BoD, ISBN-13: 978-3-7347-4600-0, Preis: 9,99 Euro.

Drehort Schleswig-Holstein

Elf Kreise — unzählige Kulissen. Schleswig-Holstein ist Anziehungspunkt für Film- und Fernsehmacher. Jahr für Jahr entstehen etliche Sendeminuten im Land zwischen den Meeren. In seinem Buch „Drehort Schleswig-Holstein" verrät Autor Matthias Röhe Kulissen vieler Serien und Filme. In welcher Stadt ermittelt „Das Duo"? Wo ist die Praxis vom „Landarzt"? Wo jagen die Wächter von Lübeck in „Vier gegen Z" den gemeinen Zanrelot? In welcher Stadt spürt Hund Kalle den Dieben auf und in welchem Gewässer ermitteln die Wasser- schutzpolizisten der „Küstenwache"? Der Autor des Buches gibt Basisangaben der Serien und Fil-me, beschreibt die Drehorte und zeigt eine große Auswahl an Fotos. Das nördlichste Bundesland zeigt sich als idealer Medienstandort. Radio- und Fernsehsender, sowie ausgewählte Filmgesellschaften werden in dem Buch vorgestellt. Schleswig-Holstein ist mehr als nur Schauplatz, Drehort und Medienstandort. Zahlreiche Prominente aus Film und Fernsehen leben in Schleswig-Holstein. Sie haben Schleswig-Holstein zu ihrem Dreh- und Angelpunkt gemacht. Ausgewählte schleswig-holsteinische Promis stellt Matthias Röhe vor und verrät bei einigen, in welchem Landesteil beziehungsweise welcher Stadt sie wohnen. Selbstverständlich sind keine genauen Adressen zu erfahren, aber dennoch dürfte es bei Lesern Interesse wecken zu erfahren, in welchem Gebiet Schleswig-Holsteins sie zu Hause sind.

Drei Kapitel, ein Buch: Drehort Schleswig-Holstein ist in jeder Buchhandlung oder unter www.fote-press.de/produkte zu bestellen.

Hamburg – hier lebten unsere Promis II

Hamburg, die Stadt an Alster, Elbe und Bille ist einer der beliebtesten Wohnorte in ganz Deutschland. Mit seinem besonderen Charme, seinen vielen Grünflächen, seinen Gegensätzen zwischen lebendiger Innenstadt und dem ruhigen, dörflichen Ohlstedt oder Bergedorf machen die Hansestadt für etwa 1,75 Millionen Menschen interessant. Als internationale Handels- und Hafenstadt steht Hamburg bis heute für Reichtum und Noblese. In der Hansestadt leben die meisten Millionäre (Einkommensmillionäre gemessen an der Einwohnerzahl in Hamburg nach einer Erhebung des Statistischen Bundesamts). Wo sich etwa 1,75 Millionen Menschen wohl fühlen, mischen sich auch viele prominente Persönlichkeiten unters Volk. Viele sorgen als TV-Moderator für gute Laune, verkünden als Sprecher Nachrichten, moderieren Radiosendungen, holen Titel in verschiedenen Sportarten nach Hamburg oder prägen als Architekten das Stadtbild Hamburgs. In einer Auswahl von 79 Kurzbiografien werden in dem Buch „Hamburg - hier lebten unsere Promis" interessante Persönlichkeiten vorgestellt, die in Hamburg und Umgebung ihre einstigen Wohn- und Wirkungsstätten hatten. Sie haben etwas für die Hansestadt Hamburg getan - direkt und indirekt - mit diesem Buch soll ihnen etwas postum zurückgegeben werden. „Hamburg – hier lebten unsere Promis II", BoD, ISBN-13: 978-3-8334-9006-4, Preis: 9,99 Euro.

Tagebuch eines Exhibitionisten

Norman Schulz ist Exhibitionist. Der aus Essen stammende Zeigefreudige beschreibt seine Gefühle, wenn er sich vor fremdem Publikum entblößt. Außerdem gibt er seine Gedanken preis, wenn er von Frauen in der Öffentlichkeit gesehen wird. Was er alles als Exhibitionist erlebt hat, sei es mit Polizisten, Richtern und Betroffenen, beschreibt er detailliert in seinem Buch. Abgerundet wird das Buch mit Gerichtsurteilen zum Thema „Exhibitionismus", Witzen, zum Teil kuriosen Zeitungsartikeln und Zukunftsplänen des Justizministeriums zum Sexualstrafrecht. Außerdem enthält es Fotos und Karikaturen, sowie eine Umfrage unter 100 Frauen, wie sie zum Thema Exhibitionismus stehen. Erschienen im Januar 2016. Zu bestellen unter www.FoTe-Press.de/produkte. Preis: 8,99 Euro. 240 Seiten.

Die Kultbullen aus Hamburg

Anfang 1986 fällt die erste Filmklappe — am 16. Dezember des gleichen Jahres wird die erste Folge unter dem Titel „Mensch, der Bulle ist `ne Frau" ausgestrahlt. Die Serie Großstadtrevier ist geboren und vom ersten Tag an erfolgreich. So erfolgreich, dass gleich nach Ausstrahlung weitere Folgen produziert und gesendet werden. Heute schreiben wir das Jahr 2011 und noch immer werden in Hamburg und Umgebung Folgen für diese Serie gedreht. Zwar sind in der Zwischenzeit viele Köpfe gerollt, aber Witz und Charme sind geblieben. Bemerkenswert: in den vergangenen 25 Jahren gab es nicht mal zehn Todesfälle in der Serie und wenig Blutvergießen.

In dem Buch „Die Kultbullen aus Hamburg" werden Höhe- und Tiefpunkte der vergangenen 25 Jahre skizziert. Es ist eine ideale Ergänzung zu allen bisherigen Produkten der TV-Serie. Die Hauptdarsteller von 1986 bis heute (von Arthur Brauss, Kay Sabban, Mareike Carriére über Peter Neusser, Dorothea Schenck und Edgar Hoppe bis hin zu Jan Fedder, Marc Zwinz und Sophie Moser) werden vorgestellt.

Es gibt Suchrätsel mit Begriffen zur Serie, Interviews mit einigen Darstellern, die prominenten Gastdarsteller werden vorgestellt. Zahlen, Daten, Fakten über die TV-Serie „Großstadtrevier" werden gegeben. Eine Auflistung aller bisher ausgestrahlten Folgen runden den Inhalt ab – außerdem gibt es das Kapitel „300. Folge „Großstadtrevier" mit Informationen über die Dreharbeiten in Bad Segeberg.

Außerdem sind in diesem Buch ganz viele Fotos von den Darstellern, Arbeitsfotos, Setbilder und viele Portraits der Darsteller enthalten. Erschienen im August 2011 im Verlag Books on Demand, Norderstedt. ISBN-13: 978-3-8423-7329-7. Seitenzahl: 124. Preis: 9,99 Euro.

Gleicher Inhalt, gleicher Name. Aber in diesem Buch sind weit über 370 tolle Farbfotos – und darüber hinaus zahlreiche weitere Fotos in schwarzweiß zu sehen. Auf 104 Seiten finden Sie auch in diesem Nachschlagewerk alles Wissenswertes zur Polizeiserie „Großstadtrevier". Das Buch „Die Kultbullen aus Hamburg" ist am 27. Oktober 2011 erschienen, ISBN: 978-3-8423-8349-4. Preis: 11,99 Euro, Books on Demand, Norderstedt.

„Deutschland – hier lebten unsere Promis"

In einer Auswahl von 79 Kurzbiografien werden in dem Buch „Deutschland – hier lebten unsere Promis" interessante Persönlichkeiten vorgestellt, die in Deutschland ihre

einstigen Wohn- und Wirkungsstätten hatten. Von Schauspieler Hans Albers über Witta Pohl, Evelyn Hamann, Gerda Gmelin, Gerty Molzen, Helmut Schmidt, Willy Brandt, Sängerin Alexandra, Günter Pfitzmann, Günter Willumeit, bis zu Nachrichtensprecher Peter von Zahn. Das Buch führt den Leser kreuz und quer durch Städte Deutschlands: von Glücksburg im Norden (Beate Uhse) bis Grünwald im Süden (Joachim Fuchsberger), sowie Berlin im Osten (Harald Juhnke) und Köln im Westen (Willy Millowitsch) des Landes. Das Buch soll an die 79 ausgewählten Persönlichkeiten erinnern. Sie haben etwas für Deutschland getan – direkt und indirekt – mit diesem Buch soll ihnen etwas postum zurückgegeben werden.

Menschen hinterlassen auf ihrer Odyssee durch die Jahrtausende eine Vielzahl von Spuren, die an das eigene Leben und Wirken erinnern sollen. Zum Beispiel an alltägliche oder außerordentliche Ereignisse, aber auch an herausragende Persönlichkeiten aus Unterhaltung, Sport, Politik oder Wirtschaft.

In langer Tradition stehen Gedenken und Erinnern und werden bis heute in verschiedenen Formen dargestellt: Ob als Höhlen- und Felsmalerei, als Pyramide, auf Friedhöfen als Gedenkstein oder -stätte, als Skulptur oder Plastik, als Denkmal oder Mausoleum. Nach Berliner Vorbild könnten in naher Zukunft vielleicht auch in Hamburg, München, Köln, Frankfurt oder in welcher Stadt auch immer mehr von solchen Gedenktafeln aufgestellt werden. Natürlich nur, wenn der Hauseigentümer damit einverstanden ist. Aber Argumente und Gründe gibt es sicher viele: In Erinnerung an großartige Persönlichkeiten, die sich in Deutschland durch hervorragende Leistungen in verschiedenen Bereichen hervorgehoben haben. 79 von ihnen werden auf in diesem schmalen Nachschlagewerk vorgestellt. Der Leser erfährt auf 78 Seiten in Form von Kurzbiografien, warum genau diese Protagonisten zu den Persönlichkeiten gehören und womit sie sich verdient gemacht haben.

Angaben zum Buch: Taschenbuch, 78 Seiten, erschienen bei Books on Demand (November 2015). ISBN: 978-3-7392-1063-6. Preis: 9,99 Euro. Es ist ab sofort in jeder Buchhandlung oder im Internet unter www.fote-press.de/produkte zu bestellen.

„Komparsen-Guide – So komme ich ins Fernsehen"

Faszination Film und Fernsehen: Für viele ist es ein Traum, in einer TV-Serie oder einem Kinofilm mitzumachen. Entweder wollen sie von ihrem Freundeskreis zu hören bekommen „Hey, ich habe dich gestern im Fernsehen gesehen. Cooler Auftritt" oder sie wollen einfach mal Filmluft schnuppern und bei Dreharbeiten von Serien wie „Großstadtrevier", „SoKo Wismar", „Stubbe – von Fall zu Fall", „Alarm für Cobra 11" oder beispielsweise „Der Bergdoktor" hautnah dabei sein. Als Komparse oder Kleindarsteller kann dieser Traum Wirklichkeit werden.

Der „Komparsen-Guide – So komme ich ins Fernsehen" gibt Einblicke in die Komparserie und gibt hilfreiche Tipps für den Fall, dass auch Sie einmal als Komparse oder Kleindarsteller in einer Serie, Reihe oder einem Film vor der Kamera stehen möchten.

Das Buch beschreibt beispielhaft in Form von Erlebnisberichten, was die Aufgabe eines Komparsen sein kann, erklärt den ersten Schritt bezüglich der Kontaktaufnahme zu einer Komparsen- oder Castingagentur und gibt Details zu den Abläufen eines Komparsenauftritts. Eine Frage taucht ebenfalls immer wieder auf: „Wie läuft es bei den Dreharbeiten eigentlich ab?" In dem „Komparsen-Guide – so komme ich ins Fernsehen" werden genau diese Fragen beantwortet.

Sie erhalten detaillierte Informationen in Form von Erlebnisberichten über verschiedene Aufgaben eines Komparsen. Versetzen Sie sich gerne in die jeweilige Situation und fragen Sie sich gerne zwischendurch „Kann ich das auch?" – und wenn Sie diese Frage mit einem eindeutigen „Ja" beantworten können, lesen Sie sich durch die folgenden Seiten dieses Buches. Verinnerlichen Sie den einen oder anderen Hinweis, den vielleicht ausschlaggebenden Tipp und dann nichts wie hin zu einer der vielen Komparsen- und Castingagenturen. Jeder hat eine Chance: ob jung oder alt, mit roten, blonden oder schwarzen Haaren. Ob mit Voll- oder Dreitagebart, mit Tattoos oder auffälligen Schnurrbärten. Ob klein oder groß, dick oder dünn. Im Prinzip wird jeder Typ gefragt. Auch die Aufgaben sind unterschiedlich: so werden „echte Polizisten" auch gerne mal als Polizisten eingesetzt, genauso wie „echte Handwerker" ein Bad im Hintergrund fachgerecht einrichten. „Komparsen-Guide – So komme ich ins Fernsehen", Taschenbuch: 144 Seiten, Books on Demand. ISBN-Nr: 978-3-7386-5715-9. Preis: 6,99 Euro.
Auch unter www.FoTe-Press.de/produkte ist das Buch erhältlich.

Jeden Montag gehen die Beamten des 14. Polizeireviers auf Streife und in der ARD auf Sendung. „Großstadtrevier" ist eine Vorabendserie, die seit dem Jahre 1986 mit großem Erfolg im deutschen Fernsehen läuft. Fast 300 gedrehte Folgen wurden bis 2009 in 23 Staffeln produziert. Im Jahr 2005 wurde die Serie mit der „Goldenen Kamera" als beste Kultserie ausgezeichnet. Die Handlungen lassen sich kurzum erzählen: Polizeialltag auf dem Hamburger „Kiez". Im Buch „Das 14. Revier" erzählt der Autor über die Drehorte, beschreibt die Charaktere der Figuren und stellt die Darsteller vor. Alle bis zum Jahr 2009 ausgestrahlten Folgen im Überblick, eine Auflistung prominenter Gastdarsteller, sowie eine umfangreiche Bilderstrecke runden den Inhalt ab. Eine Besonderheit dürfte die Kategorie Filmfehler sein. So geht der Autor auf formale, inhaltliche und Kamerafehler ein. Zudem sind Interviews mit drei Hauptdarstellern in dem Buch veröffentlicht. Für Fans der Serie ein Muss! Das Buch ist eine ideale Ergänzung zu allen bisherigen veröffentlichten Büchern und Produkten dieser Serie. Viele Szenen- und Arbeitsfotos vom Set!

Buch „Das 14. Revier", ISBN-13: 978-3-8391-2690-5, BoD, Preis 9,99 Euro.

Hamburg: Stadt wie im Film

Hamburg ist Anziehungspunkt für zahlreiche Film- und Fernsehmacher. Täglich entstehen etliche Sendeminuten in der Millionenmetropole an Elbe, Alster und Bille. Es gibt keinen Stadtteil, der nicht von Filmemachern als Kulisse dient. In seinem Buch „Hamburg – eine Stadt wie im Film" verrät Autor Matthias Röhe Kulissen vieler Serien und Filme. Wo beamen sich die Mädels aus „Emmas Chatroom" nach Hamburg? In welchem Stadtteil ermitteln die Pfefferkörner? Wo ist das Revier 14 aus dem Großstadtrevier? Wo jagen die Wächter aus „4 gegen Z" den gemeinen Zanrelot? Wo steht das Kriminaltechnische Institut der Gerichtsmedizinerin? Der Autor gibt Basisangaben der Serien und Filme, beschreibt die Drehorte und zeigt eine Auswahl an Fotos. Hamburg zieht nicht nur Filmemacher in die Stadt, sondern die Hansestadt an der Elbe zeigt sich als idealer Medienstandort. Ein Streifzug durch die Medienlandschaft Hamburgs mit vielen Infos und Fotos.

Hamburg ist viel mehr als nur Schauplatz und Drehort. Zahlreiche Prominente aus Film und Fernsehen leben in der Hansestadt. Sie haben Hamburg zu ihrem Dreh- und Angelpunkt gemacht.

Drei Themen, ein Buch: „Hamburg – eine Stadt wie im Film", käuflich zu erwerben auf der Seite www.FoTe-Press.de/produkte für den Preis in Höhe von 9,99 Euro.